中诚信托有限责任公司
CHINA CREDIT TRUST CO., LTD

U0966157

信托市场热点研究

RESEARCH ON TRUST MARKET HOTSPOTS

中诚信托投资研究部 著

2021

知识产权出版社
全国百佳图书出版单位
—北京—

图书在版编目（CIP）数据

信托市场热点研究．2021／中诚信托投资研究部著．—北京：知识产权出版社，2022.6
ISBN 978－7－5130－8217－4

Ⅰ．①信…　Ⅱ．①中…　Ⅲ．①信托业—研究—中国—2021　Ⅳ．①F832.49

中国版本图书馆 CIP 数据核字（2022）第 105079 号

责任编辑：齐梓伊　　**责任校对**：王　岩
封面设计：杰意飞扬·张　悦　　**责任印制**：刘译文

信托市场热点研究（2021）

中诚信托投资研究部　著

出版发行：知识产权出版社有限责任公司　　**网　　址**：http://www.ipph.cn
社　　址：北京市海淀区气象路 50 号院　　**邮　　编**：100081
责编电话：010－82000860 转 8176　　**责编邮箱**：qiziyi2004@qq.com
发行电话：010－82000860 转 8101/8102　　**发行传真**：010－82000893/82005070/82000270
印　　刷：北京九州迅驰传媒文化有限公司　　**经　　销**：新华书店、各大网上书店及相关专业书店
开　　本：787mm×1092mm　1/16　　**印　　张**：16.5
版　　次：2022 年 6 月第 1 版　　**印　　次**：2022 年 6 月第 1 次印刷
字　　数：310 千字　　**定　　价**：80.00 元

ISBN 978－7－5130－8217－4

序　言

2021年，信托业压降通道业务和融资类信托业务，大力提升标品信托、家族信托等业务规模，转型发展取得了显著成效。从信托业务发展结构来看，一是信托财产的来源去通道化力度不断加大，集合资金信托规模和占比稳居第一，管理财产信托规模和占比迅速提升，单一资金信托降幅最大；二是信托功能更加聚焦于投资类主动管理，主动管理类信托规模持续上升，尤其是投资类信托加速上升，事务管理类信托规模持续下降；三是信托资金投向秉持服务实体经济的原则，工商企业投向稳居资金信托投向第一，证券市场投向占比大幅提升，并跃居资金信托投向第二，房地产、基础产业投向占比持续下降。在坚定转型方向的引导下，信托业也扭转了管理规模和经营业绩的下行态势。截至2021年年末，全行业信托资产规模达到20.55万亿元，较2020年年末增加了600亿元；从经营业绩来看，2021年实现利润总额601.67亿元，同比增长3.17%。

中诚信托有限责任公司持续贴近市场、跟踪市场，立足信托市场、信托业务，对信托行业发展中的重要问题进行思考和研究。针对行业发展态势，中诚信托日常研究工作也更加注意转型导向，着力于创新业务和资本市场前沿研究，尤其是结合宏观经济变化及政策变化，持续跟踪利率变化及其对债券投资业务的影响，持续研究大类资产配置策略，持续跟踪资产证券化、家族信托、保险金信托等服务信托的市场进展，持续加大研究对公司管理和业务决策的支持力度。

本书是中诚信托投资研究部连续第三年公开出版的研究报告集，内容上保持了与往年的一致性：一是主要选题保持一致，关注宏观经济和监管政策研究、信托行业和信托公司研究、信托业务研究和集合资金信托市场月度情况分析，反映信托业在2021年的主要发展情况和对信托业未来发展方向的思考；二是体例上保持一致，仍然分为五大部分，即宏观形势与监管政策研究、信托行业与信托公司研究、信托业务重点领域研究、信托业务转型创新研究，以及集合资金信托市场月度分析。

本书的出版，将持续为信托公司，其他资管机构、研究机构以及监管部门等社会各界提供年度信托市场热点研究及动态跟踪的参考资料，并希望借此与关心关注信托行业发展的各界人士进行交流探讨。

是为序。

中诚信托投资研究部

2022. 2

目　录
CONTENTS

第一部分　**宏观形势与监管政策研究**　001

近期市场利率波动分析及其对信用市场的影响　/ 003
全面降准对信托市场的影响分析　/ 007
债券评级新规对信托公司债券投资业务的影响分析　/ 010
银行理财产品估值要求对债券市场的影响　/ 013
简析“15 号文”对信托市场可能产生的影响　/ 016

第二部分　**信托行业与信托公司研究**　019

展望 2021：信托业已处于转型发展的关键时期　/ 021
影响 2020 年信托公司经营业绩的主要因素　/ 025
年报简析：信托公司转型发展呈现新格局　/ 029
2021 年上半年集合资金信托市场发展特征分析　/ 035
2021 年上半年信托公司经营业绩特征与影响因素分析　/ 040

第三部分　**信托业务重点领域研究**　045

（一）房地产领域　/ 047
房企债务管控下的房地产股权投资信托发展趋势　/ 047
百强房企变动对信托的影响　/ 052
近期房地产债券市场波动分析　/ 056
信托公司如何应对房地产市场的结构性调整　/ 060

房地产税改革试点对信托行业的影响分析 / 066
（二）基础产业领域 / 070
信托公司如何应对基础产业融资的新变化 / 070
基础设施 REITs 发行的市场影响分析 / 075
（三）资本市场领域 / 080
持续推进标品信托业务发展的主要思路 / 080
近期资本市场波动因素与信托公司配置策略建议 / 084
组合投资信托产品的主要特征与发展前景 / 089
当前利率条件下的资产配置策略分析 / 092
组合投资业务的市场现状与信托公司开展策略建议 / 097
如何看待近期股票市场的结构分化及其影响 / 101
近期资本市场震荡原因分析及趋势展望 / 105
信托公司现金管理类产品的竞争力及内在要求 / 109
当前现金管理类产品收益下行影响因素与应对思路 / 112
当前信托公司债券投资信托业务发展的主要特点 / 117
城投债信用利差分化及其影响与建议 / 121
对近期信托公司债券投资业务的策略展望 / 129

第四部分 **信托业务转型创新研究** **133**

从信托目的看养老信托业务分类 / 135
信托机制在我国意定监护中的运用探讨 / 139
慈善信托助力乡村振兴的优势与路径展望 / 144
股权家族信托对家族财富传承的积极意义 / 148
股权家族信托实践中的税收问题探讨 / 152
保险金信托与家族信托的主要区别 / 155
保险金信托业务实践中的信托财产问题探讨 / 159
境外保险金信托业务发展特点对我国的启示 / 162
关于保险金信托风险管理的初步设想 / 165
2021 年第一季度信托公司资产证券化业务发展的主要特征 / 168

信托公司开展不良资产证券化业务的展望与建议 / 173
展望信托公司绿色资产证券化业务的发展机遇 / 180
碳中和目标下信托业务的绿色转型 / 184
国内碳排放权交易市场发展特征与碳信托业务展望 / 188
服务信托对信托公司的战略意义 / 192
破产重整信托中的信托功能运用 / 197

第五部分 **集合资金信托市场月度分析** 201

集合资金信托市场月度分析报告——2021 年 1 月 / 203
集合资金信托市场月度分析报告——2021 年 2 月 / 207
集合资金信托市场月度分析报告——2021 年 3 月 / 212
集合资金信托市场月度分析报告——2021 年 4 月 / 217
集合资金信托市场月度分析报告——2021 年 5 月 / 222
集合资金信托市场月度分析报告——2021 年 6 月 / 226
集合资金信托市场月度分析报告——2021 年 7 月 / 230
集合资金信托市场月度分析报告——2021 年 8 月 / 234
集合资金信托市场月度分析报告——2021 年 9 月 / 238
集合资金信托市场月度分析报告——2021 年 10 月 / 242
集合资金信托市场月度分析报告——2021 年 11 月 / 247
集合资金信托市场月度分析报告——2021 年 12 月 / 251

后 记 256

第一部分

宏观形势与监管政策研究

近期市场利率波动分析及其对信用市场的影响*

2021年9月底10月初以来，10年期国债收益率出现了快速上升。10年期国债收益率作为我国无风险利率的锚定，其走势变化是短中长期因素综合作用的结果，同时也必然影响金融资产的价格。对于信用市场来说，需研判市场利率走势，及时调整投资策略。

一、无风险利率近期波动上行

一是近期10年期国债收益率出现显著上行（见图1），引起市场关注。2021年年初10年期国债收益率震荡上行，至2月中旬后转头震荡下行，至8月5日触及低点后走势呈现窄幅震荡，但自9月底以来快速上行。截至10月11日，10年期国债收益率已达到2.97%。

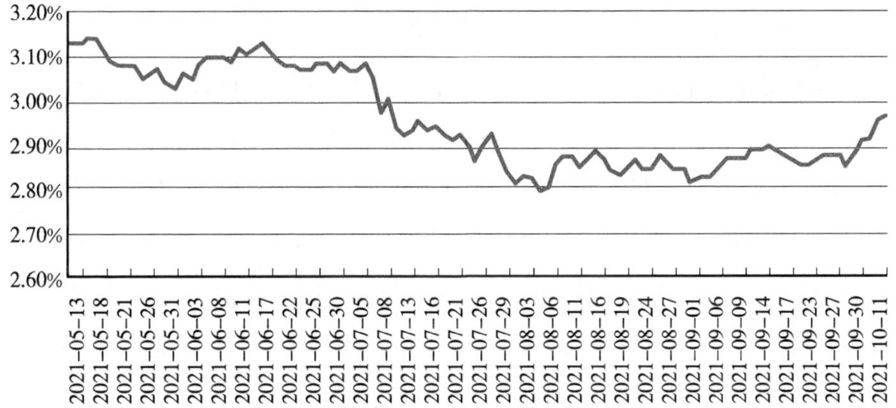

图1　10年期国债收益率曲线

数据来源：中央国债登记结算有限责任公司。

二是不同期限的国债收益率曲线走向呈现一定的差异（见图2）。一方面，短期收益率下行但中长期上行。近期，3个月、6个月期限的国债收益率呈现下行趋势，1年期国债收益率保持稳定，3～30年的中长期限国债收益率则普遍上行。另一方面，与9月相比，期限利差有所扩大，1年期及以下的国债收益率均有下行，其中3个月期限国债收益下行22.89基点（basic point，bp），6个月期限的下行1.45bp，1年期的下行

* 本文写于2021年10月14日。

1.99bp，而3年、5年、7年、10年、30年期国债收益率则分别上行2.71bp、9.35bp、7.65bp、10.01bp和7.90bp。

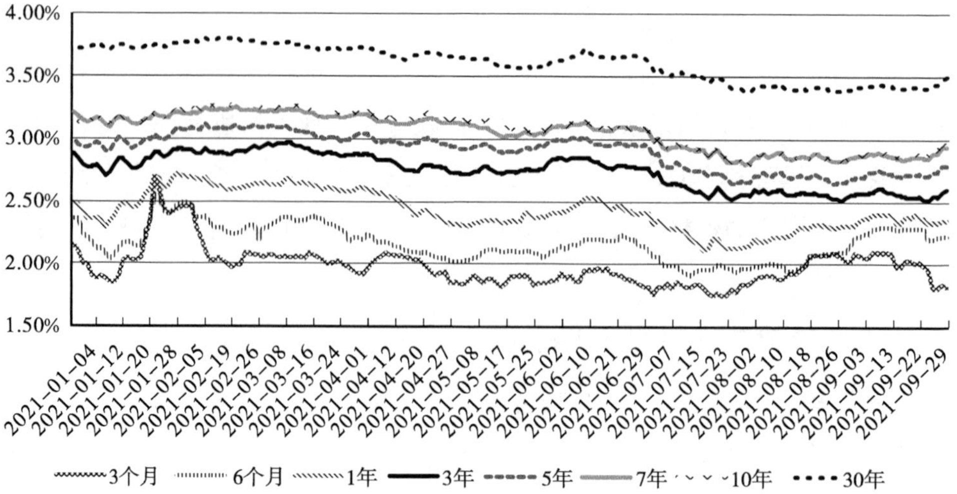

图2 不同期限国债收益率曲线

数据来源：中央国债登记结算有限责任公司。

二、市场利率上行主要受短期因素影响

一是市场资金紧平衡，2021年第四季度或持续面临资金压力，市场情绪较为谨慎。近期市场资金紧平衡，主要是由于下半年巨量中期借贷便利（Medium - term Lending Facility，MLF）到期、地方专项债发行提速、10月缴税等的影响。2021年9—12月，MLF分别到期6000亿元①、5000亿元、10 000亿元和9500亿元，合计超过3万亿元，10月中上旬还将有9月底操作的逆回购到期。据媒体报道，近期监管部门亦要求地方专项债发行提速，预计10—11月专项债发行月均6000亿元，较创新高的9月发行规模5716亿元还要更高。同时，10月是企业所得税本年度季度预缴的最后一个申报期，也会由于缴税较为集中而造成一定的市场资金压力。

二是近期能源价格大涨，上游资源价格上涨较快，且受上游生产价格指数（Producer Price Index，PPI）传导，消费者物价指数（Consumer Price Index，CPI）也面临一定的上涨压力，引发市场对能源价格持续上涨和经济滞胀的担忧，也促使中长期无风险利率有所上升。

三是无风险利率同时受到了部分短期的事件性冲击，包括银行理财净值法估值加速推进，财政部发布《资产管理产品相关会计处理规定（征求意见稿）》，推动资管产

---

① 文中货币单位没有特别标注的，皆为人民币。

品净值化转型，令市场近期对债券品种、久期的偏好发生变化；部分行业、领域企业的债券暴露了一定的信用风险，也在一定程度上助力推高无风险利率水平；美联储 Taper（即美联储缩减购债规模）预期下美债收益率上行，全球能源价格上涨推升滞胀预期等，在综合因素下，与短期国债收益率下行但中长期国债收益率上升的市场表现呈现共振效应。同时，中国人民银行行长易纲在《金融研究》2021 年第 9 期刊文《中国的利率体系与利率市场化改革》中，首次公开讨论市场公开操作工具。文章指出："资产购买工具不属于常规货币政策工具，而是央行在市场出现问题时的被迫选择。……中国将尽可能地延长实施正常货币政策的时间，目前不需要实施资产购买操作。"因此，现阶段中国人民银行对市场利率的态度是持续保证一定政策定力，可能也是加剧市场紧张情绪的又一因素。

三、目前市场利率尚不具备持续大幅上行的基础

一是从影响利率水平的长期因素来看，我国经济基本面长期向好的趋势并未改变，目前利率水平持续大幅上行的可能性较小。中国人民银行行长易纲在《中国的利率体系与利率市场化改革》一文中也表示："中国的经济潜在增速仍有望维持在 5% ~6% 的区间，有条件实施正常货币政策。"

二是从影响利率的主要短期因素来看，资金面的紧平衡和物价上涨压力可能在年底前有所缓解。一方面，2021 年 9 月中国人民银行开展了 6000 亿元 1 年期 MLF 续作，9 月 30 日还开展了 1000 亿元 14 天逆回购操作，维护了银行体系的流动性合理充裕，传递出货币政策中性信号。因此，面对 10—11 月的 MLF 到期压力，中国人民银行或将继续传递稳健信号，稳定市场预期。另一方面，能源价格的上涨并非需求推动和经济过热导致，而是供给端结构性失衡、供需错配所造成，在 PPI 难以向 CPI 快速传导的情况下，尤其是终端需求尚未整体恢复，供给端结构性失衡也显示出显著的短期阶段性特征。目前政府已采取增加煤炭供应、投放国家铜储备等政策及行为，稳定市场终端预期。因此，在经济增长仍面临较大压力的情况下，同时受《银行保险机构进一步做好地方政府隐性债务风险防范化解工作的指导意见》（以下简称"15 号文"）、地产信用风险暴露、《关于规范金融机构资产管理业务的指导意见》（以下简称资管新规）过渡期到期后资管产品净值化转型等多项事件的影响，第四季度市场利率水平可能会呈现继续小幅震荡向上的趋势，但可能更多体现的是对于第三季度市场利率下行较多、宽松预期的降温。

四、对信用市场的主要影响分析

一是不必过分担忧目前利率水平的变化对市场信用风险的影响。其一，利率水平

的变化并不必然导致信用风险的爆发，并非信用风险的爆发必然伴随“牛熊”转换，利率水平的变化和信用风险并不必然为因果关系。近十年中四次主要的信用风险爆发（包括2011年的城投债风波、2014—2015年的过剩产能风险、2018年的民企违约潮和2021年的民营房企风险暴露），均主要与风险爆发领域融资的收紧和该领域盈利水平的下降有较大关系。从具体的实践来看，融资的收紧和盈利水平下降的螺旋式作用，也同时加剧了负反馈的过程，助推了风险的爆发。其二，短期内也应关注市场利率水平的变化对债券价格的影响。2021年8月以来，尽管部分领域的信用债收益率走势差异较大，地产债受恒大地产事件的影响，信用利差走扩，银行二级资本债和永续债受理财估值新规冲击遭到抛售，收益率快速上行，年内呈现显著马太效应的城投债近期亦出现了普遍上行，但信用债市场整体走势与10年期国债收益率上升的表现较为一致。

二是仍应关注利率水平的异常变化，警惕债市下行风险。在目前经济增速放缓压力较大的基本面下，市场的短期情绪受基本面、资金面、政策面等各因素的影响较大，尤其是本轮“债牛”已持续较长时间，近期市场多、空、分歧等多种情绪交织，后期走势有待明朗。鉴于利率上行会导致金融资产价格下跌，资产价格的下跌与市场避险情绪的共振也会令资产价格下跌的幅度超出预期。因此，应提前就宏观经济走向进行分析研判，及时判断市场流动性和货币政策信号，提前做好投资策略应对方案。

三是债券投资策略可从绝对收益策略向相对收益策略调整。其一，净值化估值下，市场利率水平的震荡必然影响资产的价格，伴随着申赎的持续进行，现阶段资管产品的净值波动将大于摊余成本法估值下的净值波动，投资人持有体验下降，可能会减少申购和增加赎回，导致债券投资类资管产品的管理难度加大。对此，在具体的投资操作方面，管理人应做好仓位、券种、久期等管理，尽可能减少甚至熨平净值过大波动，同时加强资金端、负债端管理，尤其是纯债产品等债券投资产品应更多面向长期资金、机构资金、配置类需求资金。其二，在刚兑、摊余成本法时代广受机构投资者青睐的债券投资产品，在近期的市场表现中已趋于净值波动加大且绝对收益有所走低，管理人也应不断优化业务策略和投资策略，在加强投资者教育的同时从绝对收益策略向相对收益策略调整。

（执笔人：崔继培）

全面降准对信托市场的影响分析*

2021年12月6日，中国人民银行宣布全面降准，下调金融机构存款准备金率0.5个百分点，释放流动性大约1.2万亿元。此次全面降准对信托市场也将产生重要影响，未来不同类型的信托产品或将出现结构性分化。

一、关注稳增长、调结构政策带来的信托业务机会

2021年第四季度以来，受能源类产品价格快速上行、能耗双控等政策影响，经济整体出现走弱趋势。消费在新冠肺炎疫情的反复冲击下，整体恢复不畅。从近期的情况来看，采购经理人指数（Purchasing Managers'Index，PMI）在9月、10月连续两个月低于荣枯线水平。受海外节假日新增订单指数增加和煤炭电力供给约束缓解，11月数据虽有所回暖（50.1），但财新PMI为49.9，较10月下降0.7个百分点，这表明整体制造业修复进程放缓，中小企业经营压力较大，经济企稳的基础并不牢靠。

中央经济工作会议对当前经济工作的要求是“稳字当头、稳中求进”“继续做好‘六稳’‘六保’工作”。中国人民银行在第三季度以来强调“保持信贷平稳增长仍需努力”，并在资产端通过对小微企业新增3000亿元支小再贷款、设立碳减排工具和2000亿元支持煤炭清洁高效利用专项再贷款等方式进行结构性宽信用调节；在地方债发行方面，2021年11月的国务院常务会议要求加快2021年专项债剩余额度发行，并研究依法依规按程序提前下达部分额度。总体上看，结构性宽信用政策将在支持小微、绿色金融、地方债发行等方面形成合力，并有助于社融企稳。信托公司可在碳中和、新老基建等领域发掘新的业务机会，通过股权投资、二级市场投资、产业基金和资产证券化等方式，关注新业务领域的投资机会。

二、债券及现金管理类信托可能面临利率上行压力

2021年上半年，受美联储政策收缩预期等因素影响，10年期国债收益率处于3.1%左右的水平。7月中国人民银行宣布降准后，10年期国债收益率由3.09%回落至2.84%，当前仍维持在2.8%左右的水平。此次降准后，中国人民银行跟进下调支农支小再贷款利率，后续降息的可能性不大。财政发力、信贷刺激和房地产监管边际

* 本文写于2021年12月9日。

放松，宽信用逐步得到验证。当前的利率水平已处于底部区域，警惕债市后续调整的可能。

当前，利率水平处于底部区域，进一步下行的可能性较小，债券和现金管理类信托面临利率上行风险，尤其是利率债投资需做好相关风险防范。不过，10月以来，银行业金融机构房地产贷款同比增长8.2%，房地产开发贷款投放也大幅增长，结构性宽信用政策力度进一步增强。在房地产市场监管边际放松、碳减排政策支持等宽信用政策作用下，部分行业基本面出现改善，信用违约风险降低，债券投资需做好价值挖掘，通过适度信用下沉获取收益。

三、信托面临的房地产风险与业务结构或有所调整

防范地产行业个别企业信用风险蔓延及稳增长是此次全面降准的主要考量。受“三道红线”等房地产调控政策影响，房地产行业基本面快速下行。从整个行业来看，受资金压力影响，2021年三轮集中供地成交溢价率下行，流拍率上升。以第二轮集中供地为例，整体流拍率（含中止出让）为41.3%，大幅高于第一批（5.6%），杭州、长沙、北京等城市流拍率超50%；从房企情况来看，房企销售回款增速回落，融资规模持续下降。同时，2021年和2022年房企面临偿债高峰，其中美元债分别需偿还541亿美元和547亿美元。个别房企信用事件频繁发生，房地产市场陷入企业资金趋紧—评级下调—金融机构惜贷/购房者观望—企业资金进一步收紧的负向循环。当前降准有助于维护房地产市场稳定，防止个别企业信用风险向整个房地产行业及金融行业蔓延。

受监管部门持续压降融资类信托规模、地产调控等政策影响，融资类信托规模自2020年第三季度以来快速回落。截至2021年第三季度末，投向房地产业的资金信托余额为1.95万亿元，同比下降18.13%，房地产业信托占比降至12.42%，同比降低1.38个百分点。12月初，中共中央政治局会议提出支持商品房市场更好满足购房者的合理住房需求，促进房地产业健康发展和良性循环；中国银保监会也表示将合理发放房地产开发贷款、并购贷款等。不过“房住不炒”政策基调并未发生改变，整体业务规模难有较大增长；在持续压降融资类业务规模的政策下，股权投资、并购基金等业务模式规模将有所增加；合作伙伴、业务发展区域将向头部优质企业和一、二线城市集中。此外，信托公司还需关注购房尾款资产证券化等相关业务机会。

四、组合投资类信托产品仍具有较好的配置价值

2021年，央行货币政策整体稳健中性，流动性较为充裕。2021年7月15日中国人民银行降准0.5个百分点，释放长期资金约1万亿元。不过，受金融监管政策和地

方债发行后置影响，新增社融整体回落。12 月底前，市场仍有 9500 亿元 MLF 到期，月底、季末资金利率波动较大，此次降准操作，有助于维护市场流动性稳定；第一季度是银行类金融机构信贷投放主要窗口期，12 月 7 日中国人民银行又将支农、支小再贷款利率下调了 0.25 个百分点，此次“降准 + 定向降息”的操作有助于保持银行信贷平稳增长，降低实体经济融资成本；此外，历年春节的提现需求也是影响流动性的重要因素。中国人民银行在《2021 年第三季度中国货币政策执行报告》中表示，完善货币供应调控机制，保持流动性合理充裕，增强信贷总量增长的稳定性。这表明，在经济放缓压力下，未来一段时间内货币政策仍将维持稳健中性。

从资本市场来看，债券市场可能面临一定的调整，股票市场分化格局将有所收敛，大盘蓝筹经过近一年的调整，整体估值已趋于合理的水平，具备投资价值。以基金中的基金（Fund of Funds，FOF）为代表的组合投资类产品采取多元化的资产配置，以获取稳定的收益表现。在 2021 年股市震荡，结构性分化的情况下，这一优势表现得更加突出，不断获得消费者的认可。在行业转型的背景下，组合投资业务是信托公司业务转型的重点，多家信托公司在该领域持续发力。根据《证券时报》的统计，当前约有 40 家信托公司布局基金中的信托（Trust of Funds，TOF）/基金中的基金等业务，行业占比近 60%。展望 2022 年，即使出现部分资产价格震荡，但基于多元化的配置思路，组合投资类信托产品仍具有较好的配置价值。

（执笔人：杨晓东）

债券评级新规对信托公司债券投资业务的影响分析*

2021年3月，中国人民银行等五部委起草的《关于促进债券市场信用评级行业高质量健康发展的通知（征求意见稿）》（以下简称债券评级新规）向社会公开征求意见。这是《地方政府债券信用评级业务自律规范指引》等文件下发及中国银行间市场交易商协会取消强制评级安排后，监管方面对债券评级的又一重要新规，对信托公司在业务转型中开展债券投资业务也将产生一定影响。

一、债券评级新规的核心要求

债券评级新规共5部分16条，分别从提升评级质量、提高评级独立性、加强市场化约束和公平竞争、加强评级机构监督管理等方面对债券市场信用评级行业提出了高质量发展要求。从具体内容来看，债券评级新规提出的核心要求包括以下几个方面。

一是进一步明确了评级质量要求。债券评级新规要求提高评级结果的有效性、准确性和稳定性，具体要求包括构建以违约率为核心的评级质量验证机制，大幅调整信用评级的应进行内部核查，评级结果尤其是地方政府债券信用评级应客观反映地区差异和项目差异等。

二是提高了对评级机构的内部约束要求。评级机构应建立完善的治理机制、业务隔离机制、内控监督机制，尤其是要求评级人员的考核、晋升及薪酬与评级质量关联而非评级项目的发行和收费等关联，加强评级全流程合规管理等，对评级机构出具评级结果的客观公正和独立性提出了内部约束要求。

三是提高了对评级机构的外部约束要求。市场方面，要求发行人双评级或多评级，引导投资人选择评级质量高的评级机构，要求自律组织加强开展市场化评级评估，以发挥市场声誉机制的有效性，促进评级市场优胜劣汰。监管方面，通过降低监管对外部评级的要求，引导投资人完善内部信评和风险管控，通过压实评级机构责任，加大处罚力度震慑评级违规行为，整治市场评级沉疴。

二、债券评级新规对债券市场的主要影响

根据起草说明，债券评级新规的目标是立足提升信用评级质量，将构建以评级质

* 本文写于2021年4月1日。

量为导向的良性竞争环境，促进评级机构充分发挥风险揭示功能等。根据债券评级新规的具体要求，同时考虑到近期监管对债市及评级的系列要求，可以将债券评级新规的主要影响大致分为三类。

一是评级虚高问题将得到一定的遏制。根据债券评级新规对提升信用评级质量的要求，未来评级方法体系将更加科学合理、客观全面，评级质量验证以违约率为核心，进一步紧贴信用风险，评级结果的一致性、有效性和前瞻性将进一步提高。不过，“爆雷”往往是多方面作用的结果，而事先评级受限于信息的可得性，以及难以对影响兑付的偶发因素进行充分预判，信用评级结果一致性、有效性、前瞻性要求的提高，或将推动评级方法体系的变革。

二是压实评级机构的中介责任、隔离利益冲突等，要求评级机构提高作出评级结果的独立性、客观性和公正性水平。近期监管针对评级业务印发了多份文件，包括中国证监会印发修订的《证券市场资信评级业务管理办法》，中国国债协会发布的《地方政府债券信用评级业务自律规范指引》，以及财政部印发的《地方政府债券信用评级管理暂行办法》，同时近几年对大公国际及中诚信业务给予暂停业务等行政处罚、中纪委进驻调查东方金诚等的震慑，均显示出完善监管、加大处罚力度以压实中介机构责任的监管意图。当前，由于评级结果与发行人债务融资工具发行及其融资成本有关，同时与投资经理投资选择有关，所以评级机构事实上对资本市场的一级市场、二级市场等产生相当影响。尽管评级机构均会在评级报告中设置相应说明，提醒投资者“评级机构对受评对象的评级报告及信用等级只能作为信息使用者投资决策的参考，而不能解释为事实陈述或购买出售持有任何证券的建议和依据”，但该种说明下所负的中介责任与其在市场中的影响已极不相称，而且该种不负责任的说明带来的不负责任的虚高评级，以及长期以来“以价定级，以级定价”的评级乱象，直接影响了评级机构作出评级结果的独立性、客观性和公正性。

三是未来债券的隐含评级将会发挥更大的作用，债市的市场有效性将不断提高。短期来看，部分债券的评级下调，监管机构对中介机构（包括承销机构、评级机构、审计机构）责任的压实和处罚力度的加强，以及信用风险事件导致的发行成本提升，已经引发了部分债券二级市场价格的下降和一级市场的波动，部分债券甚至取消发行。为了稳定评级要求对市场的影响，将评级需求的主导权交还市场，债券评级新规也提出将降低监管对外部评级的要求，择机适时调整监管政策关于各类资金可投资债券的级别门槛，弱化债券质押式回购对外部评级的依赖，并要求投资人合理审慎使用信用评级结果，完善内评，提高风险管理能力。

三、债券评级新规对信托公司债券投资业务的影响初探

债券评级新规及此前一系列评级监管文件的出台，是监管针对评级市场存在的评级结果同质化严重、评级质量难以有效检验，以及投资者对评级结果认可度较低等不规范评级的整治。从现状到未来规范、高质量的评级生态，仍然要经过一定的时间。对此，信托公司仍应根据业务开展情况考虑评级监管要求对债市的传导，构建适合信托公司债券投资业务发展要求的评级体系。

一是债市生态的变化对信托公司债券投研能力提出了更高要求。债券市场违约呈现常态化趋势，以及部分债券尤其是相对较高收益的债券的评级下调，都加大了信托公司债券投资业务的开展难度。一方面是实质违约增多，对信托公司债券投资业务涉及的信用风险识别能力提出了更高的要求，所投债券涉及的主体、债项，以及主体所在的地区、产业等多方面的因素也需要信托公司进一步关注。另一方面是未来部分债券将评级下调甚至无评级，选券的难度也会加大。

二是信托公司债券投资评级体系的定位值得慎重考虑。笔者认为，信托公司债券投资评级体系的构建，与其公司战略及债券投资业务策略关系较大。

公司战略方面，应考虑如何定位债券投资业务，以及将要投入什么样的资源支持。一般来说，业务规模较大且将债券投资作为战略业务的，应尽快搭建并完善买方信评体系，宜早不宜晚。按照监管要求，未来外部评级机构的评级质量应不断提高，评级的独立性应不断加强，如信托公司并无大规模开展主动管理类债券投资业务的打算，也可借助独立的外部评级来实现业务的起步。

业务策略方面，应考虑不同业务策略下对评级的需求。例如，现金管理业务策略，侧重利率债、高等级信用债，在未来的市场生态下，高等级信用债的违约风险极低，因此该类业务对内部信评的依赖较小；TOF 策略，侧重于对基金管理人的调研和选择，不直接面向底层债券，该类业务对内部信评的依赖也较小；主动管理业务中以执行票息策略为主的，侧重对债券涉及的主体和债项的信用研究，需要信托公司主动构建自主的信评体系，挖掘债券的隐含评级；主动管理业务中以执行信用定价策略为主的，应在构建自主信评体系的同时，除给出评级符号外，进一步挖掘债券评级符号与其隐含评级、隐含违约率的差距，在投资人风险偏好下降的背景下，加大对隐含评级中高等级资质债券的配置力度，以避免对行业和企业背景的过度信仰。

（执笔人：崔继培）

银行理财产品估值要求对债券市场的影响*

2021年8月，监管部门召集中国工商银行、中国银行、中国建设银行等六大国有银行开会，对其及其理财子公司理财产品估值方法提出使用市值法等要求。这是资管新规对资管产品实行净值化管理的具体落实，预期将对债券市场以及近期债券投资业务策略产生一定影响。

一、银行理财产品估值方法转换是资管新规要求的具体落实

资管新规及其细则①对资管产品采用市值法计量净值已有明确规定。资管新规第18条明确规定，金融机构对资管产品应当实行净值化管理，净值生成应当符合企业会计准则规定，及时反映基础金融资产的收益和风险；同时要求金融资产坚持公允价值计量原则，鼓励使用市值计量，并对可采用摊余成本法计量金融资产净值的情形规定了明确的条件：资管产品为封闭式产品，且所投金融资产以收取合同现金流量为目的并持有到期；或资管产品为封闭式产品，且所投金融资产暂不具备活跃交易市场，或者在活跃市场中没有报价，也不能采用估值技术可靠计量公允价值。

现行的银行理财产品的估值过度使用了摊余成本法并带来一定问题。在资管新规过渡期内，银行的现金管理类产品在严格监管的前提下，暂参照货币市场基金的“摊余成本+影子定价”方法进行估值，兼具较好流动性与收益的现金管理类产品成为银行理财转型重点发展的方向。根据《中国银行业理财市场半年报告（2021年上）》的数据，2021年上半年现金管理类银行理财产品累计募集金额为33.97万亿元，占全部银行理财产品募集金额的54.43%。但是，现金管理类银行理财的快速发展也带来一些问题：其增厚收益的方式主要来自拉长久期、资质下沉和增加杠杆，积聚了一定的投资风险；现金管理类银行理财实际上形成了活期存款替代，抬升了市场的无风险利率水平。

监管部门对银行理财产品估值过度使用摊余成本法的隐患此前已有关注。2021年7月，中国银保监会在发布的行政处罚信息中，明确列示某股份行的主要违法违规行

---

* 本文写于2021年9月2日。

① 指《关于规范金融机构资产管理业务的指导意见》及《关于进一步明确规范金融机构资产管理业务指导意见有关事项的通知》等相关配套文件。

为之一为“净值型理财产品估值方法使用不准确”。因此，监管部门此次对银行理财产品估值要求加强监管部署，仍是对资管新规的具体落实。2021 年年底资管新规过渡期延长也将到期，年前这段时间将是银行理财净值化转型的关键时期。

二、银行理财产品估值方法转换对债券市场的主要影响

从短期来看，银行理财产品估值方法转换将对债市形成一定的流动性冲击。从近期市场表现来看，采用摊余成本法估值的理财产品已面临一定的赎回压力。由于 2021 年的债市重要策略之一是投资长久期银行永续债和二级资本债，而根据《关于进一步贯彻落实新金融工具相关会计准则的通知》等相关规定，银行永续债及二级资本债无法通过合同现金流测试，2022 年后也将采用市值法估值。因此，近期商业银行二级资本债和永续债交易量大增，收益率大幅上行。受此影响，部分偏好稳定净值的现金管理类银行理财客户资金可能会转向货币基金或其他金融产品。

从中期来看，银行理财产品估值方法转换将加剧债券市场的信用分层。如按市值法计量，包括低评级信用债、私募债等低评级、低流动性债券品种相对波动更大，未来市场对该类债券品种的投资需求将会下降，对利率债、高等级信用债的投资需求将会上升，信用分化将进一步加剧，未来低评级主体的信用债融资将更加困难。

从长期来看，银行理财产品估值方法转换将会促进理财市场稳健发展。资管新规等监管规定对净值化管理和市值法计量的要求，将在一定程度上解决理财资金和资产的期限、风险错配问题，促进理财产品风险显性化，实现资金和资产的期限匹配、风险匹配，降低资管市场风险，弱化现金理财、短期理财对存款的替代，降低银行负债端成本。未来，短期低风险资金匹配短久期、高信用等级资产，长期资金、高风险承受资金匹配长久期、低信用等级资产。结合近期存款利率改革、推出存单指数基金等市场信息，未来，存款替代型银行理财的收益将下行，存款、存单的吸引力相对提高，将引导市场资金更多通过银行存款形式；考虑到叠加存款利率改革的影响，可能推动银行负债和资产并轨下降，促进降低实体经济融资成本，提高服务实体经济的能力。

三、债券市场业务策略的应对建议

投资策略方面，短期内建议适当控制久期、慎重采取信用下沉策略。中短期来看，估值方法转换对市场流动性形成冲击和信用分化加剧，市场资金转向利率债、中短期高等级信用债。但是，在当前国内外宏观政策的影响下，整体来看本轮债券市场的牛市或已接近尾声，高等级信用债信用利差或已处于低位，未来很难通过利率债策略获得超额收益。

产品策略方面，短期内建议谨慎发行信用债占一定比重的债券投资产品，尤其是报价型债券投资产品。一方面，采用净值法估值的资管产品，净值波动将较摊余成本法显著加大，尤其是信用债占比较高的债券投资产品，会令偏好净值稳定的投资人逐步降低对该类产品的需求。另一方面，净值法估值的资管产品受市场影响较大，管理人很难在发行阶段预估中短期投资收益，难以设置明确的业绩比较基准，因而报价型产品的供给也将减少。

渠道策略方面，短期内建议适当控制主要来自个人资金的债券投资规模。此前银行理财等机构的纯债产品，采用摊余成本计量时，拥有高于货币基金的收益，且净值较为稳定；但后续按照监管规定采用市值法计量，类似纯债基金的净值波动将影响投资者体验，相关产品面临的赎回压力较大，未来主要开展个人业务的债券投资机构将受到较大影响。

盈利策略方面，由于估值方法转换及其对市场产生的流动性冲击，所以近期可适当挖掘一定的业务套利机会。一方面，短期对市场的冲击可能会错杀部分债券，较高风险承受能力的资金或将捡取部分配置机会；另一方面，由于目前市场利率处于低位，且未来无风险利率可能继续下降，那么债市可能将呈现结构性的资本利得收益机遇。

（执笔人：崔继培）

简析“15 号文”对信托市场可能产生的影响*

2021 年 7 月，中国银保监会下发了“15 号文”。该文共 6 章 26 条，主要是重申严禁新增隐性债务、妥善化解存量隐性债务、强化风险管理等监管要求。尽管“15 号文”整体来看为原有监管要求的延续和对银行保险机构落实好监管要求的敦促，但其对信托业的发展尤其是基础产业信托业务的开展可能会产生较大影响。

一、影响范围：融资类基础产业信托业务将受到主要影响

一是部分融资类基础产业信托属于“15 号文”的规范对象。据相关规定，地方政府隐性债务一般是指地方政府、国有企事业单位、直属机构等，在法定政府限额以外直接举借或承诺以财政资金偿还及违法提供担保等方式举借的债务。按照地方政府隐性债务的规定，部分融资类基础产业信托属于地方政府隐性债务的范围，因此在此次“15 号文”的规范范围之内。根据中国信托业协会数据，自 2013 年年底以来，基础产业信托规模已持续多年保持在 2 万亿元以上。截至 2021 年第一季度末，资金信托中基础产业投向规模余额为 2. 32 万亿元，规模占比达到 14. 51% 。预计该部分业务未来将受到“15 号文”的持续影响。

二是基础产业信托规模较大和占比较高的信托公司可能受“15 号文”影响较大。从业务存量规模和占比来看，据 62 家信托公司披露的年报数据，部分信托公司基础产业信托规模较大且占比较高。截至 2020 年年底，基础产业信托存量规模超过 500 亿元的信托公司共有 16 家，其中有 6 家信托公司存量规模超过 1000 亿元；部分信托公司基础产业信托规模占比较高，截至 2020 年年底，基础产业信托存量规模占比超过 20% 的信托公司共有 14 家，其中 6 家超过 30% ，1 家甚至超过 75% 。

从经营业绩来看，部分信托公司基础产业信托营业收入贡献占比较高。根据 62 家信托公司披露的 2020 年年报，基础产业信托规模较大的信托公司，信托业务收入排名也较为靠前。在当前行业转型的大背景下，“15 号文”对这些信托公司的影响也值得关注。

二、影响程度：基础产业信托展业难度与风险程度将有所提高

一是未来基础产业信托业务的展业难度将加大，行业基础产业信托业务规模或将

* 本文写于 2021 年 8 月 5 日。

逐渐下降。按照“15 号文”的要求，严禁新增地方政府隐性债务，意在从源头控制隐性债务增量，未来融资平台的新增融资，需按照市场化原则合规审慎开展。“15 号文”提出不得以任何形式新增地方政府的隐性债务，并明确要求不得通过理财、信托等方式违规向融资平台提供融资或绕道置换不符合条件的隐性债务。目前信托公司本身因监管要求已经在持续压降融资类业务，叠加“15 号文”的影响，未来基础产业信托增量业务的开展将更加困难。据媒体报道，“15 号文”下发后，已经有不少信托公司暂停了非标基础产业信托业务，部分信托公司甚至已募集的资金也因融资主体或担保主体涉及地方政府隐性债务而退款。同时，随着存续业务的陆续到期，未来全行业基础产业信托的规模或将下降。

二是存量基础产业信托业务的风险程度将有所提高。大部分地方政府融资平台筹集资金的最终用途为地方公共事业、城市建设等，自身经营性现金流难以覆盖投资支出，因此严重依赖借新还旧和滚动融资的外部负债。对于对非标依赖程度较大的区域城投来说，如果非标借新还旧难以接续，可能会出现融资不畅导致的流动性风险，部分主体还可能会产生一定的风险暴露。此外，近年来信托公司涉猎的底层资产涉及地方政府隐性债务的非标转标及相关资产支持证券投资等，也应警惕相应的业务风险。《财政部关于坚决制止地方政府违法违规举债遏制隐性债务增量情况的报告》中明确提出坚决中央不救助原则，要求做到“谁家的孩子谁抱”，坚决打消地方政府认为中央政府会“买单”的“幻觉”，坚决打消金融机构认为政府会兜底的“幻觉”；此次“15 号文”也再次明确“打消财政兜底幻觉”。不过，按照“15 号文”中“妥善化解存量地方政府隐性债务”的要求，尤其是要“优先化解期限短、涉众广、利率高、刚性兑付预期强的债务”，融资类基础产业信托业务发生大规模风险暴露的概率较低。

三是对涉及较大地方政府隐性债务业务规模或较高地方政府隐性债务业务规模占比的信托公司来说，可能会因为“15 号文”的严格执行而严重影响传统业务的开展，同时存量业务的风险程度可能也会快速上升，经营业绩将因此受到较大影响，转型的压力也会更大。

三、影响对策：积极推进基础产业信托发展模式转型

一是业务模式转型。受“15 号文”和近年来监管压缩融资类业务的影响，未来融资类基础产业信托的开展，要求信托公司选择市场化经营的、不涉及隐性债务的地方政府融资平台，根据主体实际经营或用款项目的具体情况，科学评估融资平台公司的负债情况和偿债能力，但实际上该类低风险业务留给信托公司的空间极小。为此，未来基础产业信托的拓展，或将以“融资转投资”和“融资转服务”两种模式发力。融

资转投资方面，信托公司将通过股权投资、债券投资的方式服务于融资平台的资金需求，通过承担更高的风险匹配较高的资金成本，或通过承担较低的风险匹配较低的资金成本。融资转服务方面，一类方式是加大资产证券化业务的开展力度，并积极争取参与公募房地产信托投资基金（Real Estate Investment Trusts，REITs）的业务；另一类方式是向城市运营服务商转型，该类业务难度大、毛利低，但市场潜力大，且金融机构在该领域的入局者尚少，提前转型的机构将拥有一定的先发优势。

二是风控模式转型。传统涉及地方政府隐性债务的基础产业信托业务，风控模式更多偏向底线思维和“城投信仰”。受“15 号文”影响，相关信托公司的风险排查或已开始，新的业务拓展风险管理模式或已在重构，未来将加强专业性和提高以市场化思维、经营性思维考虑融资主体和具体融资项目的偿债能力。

三是盈利模式转型。融资类基础产业信托业务，往往凭借隐含政府信用，从而设计成为在投资者看来风险较低且收益较高的信托产品，信托公司获取中间利差。未来，随着地方政府融资的市场化、阳光化和融资成本降低，基础产业信托“吃利差”的盈利模式的性价比将越来越低。因此，融资类、投资类、服务类基础产业信托的盈利模式将综合化，信托公司获取的信托报酬将从利差转向管理费和投资收益。

（执笔人：崔继培）

第二部分

信托行业与信托公司研究

展望2021：信托业已处于转型发展的关键时期*

2020年是信托业发展历史上极不寻常的一年。面对新冠肺炎疫情的持续影响，信托业克服了经济增速放缓、国际环境日趋复杂等困难，在监管部门持续压降通道规模、融资类信托规模以及房地产信托规模的要求下，积极谋求转型发展。展望2021年，外部环境依然复杂严峻，信托业的转型发展已处于重要的关键时期。

一、信托行业转型的时间窗口已相对明确

一是监管对行业转型的要求已经明确。2020年8月，中国人民银行宣布将资管新规过渡期延长至2021年年底，信托公司资金信托业务对照资管新规进行整改的时限也相应延长。新的监管政策对信托公司集合融资类信托、交易对手集中度、固有资金投资信托计划比例以及关联交易等方面均提出了严格的指标要求，一旦正式发布实施，信托公司将面临刚性的转型压力。

二是融资类信托的收入贡献难以长期持续。尽管自2018年以来信托行业管理的资产规模持续下降，但融资类信托仍是信托公司的重要收入来源。融资类信托项目的存续期一般在两年左右，在监管部门要求压降融资类信托规模的形势下，存续的融资类信托仍可为信托公司贡献一定收入，2021年信托行业的收入基础预计仍有一定支撑，但这种支撑难以持续。因此，2021年将是信托公司加快转型布局、加大转型投入、加速转型步伐的重要时间窗口。

二、信托业务转型的主要方向已较为清晰

从监管导向和行业实践来看，信托业务的转型方向逐步清晰，主要集中在以下四个领域。

一是证券投资信托。信托公司开展证券投资信托，更能体现“受人之托、代人理财”的受托人定位，能够发挥资金募集和资产管理优势支持资本市场发展，能够解决融资类业务潜在的“刚性兑付”问题，符合监管导向和市场需求。此外，未来集合证券投资信托规模将会与集合融资类信托规模挂钩，这也导致信托公司将证券投资信托作为重要的业务转型方向。目前证券投资信托占资金信托的比重还比较小，2020年第

* 本文写于2021年1月8日。

三季度末其占比仅为12.84%，但规模同比增长12.95%。从市场格局来看，已有少数信托公司在证券投资信托领域形成了明显的领先优势，形成了专业的投资管理和受托服务能力；而多数信托公司近两年才开始投入布局，发展任务较为艰巨。

二是股权投资信托。信托公司开展股权投资信托有两方面的业务基础。一方面，信托公司长期以来在工商企业、房地产等领域的深耕，积累了一定的资源和能力基础，尤其是在房地产领域，已有多家信托公司开展了真实的房地产股权投资。另一方面，部分具有实业股东背景的信托公司，依托股东专业实力，可以在某些特定领域开展股权投资业务。信托公司的股权投资业务期限相对较长、信托报酬率相对较高，其中集合类股权投资信托也具有“分母”的功能，将成为信托公司在转型期可以实现较高收入贡献的重要业务方向。

三是资产证券化。资产证券化业务可以有效盘活存量资产，降低融资成本、拉长融资期限，在经济内循环中可以起到积极的促进作用。随着市场的逐渐扩大，资产证券化业务对信托公司的价值也在持续提升。从规模效应来看，尽管单笔资产证券化的信托报酬率较低，但如果做大规模、做长期限，仍然可以贡献较为可观的信托报酬。从收费水平来看，信贷资产证券化由于竞争激烈，信托报酬率长期处于极低水平；但企业资产证券化的信托报酬率相对较高，此外还可以通过产品设计、承销、投资等多种方式提高业务价值。因此，规模化开展资产证券化业务，提升资产证券化业务价值，也将成为信托业务的重要转型方向。

四是家族信托等高端财富管理业务。财富管理业务是信托公司多年来重点发展的重要业务，但多数信托公司的财富管理业务长期停留在产品发行的层面，信托在财富管理领域的制度优势尚未被充分激活。家族信托是引领信托公司财富管理业务向高端升级的重要业务类型，被监管部门认定为服务信托，不属于资管新规和2020年5月推出的《信托公司资金信托管理暂行办法（征求意见稿）》（以下简称资金信托新规）的管理范畴。信托公司开展家族信托业务，不仅满足了高净值客户对财富保护、传承、管理的需求，而且可以实现长期稳定的信托报酬。此外，家族信托期限较长，在资产配置方面可以有更多选择。因此，家族信托也将成为信托公司服务客户、获得稳定收入的重要业务转型方向。

三、信托公司转型的市场基础已初步具备

从信托市场发展的现实条件来看，信托公司转型的基础已经初步具备。首先，委托人需求的变化引导了信托公司的转型。一是市场上委托人的资金长期配置需求在增加。例如，保险资金加大另类投资力度、配置信托资产的趋势较为明显；家族信托委

托人对资产的长期回报需求较为明确。这些都引导信托公司在转型过程中要提高长期的资产管理能力，为信托公司开展相对长期的股权投资业务提供一定基础。二是浮动收益类产品得到了委托人的更多认可。由于融资类信托潜在风险不断提升，同时资本市场处于阶段性行情，所以证券投资类信托产品的发行情况好于预期。三是超高净值个人客户的综合财富管理需求持续增长，为家族信托、保险金信托等业务发展提供了良好市场基础。

其次，信托资金需求方的变化支撑了信托公司转型。在“去杠杆”的大背景下，从房地产领域来看，受到“三道红线”约束的房地产企业难以持续扩大负债，对资金的需求将更多地体现为股权投资、资产证券化等多种方式；地方政府由于债务管控要求，以往的信托融资方式向城投债投资的方式转变；工商企业对信托资金的需求方式也更加多元化，供应链金融、资产证券化、股权投资等方式得到了更多运用。这些变化都支撑了信托公司的业务转型。

最后，信托公司在转型业务领域已有一定实践，已具备复制推广基础。在证券投资信托领域，信托公司已经形成了较为成熟的业务模式，领先公司在自主型和受托型证券投资业务方面已经具备了较高的专业能力。在股权投资领域，房地产股权投资信托产品持续推出，其他领域的股权投资业务也有一定探索。在资产证券化领域，业务模式相对成熟，监管规则非常明确，信托公司近年来的实践经验也日益丰富。在家族信托领域，尽管完全实现主动管理的家族信托实践较少，但以事务管理为主的家族信托已经实现了批量化落地。

四、转型过程中的竞争格局将有所调整

信托行业转型的过程也是竞争格局调整的过程。可以看到，提前布局、转型相对较早的信托公司已经取得了一定的竞争优势。一是体现在信托资产规模方面，尽管监管部门持续压降通道业务、融资类和房地产信托规模，但通过发展证券投资信托、资产证券化等业务反而提升了信托资产规模，提高了市场地位。二是体现在收入结构方面，证券投资、股权投资等资产管理业务，以及资产证券化、家族信托等服务信托业务，其信托报酬主要体现为管理费收入，有助于对公司收入形成长期、稳定的支撑。三是体现在风险方面，投资类信托和服务信托均不存在“刚性兑付”问题，公司的新增风险压力整体较小。

对于转型布局较晚的“后发”信托公司而言，需要面临更为激烈的市场竞争。如何在竞争中赢得市场，“后发”的信托公司可以从以下四个方面入手：一是优选重点方向，结合公司发展实际制定阶段性转型发展策略，在资源有限的情况下优先支持重

点的转型业务；二是迅速扩大规模，充分调动业务团队的积极性，在短时间内尽快形成规模和品牌效应，为业务转型率先打下基础；三是提升资源投入，在审批效率、人才团队、信息系统、考核激励等方面给予充足支持；四是提高专业能力，在业务实现一定规模的基础上提高质量，逐步打造以专业能力为基础的核心竞争力。

（执笔人：和晋予）

影响2020年信托公司经营业绩的主要因素*

——基于59家信托公司业绩快报的财务数据分析

截至2021年1月15日，已有59家信托公司公布了未经审计的2020年业绩快报。尽管各公司公布的数据口径不一，但从整体来看，2020年信托业经营平稳，有效抵御了新冠肺炎疫情和宏观经济增速放缓等内外部冲击。本文将以这些数据为基础，分析影响2020年信托公司经营业绩的主要因素。

一、资本实力提升夯实长期业绩基础

2020年，信托业资本实力持续提升，注册资本、净资产均实现增长。从注册资本来看，59家信托公司中共有9家年内完成增资，合计约272.43亿元，增资完成后59家信托公司平均注册资本为47.48亿元，较2019年行业平均值（指2019年68家信托公司母公司数平均，下同）增加5.68亿元。部分信托公司增资力度较大，其中建信信托、五矿信托、江苏信托等增资后进入该项指标的行业前10。从净资产来看，截至2020年年末，59家信托公司平均净资产达到105.73亿元，较2019年行业平均值增长超过10%。2020年增资的信托公司多数也实现了营业收入的增长，财信信托、西部信托、陆家嘴信托营业收入增速超过30%的，国元信托、五矿信托的营业收入增速也超过了20%。

但同时也要看到，资本实力的提升对营业收入和利润的作用短期内未充分体现。近年来，信托行业净资产呈逐年增长态势，股东层面也通过持续投入给予了较大支持力度，但净资产的快速增长并未促成营业收入和利润的同步或者更快增长，行业整体的净资产收益率（Return on Equity，ROE）水平持续下滑，2017—2019年行业平均资本利润率分别为13.16%、10.07%、9.15%，2020年约为9.04%。分析其原因，可能包括两方面的因素：第一，增资带来的业绩贡献当年难以充分体现，具有一定的滞后性；第二，净资产的增长并不一定带来可投固有资金的增加，部分流动性可能被用来化解风险、从而形成资产固化，难以在短期内形成明显的收入。

长期来看，提升资本实力对信托公司的可持续发展仍然十分重要。一方面，受到

---

* 本文写于2021年1月21日。

即将出台的“信托公司资金信托管理暂行办法”和“信托公司资本管理办法”的影响，信托公司的净资产规模与信托业务规模将密切挂钩，提升资本实力是做大信托业务规模的重要基础。另一方面，在保证安全性和流动性的基础上，固有资金的投资配置也成为信托公司提升业绩的重要手段。

二、信托业务收入仍是营业收入的主要来源

从59家信托公司的财务数据来看，信托业务收入占营业收入的比重约为69%，仍保持在七成左右，是信托公司营业收入的主要来源。59家信托公司2020年平均实现手续费及佣金净收入13.60亿元，较2019年行业平均值增加1.19亿元。从各家信托公司的具体数据来看，信托业务收入排名靠前的信托公司，其营业收入也较高。信托业务收入排名前10的信托公司，有8家居于营业收入排名前10；信托业务收入排名前20的信托公司，有17家居于营业收入排名前20。

在信托资产持续规模下滑的背景下，信托业务收入的增长主要得益于信托报酬率的提高。一方面，这体现出信托公司主动管理能力的提升。根据中国信托业协会数据，2020年6月，68家信托公司已清算项目平均年化综合信托报酬率为1.26%，明显高于3月（0.66%）。另一方面，这体现出信托市场中对信托金融服务的需求持续增加，信托公司在提供投融资服务的同时，其信托报酬率受市场供求变化的影响有所提高。

三、固有业务收入对营业收入的贡献有所提升

2020年，59家信托公司的固有业务收入（即营业收入减去手续费及佣金净收入后的预估）平均值为6.19亿元，较2019年增加1.46亿元，同比增长30.76%。固有业务收入在营业收入中的占比超过31%，同比提高了4个百分点，对营业收入的贡献有所提升。

固有业务收入中的投资收益仍占较大比重。59家信托公司2020年平均实现投资收益4.56亿元，比2019年行业平均值增长13.67%，在固有业务收入中的占比为73.53%（见图1）。从各家公司的具体数据来看，2020年投资收益居于前10的信托公司，有8家居于固有业务收入排名前10。固有投资收益的明显增长，主要与信托公司持有的金融股权有关。根据信托公司年报进行的不完全统计，至少有14家信托公司持有25家银行股权，11家信托公司持有11家证券公司股权，38家信托公司持有66家基金公司股权。受益于证券、基金等金融机构盈利水平的快速增长，信托公司的股权投资收益明显提升。此外，配置在信托产品、证券或基金产品的固有资金于2020年也取得了较好的收益。

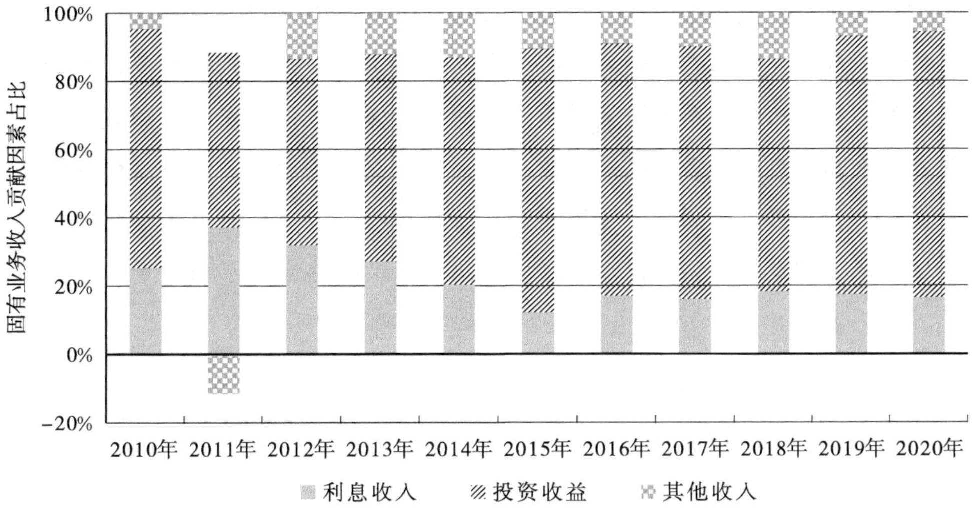

图 1　2010 年以来固有业务收入贡献因素占比

数据来源：中国信托业协会，59 家信托公司披露的 2020 年业绩快报。

注：部分公司仅披露合并数。

四、资产减值损失计提对利润水平影响加大

2020 年，59 家信托公司的资产减值损失计提规模增长较快，平均达到 2.19 亿元，较 2019 年 59 家公司同期的 1.32 亿元增长超过六成。如考虑到部分陷入经营困难的信托公司尚未披露财务数据，所以全行业的资产减值损失水平预计可能更高。从各公司来看，业务风险暴露较多和业务规模较大的两类信托公司的资产减值计提力度较大，同时也有个别公司通过加大清收力度，实现了减值损失转回。

资产减值损失计提对信托公司利润水平的影响明显加大。从 59 家信托公司的数据来看，2020 年平均资产减值损失对利润总额的影响程度［资产减值损失计提/（利润总额 + 资产减值损失计提）］为 15.88%，而 2019 年为 10.11%。资产减值损失计提对利润水平的影响加大，反映出信托公司风险水平对持续经营的冲击。即使信托公司的经营业绩增长较快，也难以承受风险水平的持续提升。

五、业务及管理费的增加尚未带来经营业绩的明显提升

2020 年，信托公司业务及管理费水平明显提高。59 家信托公司 2020 年平均业务及管理费达到 5.07 亿元，较 2019 年行业平均值增长 18.75%，高于营业收入的同比增速（14.28%），反映出业务及管理费对营业收入的贡献边际递减。此外，信托公司的成本收入比近年来也呈现逐步提升的态势，59 家信托公司 2020 年平均成本收入比达到 26.07%，较 2019 年行业平均值提高了 0.98 个百分点。

值得关注的是，近年来信托公司加大了业务及管理费等成本投入，但投入带来的经营业绩提升尚未充分体现。随着行业转型的不断深入，标品信托业务、家族信托业务等业务发展需要大量的系统及人员投入，必然带来成本的增长。但系统和人员的投入主要集中在转型创新业务，如果这些业务未能达到一定规模、形成规模效应，就难以形成一定的收入贡献。因此，尽管业务及管理费投入有所提升且短期难以体现对经营业绩的贡献，但信托公司应该坚定转型方向，保持战略定力，通过专业能力的建设铸造自身核心竞争力。

（执笔人：崔继培）

年报简析：信托公司转型发展呈现新格局*

2020年信托公司的年报已经陆续披露。截至2021年4月30日，从已整理的62家信托公司数据来看，公司间的经营业绩分化更加明显，部分公司信托资产规模的逆势增长引起了更多关注，行业转型发展的动力结构逐渐调整，风险对信托公司可持续发展的影响更加突出，转型中的信托业发展格局已逐步显现。

一、经营业绩的分化更加明显

从营业收入来看，2020年有41家信托公司的营业收入实现增长，其中有18家信托公司营业收入增速超过20%，华宸信托、财信信托和中粮信托等增速分别达到了3289.42%、55.97%和52.22%；与此同时，也要看到有20家信托公司营业收入出现了下滑，降幅超过20%的有6家（见表1）。

从净利润来看，2020年有36家信托公司的净利润实现增长，其中有18家信托公司净利润增速超过20%，财信信托、中粮信托和金谷信托等增速均超过100%；与此同时，有25家信托公司营业收入出现了下滑，降幅超过20%的有14家（见表1）。

表1　经营业绩变动在20%以上的信托公司数量

年度	2020年	2019年
营业收入增速超过20%的信托公司数量	18/62	27/68
营业收入降幅超过20%的信托公司数量	6/62	12/68
净利润增速超过20%的信托公司数量	18/62	27/68
净利润降幅超过20%的信托公司数量	14/62	12/68

数据来源：中诚信托投资研究部整理。

二、信托规模的变动更受关注

在去通道、压降融资类信托、控制房地产信托规模的严监管下，2020年行业信托资产规模继续保持整体下降趋势。根据中国信托业协会公布的数据，2020年年末，全行业信托资产规模为20.49万亿元，平均每家公司管理信托资产规模为3013.10亿元，同比下降5.17%。

---

* 本文写于2021年5月13日。

在行业信托资产规模总体下降的大趋势下，一些信托公司积极推进转型创新发展，有22家信托公司管理的信托资产规模实现逆势增长，其中有10家信托公司增幅在10%以上。外贸信托、英大信托和金谷信托的信托资产规模同比增速达到了51.45%、44.24%和42.58%（见表2）。

表2　2020年信托资产规模同比增长的信托公司

信托公司	2020年年末信托资产规模/亿元	同比增速
外贸信托	6 751.29	51.45%
英大信托	5 742.54	44.24%
金谷信托	1 429.97	42.58%
光大信托	10 260.76	39.17%
百瑞信托	3 134.32	28.80%
云南信托	2 525.43	25.74%
财信信托	1 331.22	24.42%
华能信托	8 504.00	17.29%
中原信托	2 049.10	14.54%
中海信托	3 440.79	12.32%
厦门信托	2 210.77	9.97%
建信信托	15 261.14	9.70%
华润信托	10 237.04	7.21%
紫金信托	1 260.74	7.11%
天津信托	2 291.15	5.73%
民生信托	2 059.39	4.85%
山西信托	401.61	4.78%
重庆信托	2 148.52	1.11%
山东信托	2 601.28	0.96%
江苏信托	3 709.19	0.87%
中粮信托	1 575.97	0.20%
中航信托	6 665.30	0.11%

数据来源：中诚信托投资研究部根据信托公司年报整理。

从2020年新增信托项目规模来看，62家信托公司共计新增7.93万亿元，平均每家公司新增1 278.77亿元。与2019年相比，35家信托公司新增的信托资产规模同比下降，但也有27家信托公司同比有所提升。新增信托规模最多的三家公司分别是光大信托、华能信托和华润信托，其新增规模分别达到了 8 213.30 亿元、5 528.74 亿元和 5 322.34 亿元（见表3）。

表3 2020 年新增信托规模 TOP 10

信托公司	新增信托规模/亿元
光大信托	8 213.30
华能信托	5 528.74
华润信托	5 322.34
建信信托	4 542.38
外贸信托	3 903.58
五矿信托	3 353.93
中信信托	2 607.70
百瑞信托	2 158.71
中铁信托	1 981.64
上海信托	1 886.39

数据来源：中诚信托投资研究部根据信托公司年报整理。

三、发展的动力结构逐渐调整

一是证券投资信托已成为信托公司的重要发展方向。从全行业来看，投向证券领域的资金信托在 2020 年实现了 15.44% 的增长，规模达到了 2.26 万亿元，平均每家公司达到了 332.63 亿元。从 62 家信托公司年报披露的数据来看，36 家信托公司证券投资信托规模实现了增长，增幅在 20% 以上的公司达到了 25 家，其中华润信托、外贸信托和五矿信托的增幅排名前列，分别同比增加了 1 681.16 亿元、747.09 亿元和 591.43 亿元（见表4）。

表4 2020 年证券投资信托增幅 TOP 10

信托公司	2020 年年末证券投资信托规模	同比增加/亿元
华润信托	5 446.09	1 681.16
外贸信托	3 054.71	747.09
五矿信托	704.29	591.43
中航信托	962.21	409.64
平安信托	980.56	405.10
山东信托	528.11	339.85

续表

信托公司	2020 年年末证券投资信托规模	同比增加/亿元
光大信托	970.79	250.49
民生信托	348.36	230.08
中信信托	917.37	134.72
建信信托	2 817.64	132.99

数据来源：中诚信托投资研究部根据信托公司年报整理。

二是资产证券化业务规模仍在持续扩大。从全市场来看，根据 Wind 数据，截至 2020 年年末我国资产证券化业务累计发行规模达到 6.50 万亿元，其中 2020 年新发行规模达到 1.40 万亿元左右。根据 Wind 数据，2020 年共有 38 家信托公司参与资产证券化业务，其中参与信贷资产证券化、交易所企业资产证券化、中国银行间市场交易商协会资产支持票据产品发行的信托公司各有 22 家、1 家、37 家，全年新发行规模合计分别为 8 230.48 亿元、13.92 亿元和 5 105.17 亿元。资产证券化业务已成为部分信托公司信托资产规模增加的重要甚至是主要动力。从新发行规模绝对金额来看，建信信托、华能信托和华润信托居于行业前列，分别达到 3 310.26 亿元、1 876.47 亿元和 1 261.29 亿元（见表 5）。从新发行资产证券化规模占当年新增信托规模比重来看，中海信托、建信信托、国元信托位居行业前列，占比分别达到 82.31%、72.87% 和 43.31%。2020 年参与各类资产证券化业务发行的 38 家信托公司中，9 家信托公司资产证券化业务新发行规模占其当年新增信托规模比重超过 30%。

表 5　2020 年新发行资产证券化业务规模 TOP 10

信托公司	2020 年新发行资产证券化规模/亿元	2020 年新增信托规模/亿元	2020 年新发行资产证券化规模/新增信托规模
建信信托	3 310.26	4 542.38	72.87%
华能信托	1 876.47	5 528.74	33.94%
华润信托	1 261.29	5 322.34	23.70%
中海信托	941.88	1 144.27	82.31%
外贸信托	835.26	3 903.58	21.40%
上海信托	661.81	1 886.39	35.08%
天津信托	478.60	1 853.47	25.82%
光大信托	462.17	8 213.30	5.63%
交银信托	430.55	1 015.08	42.42%
兴业信托	398.23	1 048.65	37.98%

数据来源：Wind，中诚信托投资研究部整理。

三是固有投资收益已成为重要的收入组成部分。根据中国信托业协会发布的数据，2020 年，全行业实现经营收入 1 228.05 亿元，其中信托业务收入达到 864.47 亿元，占比达到70.39%。固有业务收入为363.58 亿元，占比约 29.61%。从 62 家信托公司年报披露数据来看，2020 年，受益于投资收益的增长，超过半数信托公司固有业务收入在营业收入中的占比有所提高，有 16 家信托公司固有业务收入在营业收入中的占比超过 50%，有 24 家信托公司仅投资收益一项在营业收入中的占比已经超过 30%。

四、行业风险的影响更为突出

一是约四成信托公司的固有资产不良率有所提升。从 62 家信托公司年报披露的数据来看，截至 2020 年年末共有 24 家信托公司固有资产不良率较 2019 年同期有所提高。从净利润指标来看，固有资产不良率的提高，对信托公司的经营业绩也造成了一定影响（见表 6）。

表 6　固有资产不良率 TOP 10

信托公司	2020 年年末固有资产不良率	净利润排名
民生信托	55.00%	60
华宸信托	44.19%	56
中粮信托	29.72%	47
渤海信托	16.80%	58
中建投信托	15.31%	36
万向信托	14.69%	29
杭州工商信托	13.85%	31
吉林信托	11.18%	55
昆仑信托	9.68%	13
大业信托	9.06%	53

数据来源：中诚信托投资研究部根据信托公司年报整理。

二是资产减值计提对利润总额的影响较大。从 62 家信托公司年报披露的数据来看，共 48 家信托公司计提资产减值损失，其中有 22 家“信托公司资产减值损失/营业收入”超过 10%，14 家信托公司该比值超过 20%，对经营业绩的侵蚀较大，有 30 家信托公司该比值较 2019 年有所提高，也反映了资产减值损失对信托公司经营业绩的影响进一步加大（见表 7）。

表 7　资产减值损失/营业收入 TOP 10

信托公司	2020 年资产减值损失/营业收入
民生信托	91. 10%
山西信托	52. 27%
山东信托	45. 94%
华宸信托	43. 41%
中建投信托	42. 04%
大业信托	33. 96%
金谷信托	31. 68%
长安信托	28. 34%
中诚信托	26. 15%
吉林信托	25. 42%

数据来源：中诚信托投资研究部根据信托公司年报整理。

三是固有负债的提升反映出部分信托公司流动性紧张。从可获得负债数据的 60 家信托公司来看，2020 年共 39 家信托公司的固有负债规模增加，并有 33 家信托公司的固有负债率提高，反映了较大一部分信托公司的流动性紧张的局面有所加剧。

表 8　固有负债增幅 TOP 10

信托公司	2020 年年末固有负债增幅/亿元
安信信托	70. 19
建信信托	34. 68
江苏信托	28. 25
中信信托	20. 80
平安信托	19. 91
兴业信托	19. 19
陆家嘴信托	17. 17
中建投信托	16. 65
国通信托	15. 23
华澳信托	14. 74

数据来源：中诚信托投资研究部根据信托公司年报整理。

（执笔人：和晋予、崔继培）

2021 年上半年集合资金信托市场发展特征分析 *

2020 年以来，受宏观经济下行压力增大、新冠肺炎疫情、政策调控等多重因素影响，信托行业面临较大转型压力，从集合资金信托市场发展呈现的特征来看，尽管规模有所回落，但行业向标准化、投资类转型的趋势已较为清晰。

一、2021 年上半年集合资金信托产品发行和成立规模有所回落

用益信托网公开数据显示，2021 年上半年集合资金信托市场热度有所回落，1—6 月集合资金信托产品发行规模为 13 177.92 亿元，比 2020 年下半年环比减少 7.67%，同比则下滑 19.04%；1—6 月集合资金信托产品成立规模为 9 478.06 亿元，环比降幅 21.30%，同比大幅减少 32.50%（见图 1）。

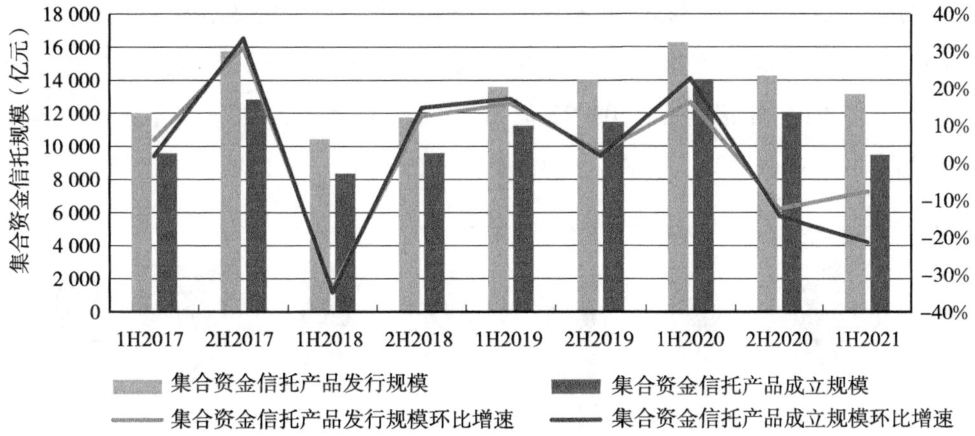

图 1 半年度集合资金信托产品发行规模、成立规模及环比增速（2017—2021 年）

数据来源：用益信托网。

纵观近些年来集合资金信托市场的表现，经济环境和政策调控的影响尤为突出。自 2017 年年末《关于规范金融机构资产管理业务的指导意见（征求意见稿）》发布以来，压通道、打破刚兑、禁止期限错配、去杠杆等一系列严监要求下，信托行业开始进入转型期，由此我们看到 2018 年上半年集合资金信托市场骤冷。面对外部形势的变化，信托公司纷纷对业务结构进行调整，重新整合、优化市场资源，不断提升主动管理能力，积极推动业务转型和创新。从 2018 年下半年开始，集合资金信托市场持续回

* 本文写于 2021 年 7 月 15 日。

暖，集合资金信托产品的发行规模和成立规模开始恢复并持续保持正向增长。尽管2020年上半年遭遇了新冠肺炎疫情这一突发事件，但受益于国内疫情的快速有效遏制和相对宽松的经济政策，集合资金信托市场依然延续了增长态势，2020年上半年集合资金信托产品发行规模和成立规模触及了近年高点。然而自2020年下半年开始至今，集合资金信托市场又进入下行通道，其原因主要有以下几点。

一是宏观经济的影响。目前国内经济形势压力较大，疫情得到有效控制后国内经济政策有一定调整。二是信托行业政策的影响。自2020年起，信托非标债权融资额度受到严格管控，同年又出台一系列监管政策开始严控房地产信托规模。三是房地产调控的影响。2020年下半年开始，监管先后推出了针对典型房企的“三道红线”政策、针对商业银行的“房贷集中度管理”政策、针对房企拿地的土地出让“两集中”政策，并且将土地出让金划归税务部门征收、推进房地产税立法和试点，房地产市场调控政策的持续收紧对房地产集合资金信托市场造成巨大冲击。四是政府降负债的需求叠加基础产业投融资市场风险集聚的背景下，政信业务的发展受到一定影响。

从集合资金信托业务结构方面来看，2021年上半年成立的集合资金信托产品中，投向金融、房地产、基础产业、工商企业领域的集合资金信托产品成立规模分别为3 561.44亿元、2 987.84亿元、1 503.22亿元、1 253.41亿元，在上半年成立的集合资金信托产品中的占比分别为37.58%、31.52%、15.86%、13.22%（见图2）。

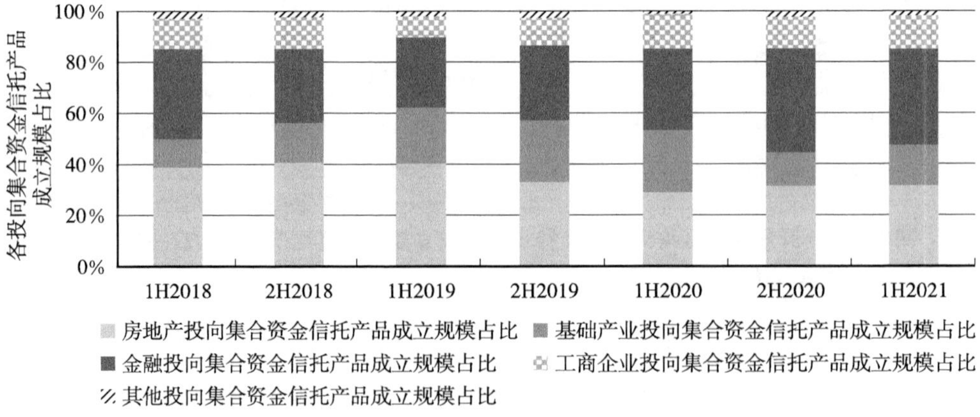

图2　半年度各投向集合资金信托产品成立规模占比（2018—2021年）

数据来源：用益信托网。

二、2021年上半年集合资金信托收益率略有回升

用益信托网数据显示，2021年上半年集合资金信托产品发行平均收益率为6.79%，集合资金信托产品成立平均收益率为6.84%（见图3），环比均微升0.02个

百分点，自 2019 年下半年开始的下跌趋势终于止步。

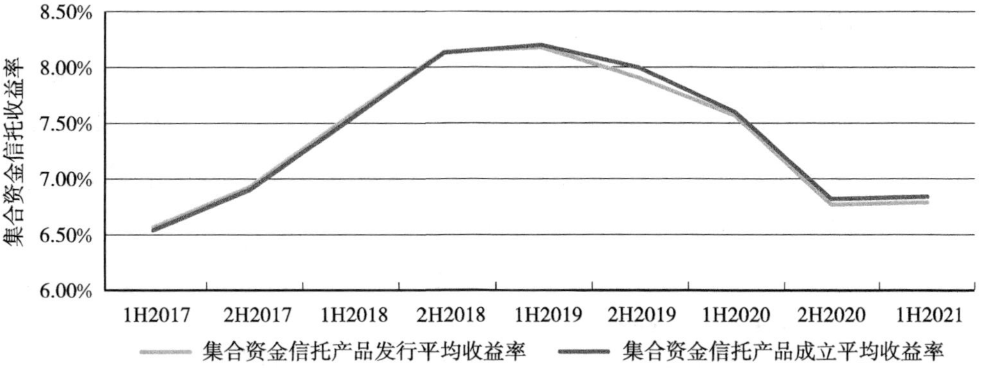

图 3　半年度集合资金信托产品发行平均收益率和成立平均收益率（2017—2021 年）

数据来源：用益信托网。

影响本轮集合资金信托收益率下行的主要因素有两点：一是非标资产融资成本的普遍下滑，这是由于宏观经济增速放缓叠加疫情影响下，优质资产变得稀缺，但宽松的货币政策导致市场上的资金变多了，形成了所谓的“资产荒”；二是集合资金信托业务结构的调整，市场和政策综合影响下，传统非标融资业务占比逐渐收缩，信托公司纷纷转型投资标准资产，因而拉低了集合资金信托整体的收益率水平。从 2021 年上半年集合资金信托各投向收益率表现来看，房地产、基础产业、工商企业投向的集合资金信托产品成立平均收益率仍然在下行（见图 4），说明市场上非标资产融资成本仍未触底。上半年集合资金信托整体收益率止跌的主要原因是房地产信托、基础产业信托等非标融资业务占比的回升和证券投资业务占比的大幅回落。

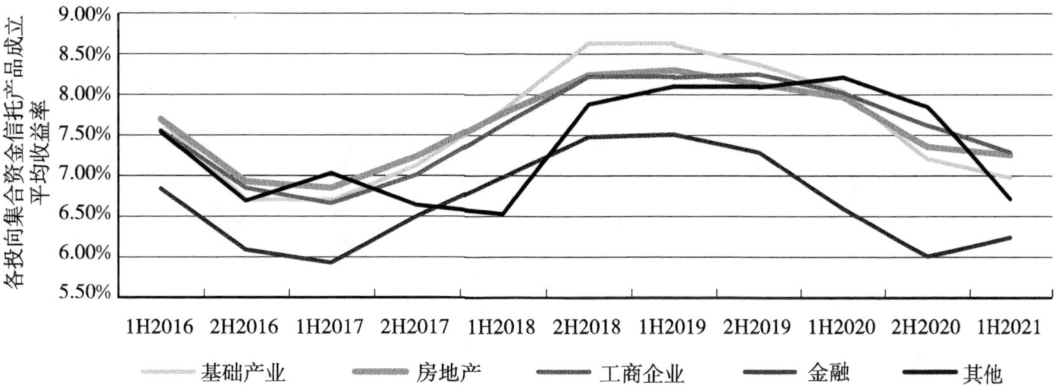

图 4　半年度各投向集合资金信托产品成立平均收益率（2016—2021 年）

数据来源：用益信托网。

三、房地产股权投资集合资金信托产品增长显著

用益信托网数据显示，2021 年上半年房地产集合资金信托产品成立规模为 2 987.84 亿元，连续两个半年度持续回落，也是自 2018 年以来半年度成立规模的最低点（见图 5）。这是近年来房地产调控政策收紧以及信托行业融资规模管控的共同结果。房地产集合资金信托占比自 2019 年下半年开始回落（同年 5 月出台了收紧房地产调控的“23 号文”①），近三个半年度基本保持稳定并略有回升。

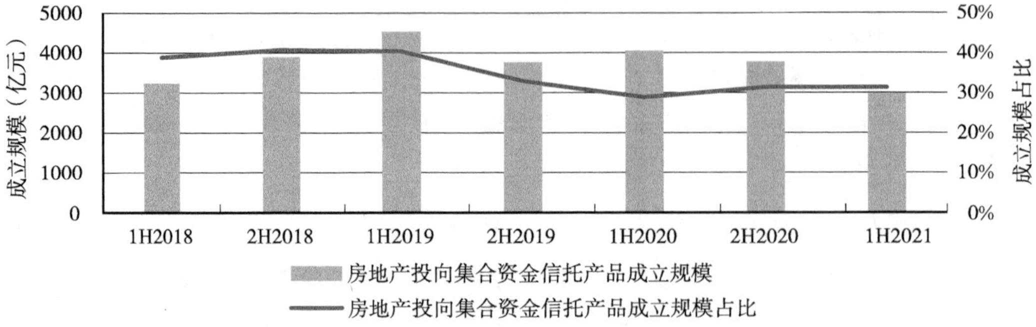

图 5　半年度房地产投向集合资金信托产品成立规模及占比（2018—2021 年）

数据来源：用益信托网。

从业务结构来看，房地产信托贷款规模大幅下跌，半年度成立总额从 2019 年下半年的最高点 1 994.12 亿元持续回落到 2021 年上半年的最低点 671.97 亿元；同时，房地产股权投资模式发展迅速，上半年采取股权投资模式的房地产集合资金信托规模达到1 138.73亿元，环比提升 38.64%，同比升幅更是达到 377.15%，是近年来的最高点，已经成为信托投资房地产领域最主要的投资模式（见图 6）。

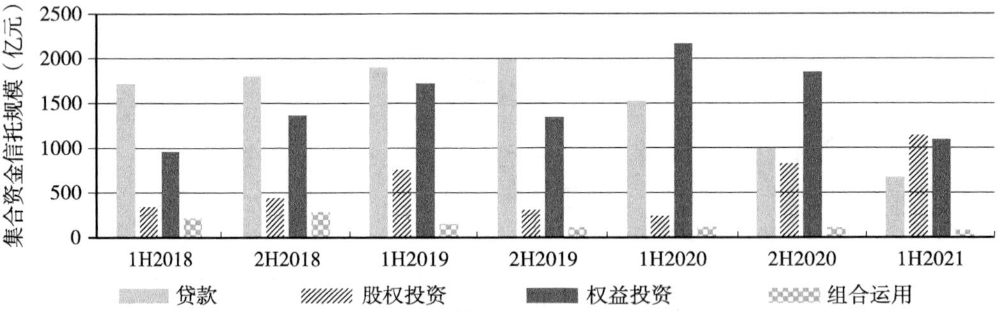

图 6　半年度各种资金运用方式的房地产集合资金信托规模（2018—2021 年）

数据来源：用益信托网。

与房地产集合资金信托相比，基础产业集合资金信托上半年成立规模为 1 503.22

① 即《中国银保监会关于开展“巩固治乱象成果　促进合规建设”工作的通知》（银保监发〔2019〕23 号）。

亿元，环比基本保持稳定，占比有所回升。

四、投向证券市场的集合资金信托产品受市场影响较大

用益信托网数据显示，2021 年上半年证券投资集合资金信托产品成立规模为 564.29 亿元，环比大幅回落 53.91%，同比减少 39.43%。证券投资集合资金信托产品成立规模占比也大幅下滑 4.21 个百分点至 5.95%。

2021 年以来，证券投资集合资金信托市场的骤冷主要受股票、债券市场的不景气所致。经过 2020 年的一轮牛市后，股票市场 2021 年以来一直处于调整消化期，加之宏观经济增速放缓压力加大和货币政策收紧，上半年市场的整体表现并不理想。同时，债券市场表现也不尽如人意。近年来债市违约多发，近期评级下调频繁，市场普遍预期还远未及风险出清。叠加疫情后宏观经济形势不明朗，整体上看，债券配置和交易的难度进一步加大。另外，信托公司在证券领域投资经验和投研能力的不足也导致其不能很好地应对 2021 年上半年市场的变化。

（执笔人：韩鸣飞）

2021 年上半年信托公司经营业绩特征与影响因素分析*

近期，已有 61 家信托公司公开了 2021 年上半年的主要经营数据。总体来看，受益于国民经济和固定资产投资持续稳定恢复，2021 年上半年信托公司经营业绩整体实现恢复性增长，行业分化程度进一步扩大。

一、资本实力继续提升，负债水平有所下降

一是增资有所放缓，2021 年上半年共有两家信托公司完成增资，其中中粮信托注册资本由 23 亿元增加至 28. 31 亿元，股东实际投入 16 亿元；陆家嘴信托注册资本由 48 亿元增至 57 亿元，股东实际投入情况尚未披露。除此之外，中航信托、浙金信托等的股东已发布公告拟对其增资。

二是固有资产规模保持增长，总资产增速有所放缓。受益于利润积累的影响，剔除平安信托、重庆信托、中信信托为合并口径导致数据差异较大的影响，其余 58 家信托公司平均净资产约为 98. 34 亿元，较年初增加了 3. 78 亿元，增幅约为 3. 99% 。同样剔除前述三家公司数据的影响，其余 58 家信托公司的平均总资产约为 116. 79 亿元，较年初增长 2. 06 亿元，增幅约为 1. 80% 。总资产增幅低于净资产增速，主要是行业负债率下降所致，58 家信托公司的平均负债率从年初的 21. 69% 降至 6 月末的 15. 80% ，而行业负债水平的下降主要与信托业保障基金回收债权资金有关。2021 年 6 月信托公司注册资本、总资产和净资产 TOP 10 见表 1。

表 1　注册资本、总资产与净资产 TOP 10（2021 年 6 月）

排名	信托公司	注册资本/亿元	排名	信托公司	总资产/亿元	排名	信托公司	净资产/亿元
1	重庆信托	150. 00	1	平安信托	2 663. 56	1	平安信托	660. 20
2	五矿信托	130. 51	2	重庆信托	2 657. 83	2	重庆信托	422. 56
3	平安信托	130. 00	3	中信信托	491. 97	3	中信信托	343. 29

* 本文写于 2021 年 7 月 22 日。

续表

排名	信托公司	注册资本/亿元	排名	信托公司	总资产/亿元	排名	信托公司	净资产/亿元
4	中融信托	120.00	4	华润信托	307.18	4	华润信托	255.24
5	中信信托	112.76	5	华能信托	300.37	5	华能信托	249.18
6	华润信托	110.00	6	五矿信托	273.23	6	五矿信托	233.61
7	建信信托	105.00	7	江苏信托	255.87	7	江苏信托	232.97
8	昆仑信托	102.27	8	建信信托	248.73	8	建信信托	217.37
9	兴业信托	100.00	9	中融信托	227.88	9	外贸信托	200.12
10	江苏信托	87.60	10	中诚信托	212.88	10	中融信托	192.34

数据来源：各公司半年业绩快报，中诚信托投资研究部整理。

二、营业收入保持增长，收入结构持续优化

一是营业收入实现增长。除了个别公司数据口径不一致，2021年上半年可比的60家信托公司平均实现营业收入约9.46亿元，较上年同期的8.99亿元同比增长5.23%。其中，多家信托公司营业收入同比增速表现较好（见表2），天津信托、华鑫信托等营收同比增速超过50%，华宝信托、中诚信托、西藏信托、国通信托、云南信托等营收同比增速超过35%，同时头部公司中的五矿信托、中航信托、华能信托、中信信托营收增速也均超过20%。

表2　营业收入与营收同比增速 TOP 10（2021年上半年）

排名	信托公司	营收/亿元	排名	信托公司	营收同比增速
1	平安信托	117.60	1	平安信托	255.86%
2	中信信托	40.96	2	天津信托	86.01%
3	重庆信托	36.88	3	华鑫信托	58.47%
4	五矿信托	35.99	4	华宝信托	47.71%
5	光大信托	31.63	5	中诚信托	46.55%
6	华能信托	30.44	6	西藏信托	44.37%
7	中融信托	22.40	7	国通信托	35.45%
8	中航信托	21.29	8	云南信托	35.03%
9	华润信托	20.23	9	五矿信托	34.18%
10	建信信托	17.68	10	粤财信托	33.88%

数据来源：各公司半年业绩快报，中诚信托投资研究部整理。
注：重庆信托、平安信托、中信信托、建信信托为合并口径。

二是信托业务收入实现更快增长，促进信托业务收入占比进一步提升。60 家可比的信托公司 2021 年上半年平均实现信托业务收入 6.69 亿元，较 2020 年上半年的 6.15 亿元增长 8.78%（见表 3），信托业务收入占比也从 2020 年上半年的 68.43% 提高至 2021 年上半年的 70.74%。在行业信托资产规模有所下滑的情况下，信托业务收入的更快增长，主要是源于业务结构优化带来的信托报酬率的提高。一方面，集合资金信托占比持续提高。根据中国信托业协会数据，截至 2021 年第一季度末，集合资金信托占比达到 49.05%，较 2020 年同期提高 2.06 个百分点。另一方面，事务管理类信托占比持续下降。根据中国信托业协会数据，截至 2021 年第一季度末，事务管理类信托占比为 43.76%，较 2020 年同期下降了 3.34 个百分点。

表 3　营业收入变化主要驱动因素分析

营业收入	2021 年上半年/亿元	2020 年上半年/亿元	同比增速	原因分析
平均营业收入	9.46	8.99	5.23%	业务秩序恢复和业务领域景气度较好
其中： 平均信托业务收入	6.69	6.15	8.78%	业务结构优化带来信托报酬率提高
平均投资收益	2.11	1.86	13.44%	长期股权投资收益表现较好
平均利息净收入	0.56	0.50	12.00%	负债率下降，利息支出减少

数据来源：各公司半年业绩快报，中诚信托投资研究部整理。

三是固有业务收入也有所改善。根据“营业收入减手续费及佣金净收入”简单预估固有业务收入水平，60 家可比信托公司 2021 年上半年平均实现固有业务收入 2.77 亿元，略高于 2020 年上半年的 2.74 亿元。从固有业务收入构成来看，投资收益和利息净收入均实现同比增长，且在固有业务收入中的合计占比从 2020 年的 86.18% 提高至 2021 年上半年的 96.44%。2021 年上半年信托公司信托业务收入与固有业务收入 TOP 10 见表 4。

表 4　信托业务收入与固有业务收入 TOP 10（2021 年上半年）

排名	信托公司	手续费及佣金净收入/亿元	排名	信托公司	固有业务收入/亿元
1	五矿信托	27.57	1	平安信托	112.66
2	中信信托	27.03	2	重庆信托	26.34
3	光大信托	26.55	3	中信信托	13.93

续表

排名	信托公司	手续费及佣金净收入/亿元	排名	信托公司	固有业务收入/亿元
4	华能信托	23.83	4	华润信托	12.14
5	中航信托	21.47	5	江苏信托	8.80
6	中融信托	20.54	6	五矿信托	8.41
7	建信信托	12.94	7	中诚信托	6.76
8	爱建信托	10.57	8	华能信托	6.61
9	重庆信托	10.54	9	上海信托	6.52
10	英大信托	10.33	10	外贸信托	5.89

数据来源：各信托公司半年业绩快报，中诚信托投资研究部整理。

注：重庆信托、平安信托、中信信托、建信信托为合并口径。

三、利润水平明显提升，减值损失计提增加

一是利润总额和净利润提升明显。60 家可比的信托公司 2021 年上半年平均实现利润总额 6.61 亿元，净利润 5.25 亿元，较 2020 年上半年分别增长 12.02% 和 15.98%。利润总额和净利润的较快增长，一是受益于新冠肺炎疫情后复工复产带来的社会经济恢复，信托业营业收入实现增长；二是受益于成本费用略有下降，60 家信托公司 2021 年上半年平均成本费用比约为 24.86%，低于 2020 年全行业全年的 26.01%；三是统计范围内的信托公司未出现大额亏损，且个别高风险公司并未披露经营数据。2021 年上半年信托公司利润总额与净利润 TOP 10 见表 5。

值得注意的是，鉴于 2020 年上半年全行业受疫情影响导致利润下滑，以及受强监管下业务规模实际收缩的影响，根据过去两年平滑计算的信托业利润增速情况将低于 2021 年的上半年的同比增速。

表 5 利润总额与净利润 TOP 10（2021 年上半年）

排名	信托公司	利润总额/亿元	排名	信托公司	净利润/亿元
1	平安信托	43.40	1	平安信托	34.62
2	五矿信托	26.75	2	五矿信托	26.75
3	中信信托	25.61	3	中信信托	20.12
4	华能信托	25.04	4	华能信托	18.24
5	重庆信托	22.72	5	重庆信托	18.09
6	华润信托	17.71	6	华润信托	15.12

续表

排名	信托公司	利润总额/亿元	排名	信托公司	净利润/亿元
7	光大信托	17.32	7	光大信托	13.98
8	建信信托	14.46	8	建信信托	10.90
9	中航信托	14.24	9	中航信托	10.80
10	外贸信托	11.84	10	江苏信托	9.90

数据来源：各公司半年业绩快报，中诚信托投资研究部整理。

注：重庆信托、平安信托、中信信托、建信信托为合并口径。

二是减值损失计提对经营业绩的影响仍然需要重视。可比的 60 家信托公司 2021 年上半年平均减值损失约为 0.57 亿元，较 2020 年同期的 0.45 亿元增长 22.67%，其在营业收入的比重也从 2020 年上半年的 5.15% 提高至 2021 年上半年的 6.00%。

四、行业分化趋势延续，资本压力整体加大

一是 2021 年上半年各信托公司业绩表现差异较大。营收方面，2021 年上半年延续了行业分化的趋势，头部信托公司上半年营收绝对值和同比增速均表现较好，其他公司则波动较大。因地产、城投、资本市场景气度存在差异，不同的业务领域结构对信托公司上半年信托业务收入影响较大，而固有资产规模和长期股权投资差异也令各信托公司固有业务收入表现差异较大。利润方面，2021 年上半年头部信托公司增速不一，整体保持稳健增长，但尾部信托公司表现低迷，61 家披露业绩数据的信托公司中，有 2 家出现亏损，8 家信托公司净利润尽管为正但尚不足亿元。分化趋势下，行业已出现 K 形发展特征。

二是信托公司面临的资本压力整体加大。资本实力决定了信托公司的经营规模、抵御风险的能力和业务扩张的潜力，并与信托公司调动资源的能力、信托公司评级等多个方面密切相关。在现行的市场环境下，信托公司面临的外部风险和监管压力更大，因此信托公司在转型发展的同时，也应考虑如何在外部支持减少的展业中节约资本消耗，应对资本压力和流动性风险。

（执笔人：崔继培）

第三部分

信托业务重点领域研究

（一）房地产领域

房企债务管控下的房地产股权投资信托发展趋势*

回望2020年，“房住不炒”总基调叠加新冠肺炎疫情背景下，监管相继出台“三道红线”和“房贷集中度管理”政策，从供需两端严控房地产行业融资。新形势下，房地产股权投资信托迎来快速发展的窗口期，其风险管控逻辑区别于房地产融资类业务，对信托公司各方面能力提出新的要求。

一、债务管控对房企融资产生重要影响

（一）“三道红线”政策

2020年8月20日，住房和城乡建设部、中国人民银行在北京召开重点房地产企业座谈会，明确了重点房企资金监测和融资管理规则。“三道红线”政策对房企三项财务指标提出严格限定要求：一是剔除预收款后的资产负债率不得大于70%；二是净负债率不得大于100%；三是现金短债比小于1。政策同时规定了具体管控方式：三项指标全部“踩线”，有息负债不得增加；两项“踩线”，有息负债规模年增速不得超过5%；一项“踩线”，有息负债规模年增速可放宽至10%；全部指标达标，则有息负债规模年增速可放宽至15%。目前，多数房企都或多或少地触碰到了红线。

（二）“房贷集中度管理”政策

2020年12月28日，中国人民银行、中国银保监会联合发布《关于建立银行业金融机构房地产贷款集中度管理制度的通知》，决定建立银行业金融机构房地产贷款集中度管理制度，根据银行业金融机构的资产规模、机构类型等因素，将银行业金融机构分为五档，并规定每一档机构的房地产贷款和个人住房贷款占比上限，具体见表1。

---

* 本文写于2021年1月14日。

表 1　金融机构房地产贷款集中度管理要求

分档	金融机构	房地产贷款占比上限	个人住房贷款占比上限
第一档	中资大型银行，包括中国工商银行、中国建设银行、中国农业银行、中国银行、国家开发银行、交通银行、中国邮政储蓄银行	40%	32.5%
第二档	中资中型银行，包括 2 家政策性银行（中国农业发展银行、中国进出口银行）、12 家全国性股份制银行（招商银行、上海浦东发展银行、中信银行、兴业银行、中国民生银行、中国光大银行、华夏银行、广发银行、平安银行、恒丰银行、浙商银行和渤海银行）及 3 家城市商业银行（北京银行、上海银行和江苏银行）	27.5%	20%
第三档	中资小型银行和非县域农合机构①，包括城市商业银行②、民营银行及大中城市和城区农合机构	22.5%	17.5%
第四档	县域农合机构	17.5%	12.5%
第五档	村镇银行	12.5%	7.5%

数据来源：《关于建立银行业金融机构房地产贷款集中度管理制度的通知》。

注：①农合机构包括农村商业银行、农村合作银行、农村信用合作社。

②不包括第二档中的城市商业银行。

（三）新政策对房企的影响

一是加大房企债务偿还压力。当前房企普遍处于高负债率状态，行业面临偿债高峰。贝壳研究院报告数据显示，2021 年房企到期债务规模预计将达到 1.24 万亿元，同比增长 36%，历史性突破万亿大关。而“三道红线”和“房贷集中度管理”等政策的出台，限制了房企通过发债、借款等传统融资方式筹措资金的空间。房企债务偿付压力骤增，中小型房企破产、大型房企债券违约等情形已不稀奇，偏激进型房企的流动性风险不容小觑。

二是推动房企拓展融资新渠道。传统的债务融资方式受限，又存在迫切的融资需求，那么房企必将积极拓展符合新政策的融资模式，主要包括项目股权融资、资产证券化、供应链金融等。其中，项目股权融资模式既可以改善房企的财务指标，又不占用金融机构的非标债权额度，所以正越来越受到市场青睐。

三是加剧房地产行业马太效应。一方面，中小型房企尤其是未上市房企，由于融资渠道较为单一，往往都是通过抵质押担保进行债务融资，“三道红线”政策下，其融资难度将进一步加大，发展空间将进一步受限。另一方面，地方的中小型房企的融资，往往比较依赖地方银行的贷款，大型银行因为准入门槛较高，往往选择只与大型房企进行合作。“房贷集中度管理”政策对地方性银行的限制条件更加严苛，中小型房企从银行获得贷款将变得更加困难。可见，新政策将对行业竞争格局产生深远影响，强者更强。

二、房地产股权投资信托迎来阶段性发展需求

（一）资金信托新规推动房地产股权信托发展

对信托行业而言，2020 年 5 月 8 日，中国银保监会发布的资金信托新规，对信托公司非标进行严格的比例限制：信托公司管理的全部集合资金信托计划投资于同一融资人及其关联方的非标准化债权类资产的合计金额不得超过信托公司净资产的 30%；信托公司管理的全部集合资金信托计划向他人提供贷款或者投资于其他非标准化债权类资产的合计金额在任何时点均不得超过全部集合资金信托计划合计实收信托的 50%。房地产股权投资信托由于既不占用信托公司非标债权业务额度，又能优化房企的财务指标，因此迎来阶段性发展需求，成为房地产信托业务转型发展的突破口。

（二）2020 年房地产投资信托发行情况

房地产行业在债务管控政策和资金信托新规的影响下，2020 年全年向房地产贷款类集合资金信托产品发行规模大幅下滑，股权投资类和权益投资类房地产集合资金信托产品发行规模增长显著。用益信托网统计数据显示，2020 年投向房地产领域的贷款类集合资金信托产品发行规模为 2 705. 11 亿元，同比大幅缩减 41. 02%，在房地产集合资金信托产品发行总规模中的占比由 2019 年的 45. 41% 骤降至 29. 40%。2020 年投向房地产领域的股权投资类和权益投资类房地产集合资金信托产品发行规模共计 6 240. 50 亿元，同比增长 21. 55%，在房地产集合资金信托产品发行总规模中的占比由 2019 年的 50. 83% 提升至 67. 82%（见表 2）。2020 年，绝大多数的房地产集合资金信托都是通过股权投资和权益投资的方式运用于房地产领域的。

表 2　各类房地产集合资金信托产品发行规模及占比

房地产集合资金信托	2019 年		2020 年	
	发行规模/亿元	占比	发行规模/亿元	占比
贷款类	4 586. 53	45. 41%	2 705. 11	29. 40%
股权投资类	1 409. 46	13. 95%	1 169. 00	12. 70%

续表

房地产集合资金信托	2019 年		2020 年	
	发行规模/亿元	占比	发行规模/亿元	占比
权益投资类	3 724. 75	36. 88%	5 071. 50	55. 12%
其他类	379. 37	3. 76%	255. 91	2. 78%
总规模	10 100. 11	100. 00%	9 201. 52	100. 00%

数据来源：用益信托网。

（三）房地产股权信托业务主要模式

市场上信托参与房地产股权投资的业务模式，根据介入项目的程度不同，可以分为直接投资模式、地产投资基金模式和认购基金 LP 份额投资模式等。直接投资模式下，信托计划直接认购项目公司股权，参与项目开发的重大事项决策并承担管理职责。地产投资基金模式下，信托计划投资于地产投资基金，再由基金投资项目公司股权；这种模式可以较为灵活地在基金层面引入合作机构进行分工合作，共同管理和开发。认购基金 LP 份额投资模式下，信托计划认购有限合伙基金的 LP 份额，由专业股权投资机构担任有限合伙基金的普通合伙人并主要承担投资管理职责；这种模式可以很好地弥补信托公司项目股权投资管理能力的不足。

三、信托公司亟待提升房地产股权信托专业能力

开展房地产股权投资信托业务，对信托公司在相关“募、投、管、退”等环节的专业能力和主动管理能力都提出了更高的要求。

（一）资金募集能力要求

与房地产融资信托相比，房地产股权信托的发行难度更高。因此，信托公司要大力提升房地产股权信托资金募集能力。一方面，要积极拓展代销渠道，加大与商业银行在房地产股权投资产品代销方面的合作力度，并积极拓展与其他代销机构的合作。另一方面，要提升自主发行能力，积极开展房地产股权信托客户路演，加深投资者对房地产股权信托的认知，培育房地产股权投资信托客户群体。

（二）项目投资尽调要求

与债权投资相比，股权投资对项目尽调的要求更高。这是因为债权投资往往采取项目抵押担保和保证担保等风控措施，可以通过处置抵押物、向保证人追偿等方式保障资金回收。而股权投资没有抵押担保措施，项目必须有一定程度的增值，才能保证本金安全，并覆盖资金的机会成本。具体到房地产股权投资来说，就是要确保项目按照制定的进度和成本完成开发建设和销售，最终实现销售回款，因此其面对的风险情

况更为复杂。在对房地产股权投资项目进行尽调时，应重点关注操盘方实力和经验、投资预算和销售预期的合理性安排、项目未来现金流测算、项目所面临的市场风险和政策风险等因素，并针对项目特点制定派驻管理团队、项目监管、流动性支持等具体风控措施。

（三）项目运营管理要求

鉴于房地产行业政策区域性强、关联行业多、投资金额大、投资周期长的特点，房地产股权投资项目的投后管理难度更大、专业要求更高。对项目进行的主动管理的核心体现在对项目从实际放款到项目完全退出的整个时间周期内的全流程监管。管理人对项目的投后监管通常包括以下几方面：派驻项目管理人员、账户监管、资金监管、章证照监管、开发进度监管、销售监管、重大事项监管等。管理人要对项目公司的运营情况做到全方位、无死角的监督和管理，确保项目按照预定方案进行开发和销售，密切关注市场变化和政策动向，对一些突发事件及时做出反应和调整。

（四）项目退出安排要求

房地产股权投资项目的退出方式是最终获取项目收益的重要环节。管理人在项目投前分析时，应该结合房地产行业的特点有针对性地制订退出方案，明确约定退出的方式、条件与期限，以便后期能够顺利退出并获取收益。主要的退出方式分为正常退出和保护性退出两种。

（1）正常退出。项目正常开发销售情况下，在项目的销售比例达到一定值时对项目公司进行模拟清算或评估来确认各方在股权收益上的分配，这是房地产股权投资项目正常退出最常见的一种方式。

（2）保护性退出。当项目开发销售进度不达预期，或交易对手出现重大过错时，则触发保护性退出条款，此时可约定交易对手回购或者股权转让第三方退出，从而最大限度保护投资资金的安全。

（执笔人：韩鸣飞）

百强房企变动对信托的影响*

2021 年 3 月 16 日，“2021 中国房企 TOP 500 榜单”由中国房地产业协会、上海易居房地产研究院中国房地产测评中心联合发布。一直以来，每年发布的房企榜单成为评判房地产开发企业综合实力及行业地位的重要标准，也反映出房地产市场的新格局和行业发展的新趋势。

一、2021 年中国房企百强的变动情况

房地产市场经过多年高速发展，行业格局趋于稳定，特别是头部房企排名相对稳定，马太效应凸显。与 2020 年情况相比，2021 年有 1 家房企新进入 TOP 10，4 家房企新进入 TOP 50，4 家房企新进入 TOP 100；跌出 TOP 10、TOP 50 和 TOP 100 的房企数量分别为 1 家、8 家和 10 家（见表 1）。TOP 10 房企平均每家变动 0.9 位；TOP 50 房企平均每家变动 2.62 位；TOP 100 房企平均每家变动 7.58 位，且只有 17 家房企排名变动幅度超过 10 位（包括 10）。可以看出，越是头部的房企，格局越稳定，强者恒强。

表 1　2021 年中国房企百强变动名单统计

梯队	新入榜房企名单 （2021 年榜单排名，排名变动）	新跌出榜房企名单 （2020 年榜单排名，排名变动）
TOP 10	世茂集团（9，↑2）	富力地产（10，↓2）
TOP 50	越秀地产（42，↑19） 佳源创盛（45，—） 四川新希望（49，↑16） 仁恒置地（50，↑8）	华夏幸福（12，—） 融侨集团（31，↓29） 上海中建东孚（34，—） 新力控股（38，↓20） 东原房地产（44，↓10） 正商集团（46，↓7） 建业住宅（48，↓14） 隆基泰和（49，↓3）

* 本文写于 2021 年 3 月 25 日。

续表

梯队	新入榜房企名单 （2021 年榜单排名，排名变动）	新跌出榜房企名单 （2020 年榜单排名，排名变动）
TOP 100	滨江集团（63，↑38） 郭氏投资（77，—） 祥源控股（99，↑249） 广东方直（100，—）	华夏幸福（12，—） 上海中建东孚（34，—） 华鸿嘉信（62，↓50） 福州高佳（77，—） 领地集团（81，↓22） 荣安地产（85，↓26） 益田集团（86，—） 协信远创实业（91，—） 广汇置业（99，—） 阳光 100（100，↓34）

数据来源：中国房地产业协会，中诚信托投资研究部整理。

二、影响百强房企排名变动的因素

（一）头部房企具有规模优势

2020 年，虽然受到新冠肺炎疫情和调控政策影响，但是全国商品房销售面积和销售金额依然再创新高，同比分别增长 2.6% 和 8.7% 。而行业集中度也继续有所提升。首先，TOP 500 房企 2020 年销售面积和销售金额增速分别为 5.5% 和 10.5% ，明显高于行业平均增速。其次，以销售金额计算的 TOP 10、TOP 20、TOP 50 房企市场份额占比分别为 25.28% 、37.64% 和 53.82% ，较上年分别增长 0.06、0.57 和 0.20 个百分点；TOP 100 房企市场份额占比为 63.94% ，较上年下降 0.2 个百分点。行业市场份额继续向头部房企集中，龙头房企规模优势愈加凸显。

（二）区域影响明显

据统计，TOP 500 榜单中，来自华东地区和华南地区的房企数量最多，占比分别达到 37.6% 和 20.2% ；而来自华北地区、中部地区、西部地区和东北地区的房企占比则分别为 16.6% 、14.4% 、8.2% 和 3.0% 。另外，一些房企因为在房地产市场行情较好的地区积极布局业务而受益颇多。例如，百强房企中进步较大的越秀地产（位列 2021 年榜单 42 位，进步 19 位），其 2020 年合同销售总额同比提升 32.8% ，其中 87.28% 来自大湾区和华东地区的销售所得；又如，排名提升 38 位的新入百强的滨江集团，其区位战略也主要分布在长三角热点城市，2020 年上半年新增的 20 个项目中，有 14 个位于杭州，2 个位于宁波，1 个位于嘉兴，3 个位于苏州。相较之下，华夏幸福近期遭遇的偿债困境，除了由于自身管理不善和风格激进的因素外，其业务布局的问题也很大。据统计，华夏幸福土地储备中75%位于三、四线城市，52%为环京地区，去化难度偏高、回款速度偏慢，而过去环京地区的疫情情况也给其未来销售回款前景带来不利影响。又如，大幅下滑50位跌出百强的华鸿嘉信，其业务布局主要重仓浙江三、四线城市，而三、四线的降温也使其面临很大的销售压力。据悉，华鸿嘉信2020年的销售额大幅下滑37.26%。可见，项目布局的区位选择对房企的发展影响至关重要。

（三）债务因素影响加大

2020年，监管接连推出“三道红线”“房贷集中度管理”等重磅政策，行业进入“去杠杆”周期，房企降负债和融资压力明显加大。据统计，2020年TOP 500房企总资产均值为829.89亿元，同比增长16.64%，增速较上年回落1.26个百分点；净资产均值为178.81亿元，同比增长17.89%，增速较上年上升1.76个百分点。总资产增速低于净资产增速，且总资产增速回落而净资产增速提升，表明头部房企在努力降低负债，以满足市场和监管要求。跌幅较大的房企中，很多都是因为负债过高，华夏幸福自不必说，以下滑29位跌出TOP 50的融侨集团为例，其2019年负债率近80%。正面的例子依然是越秀地产，其财务管理风格十分稳健，2020年“三道红线”指标零踩线。

三、信托公司应关注百强房企变动的影响

（一）关注交易对手综合实力变动

当前，市场和政策环境给房企经营带来了很大压力，传统的借助高杠杆的快速发展模式已行不通，行业发展进入转型“阵痛期”，影响房企运营的因素变得更多，市场风险加大。因此，信托公司在选择交易对手时应更加严格，密切关注和分析房企的综合实力，包括其业务布局、负债、销售、现金流管理、再融资能力，等等。

（二）关注项目所处区位及自身价值

当下，各区域的房地产市场分化很大，且影响区域市场的因素很多，比如当地疫情、“因城施策”的区域调控政策、人口人才政策、经济发展，等等。信托公司在开展房地产信托业务时，应更加细致严谨地分析各区位市场情况，从而给出开发项目未来销售变现的合理期望。另外，开发项目自身或抵质押资产业态形式的分析研判也很重要，除了传统住宅、商业的资产外，文旅地产、养老地产也值得关注。2021年榜单中排名大幅上升249位新进入百强的祥源控股就是一家专注于文旅地产开发和运营的房企，其房地产开发业务保持高增长势头，2019年合同销售额同比增长58%。其排名

的迅速崛起，使得文旅地产等新兴领域获得业界的更多关注。

（三）关注融资方式多元化需求

行业进入“去杠杆”周期，房企融资规模受到严格管控，传统房地产融资信托业务已远远不能满足市场需求。“三道红线”政策影响下，房企融资需求发生新的变化。首先，权益融资特别是股权融资值得关注。房企通过增发股票、股权融资、发行永续债等方式进行权益融资，可以同时改善“资产负债率”“净负债率”和“现金短债比”三项指标，无疑是其最佳选择。其次，信托公司应关注房企资产证券化融资需求。房企将持有的可产生稳定现金流的资产进行证券化融资，可以实现资产长期收益的短期变现，从而改善现金流状况，往往可以起到降低“净负债率”、提升“现金短债比”的作用，部分项目也可优化“资产负债率”指标。最后，信托公司应关注房企供应链金融的融资方式。发行供应链金融产品并没有增加房企的金融负债，而是通过提高对产业上游的占款能力做大了经营负债，体现为应付账款科目的增长。通过发行供应链金融产品，房企可以达到提升经营性现金流、降低有息负债的目的。

（执笔人：韩鸣飞）

近期房地产债券市场波动分析*

近期，房地产市场监管政策频出，恒大负面事件持续发酵，中诚信国际将中国房地产行业评级下调，一系列事件加剧了市场对房企信用的担忧。地产债券市场的波动对金融机构将产生重要影响，也成为信托公司当前关注的重要问题。

一、一级市场房企债券融资规模大幅下滑，弱主体发行成本上升

贝壳研究院统计数据显示，2021 年 1—7 月，房企发债总规模累计约为 6428 亿元，同比下降 13%，连续两年下滑，且累计增速达 2018 年后低点（见图 1）。其中，前 7 个月境内债券融资规模约为 4395 亿元，同比下降约 3%；境外方面，前 7 个月房企累计发债折合人民币约为 2033 亿元，同比降幅达到 29%，境外融资规模占比跌至 32%，创 2017 年以来新低。

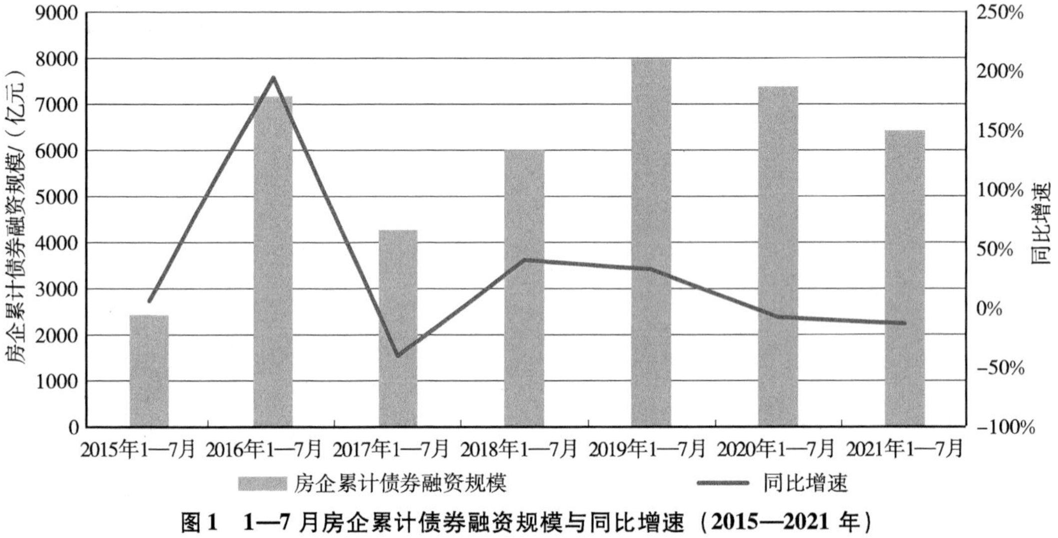

图 1　1—7 月房企累计债券融资规模与同比增速（2015—2021 年）

数据来源：贝壳研究院。

从发行成本来看，2021 年 7 月境内债发行中，万科、滨江等中高等级房企票面利率依然维持在较低水平，中低资质主体债券票面利率明显走高，这与近期市场对房地产行业违约风险担忧上升有关。美元债方面，2021 年 7 月投资级、高收益和无评级占

* 本文写于 2021 年 8 月 27 日。

比分别为19%、40%和41%，依然以高收益为主，个体分化明显。

二、二级市场行业利差扩大，美元债板块明显下跌

据中金公司统计，2021年7月房地产境内债券AAA评级行业利差均值走扩102bp，走扩个券占比67%，其中走扩最为明显的是恒大，相关个券利差走扩超过1 000bp；AA+评级利差均值可比口径下走扩23bp，利差走扩个券占比76%，走扩最明显的是禹州，利差已经连续走扩3个月，超过800bp；AA评级利差在剔除蓝光后的可比口径下，利差均值走扩26bp，走扩个券占比74%，其中鸿坤伟业走扩超过100bp最为显著。

7月受恒大负面事件带动，房地产美元债板块再度受挫，其中高收益板块收益率和利差均明显上升，月内曾受降准带动下价格有明显反弹但总体跌势明显。房地产美元债7月总回报率为-6.69%，高收益和投资级回报率分别为-9.24%和-0.44%，高收益继续遭遇较大幅度回调。其中，恒大美元债7月单月跌幅最大，达到52.8%；荣盛和中梁美元债单月跌幅也超过20%；富力、佳兆业、花样年、禹州的跌幅在10%～20%之间。

三、房企债券违约上升，风险向大型房企延伸

2021年以来，房地产市场调控不断升级，监管部门坚持“房住不炒”、降低行业杠杆的态度非常坚决，所采取的措施不断加强，从拿地、销售、融资等全方位进行调控干预，行业资金面压力骤升，信用风险加剧。7月26日，中诚信国际将中国房地产行业展望由稳定调整为负面，并预计下半年房地产行业政策持续偏紧的趋势仍然不会改变，商品房销售金额增速将较上半年有所放缓。信贷环境偏紧及投资者信心不足将进一步加大房企的再融资压力，融资环境的收缩亦将使得债务集中到期压力较大的房地产企业出现现金流紧张的可能性增加。

在强监管的条件下，房地产行业债券违约现象相比过去两年大幅增加。根据Wind数据统计，截至8月12日，2021年已有超过33只涉房债券违约，牵涉债券发行规模达553.2亿元，涉及发行主体包括泰禾、天房、华夏幸福、协信、蓝光、正源等多家房企（见表1）。除去债券违约之外，房企非标违约等风险事件以及相关负面舆情屡有发生，主体范围也从中小型房企扩大到大型的头部房企。近期影响房地产境内债和美元债波动的主要因素之一，就是蓝光和恒大事件对市场情绪产生较大负面影响。恒大作为行业销售前3的头部房企，频频被曝负面事件必然会加大市场对整体行业风险的担忧情绪。

表 1　2021 年违约房企债券统计（截至 2021 年 8 月 12 日）

债券简称	发行人	发行规模/亿元	债券简称	发行人	发行规模/亿元
16 天房 03	天津房地产	7	19 蓝光 MTN001	蓝光发展	9
H6 天房 01	天津房地产	18	16 协信 06	协信	10
17 幸福基业 MTN001	华夏幸福	19	16 正源 01	正源房地产	20
16 华夏 02	华夏幸福	20	19 蓝光 02	四川蓝光	11
18 协信 01	协信	7.1	19 蓝光 07	四川蓝光	4
16 华夏 01	华夏幸福	28	19 蓝光 04	四川蓝光	3
H6 天房 02	天津房地产	82	20 蓝光 02	四川蓝光	7.5
20 华夏幸福 MTN002	华夏幸福	5	20 蓝光 04	四川蓝光	8
20 华夏幸福 MTN001	华夏幸福	10	19 蓝光 01	四川蓝光	11
16 华夏 04	华夏幸福	30	20 蓝光 MTN001	四川蓝光	5
16 华夏 05	华夏幸福	20	16 蓝光 01	四川蓝光	30
16 协信 05	协信	12.6	20 蓝光 CP001	四川蓝光	7
16 华夏 06	华夏幸福	40	21 蓝光 MTN001	四川蓝光	10
H6 泰禾 03	泰禾	15	20 蓝光 MTN002	四川蓝光	15
H6 泰禾 02	泰禾	30	20 蓝光 MTN003	四川蓝光	10
20 华 EB02	华夏幸福	7	H8 泰禾 01	泰禾	15
18 华夏 03	华夏幸福	20			

数据来源：Wind。

四、信托公司应加强关注的重点问题

房企债券的风险逐步加大，对于信托公司而言，应该加强关注，这不仅关系到信托公司非标房地产业务的安全问题，也关系到信托公司债券投资信托产品的表现。在目前的环境下，信托公司应重点关注房企债券的发行主体以下几方面问题：

一是要关注房企负债和流动性压力情况。这类房企以红档房企为代表，自身财务杠杆水平较高，短期内又面临债务集中到期的压力，在当前融资环境收紧的大环境下将承受更大压力，如恒大、蓝光、绿地等。

二是要关注房企的土储布局和销售回款能力。房地产市场区域分化明显，房企的土储布局直接影响着后续销售回款能力。如重仓京津冀的华夏幸福、重仓西南区域的蓝光、协信等，都因为区域集中度较高且重仓区域市场表现不良，影响了企业经营现金流从而引发信用事件。

三是要关注房企的融资渠道情况。不少房企融资渠道太过单一，一旦因为政策或市场的原因导致该渠道受阻，则面临较大的再融资压力。如非标融资占比过高的蓝光、恒大等。

四是要关注房企的隐含债务风险。“三道红线”政策下，房企纷纷调整表内负债，“明股实债”、债务出表等情况屡见不鲜，应引起高度关注。

（执笔人：韩鸣飞）

信托公司如何应对房地产市场的结构性调整*

2021年以来，市场上出现一些房企的负面舆情事件和风险信息，中诚信国际和穆迪将中国房地产行业展望由稳定调整至负面。近期房地产市场的调整都是围绕“房住不炒”调控政策的一系列反应，并且在调整中出现了一些新的结构性特征。如何应对当前市场的结构性调整，是信托公司应该重点关注和解决的问题。

一、近期房地产市场调整的结构性特征

（一）高负债高周转和中小房企压力迅速提升

总结近期发生的房企负面舆情事件，一方面，高负债高周转的房企运营承压。2021年以来，泰禾、天房、华夏幸福、协信、蓝光、正源、阳光100、泛海等知名房企已发生债券违约；阳光城、实地、中梁、恒大、新力、粤泰等主体被爆出商票未能按期兑付的情况；富力、绿地、花样年、建业、融信等房企信用评级遭下调。上述发生信用风险事件的大型房企，均采取高负债高周转的运营模式，在过去较为激进的发展中集聚了较高的财务风险。另一方面，中小型房企“爆雷”事件也较多。2021年以来，河南圣鸿置业、重庆淮阳、莆田润泽、成都宜华、沈阳康华等大量中小型房企出现了非标违约。相较于全国性的规模房企，中小型房企融资渠道和项目布局较为单一，抵御风险的能力更差。

（二）国有背景房企整体相对稳健

本轮市场结构性调整中，国有背景房企表现抢眼，不仅负面舆情事件少，而且在土地和销售市场上均表现抢眼。根据中指研究院统计，2021年前8个月新增货值前10名房企中，有8家是国企（或第一大股东是国企）；根据克而瑞地产研究统计，前8个月销售操盘金额前10中，国企占7位。我们认为国有背景房企在本轮行业动荡中取得相对优势的原因归于以下几点：一是财务风格稳健，没有采取过度举债的偏激进的发展模式；二是在落实监管调控政策方面做得更好，能够很好契合当前“房住不炒”大趋势背景；三是更受投资机构认可，拥有良好财务状况和国家背书的大型国企背景的房企更能获得银行机构和资本市场认可，从而更易获得低成本

---

* 本文写于2021年9月30日。

的资金支持。

（三）区域市场出现一定结构分化

2021年以来，中央及各地积极落实市场调控政策，住房销售市场热度正逐渐回落。整体趋“冷”下，区域市场也出现了一些结构性分化：在经济发展较快、人口净流入、购买力较强的核心区域，市场依然具有韧性；而在经济基础薄弱、人口净流出、购买力较差的非核心区域，需求有限，在棚改退潮后，市场下行压力巨大。根据克而瑞地产研究统计，2021年7—8月全国100个重点城市中，一线、二线及三、四线商品住宅成交面积同比增速分别为-2%、-14%和-24%，降幅逐级递增。另外，从公布“限跌令”城市的地区分布也能说明一定问题：近两个月已有张家口、岳阳、桂林、菏泽、昆明、沈阳、江阴、株洲、唐山9城出台了“限跌令”，其中7个为三、四线城市，其余2个二线城市中，沈阳位于东北，昆明位于西南，目前面临的楼市下行压力都比较大。

二、房地产市场结构性调整的主要原因

当前，房地产市场发生结构性调整是基于“房住不炒”的一系列政策的现实反映，其调整原因体现在以下几个方面。

（一）行业负债受到严控

目前“三道红线”政策监管下，房企负债情况受到严格管控，不少房企面临“降档”压力，需要压降负债规模，传统融资渠道均有所收紧。

债券市场方面，根据贝壳研究院统计，房企2021年前8个月通过境内外债券融资规模约为7000亿元，同比下降21%。其中，境内发债规模略有下滑，约为4904亿元，同比下降约11%；境外发债形势则更为严峻，2021年境外债发行规模折合人民币约为2095亿元，同比大幅下滑37%，且境外融资规模占比跌至30%。

银行贷款方面，由于2021年以来银行金融机构严格执行“房贷集中度管理”，A股上市银行涉房类贷款占比压降明显，在披露中期数据的39家银行中，共有26家银行房地产贷款占比较2020年年末有所下降。其中，第一档的六大行房地产贷款占比全部呈现稳步下降趋势，降幅在0.18~1.34个百分点；第二档的股份制银行中，招商银行、中国民生银行、中信银行、中国光大银行、上海浦东发展银行上半年房贷占比压降均较为明显，降幅在0.2~0.9个百分点。

非标融资方面，由于房地产信托规模受到严格管控，房地产集合资金信托成立规模及占比大幅下滑。用益信托网数据显示，2021年8月单月房地产投向集合

资金信托成立规模仅为303.65亿元，环比下滑28.69%，同比降幅更是高达58.32%；8月房地产投向集合资金信托成立规模占比仅为17.99%，比2020年同期下滑19.66个百分点（见图1）。实际上，自从2020年房地产信托规模管控、“三道红线”等政策相继出台后，房地产集合资金信托成立规模及占比就明显下滑，已不再是集合资金信托最主要的投向。

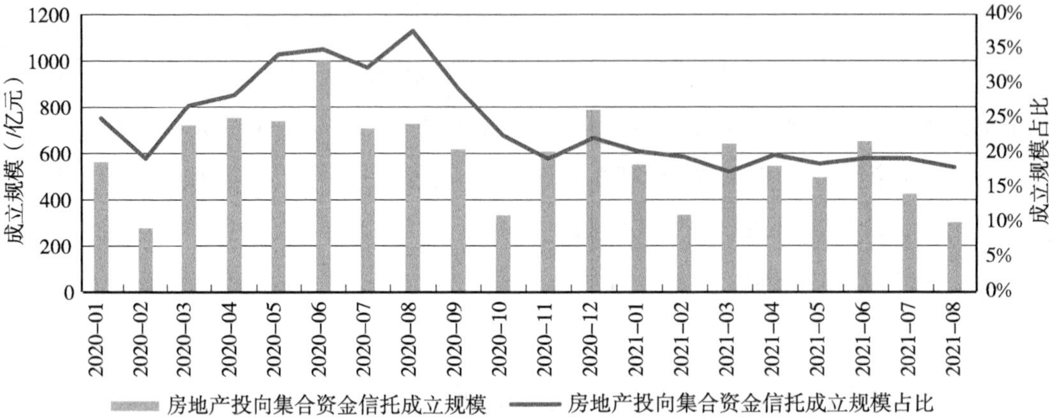

图1　房地产集合资金信托成立规模及占比（2020年1月—2021年8月）

数据来源：用益信托网。

（二）市场调控进一步加强

2021年以来，各地坚持“房住不炒”，严格落实房地产市场调控政策，多地都升级了“限购”“限价”政策并收紧了公积金、房贷等配套政策，住房销售市场热度回落。根据国家统计局公布的数据，商品住宅销售面积增速正逐步下滑，前8个月商品住宅累计销售面积为10.16亿平方米，同比增长16.50%，增速持续回落（见图2）。同时，头部房企的销售业绩也并不理想。克而瑞地产研究统计数据显示，2021年自3月份以来，TOP 100房企单月销售业绩同比增速持续下滑，7月单月销售业绩同比增幅已转负，8月单月销售业绩同比降幅则继续扩大至20.7%（见图3）。此外，房企2021年销售目标完成情况也不乐观（见表1）。根据贝壳研究院统计，在已发布2021年销售目标的40家房企中，前8个月平均目标达成率仅为62.3%。其中，22家房企低于均值。按照目前市场销售行情不断下滑的态势，多数房企完成全年销售目标的压力非常大，销售回款不达预期可能直接导致现金流状况进一步恶化。

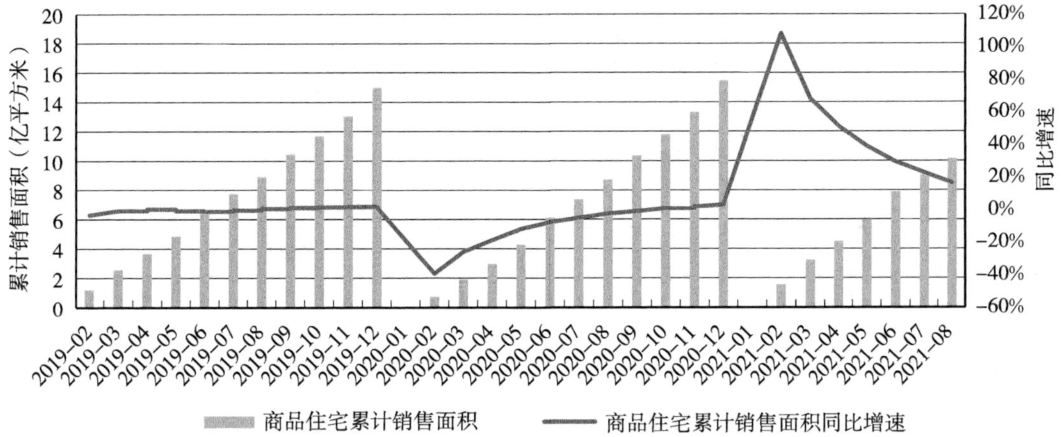

图2　商品住宅累计销售面积及同比增速（2019年2月—2021年8月）

数据来源：国家统计局。

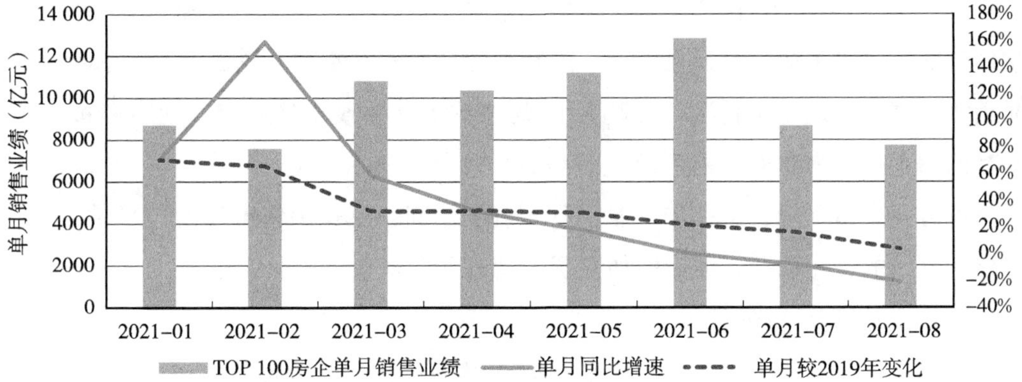

图3　TOP 100房企单月销售业绩及变动（2021年1—8月）

数据来源：克而瑞地产研究。

表1　已发布2021年销售目标房企前8个月目标达成率前10名和后10名

目标达成率排名	房企名称	前8个月目标完成率	目标达成率排名	房企名称	前8个月目标完成率
1	大发	86.9%	31	合景泰富	57.7%
2	首开	77.3%	32	朗诗	57.0%
3	正荣	74.8%	33	中南	56.3%
4	景瑞	72.6%	34	万科	56.1%
5	绿城	72.6%	35	建业	55.2%
6	宝龙	67.6%	36	富力（权益）	55.1%
7	美的	67.5%	37	时代	54.6%

续表

目标达成率排名	房企名称	前8个月目标完成率	目标达成率排名	房企名称	前8个月目标完成率
8	旭辉	66.8%	38	金科	52.3%
9	港龙	66.7%	39	合生创展	52.3%
10	中梁	66.1%	40	远洋	48.6%

数据来源：贝壳研究院。

（三）房企运营面临挑战

前期市场的“过热”不仅造就了高房价和高杠杆，也推高了土地成本和财务成本。市场趋“冷”下，房企开始遭到反噬，运营压力持续加大。根据贝壳研究院统计，房企毛利率自2019年开始下滑，截至2021年上半年，样本房企平均销售毛利率下跌至24.6%，较2018年33.1%的高盈利水平下降8.5个百分点。笔者认为导致行业整体利润率水平下滑的原因在于：一是高企的拿地成本使得土地费用占比不断攀升，同时销售端遭遇各地“限价”“限购”等调控政策，导致项目利润空间不断被压缩；二是当前房企迫切需要通过销售回流资金，但市场在调控下趋“冷”，导致部分房企选择降价方式进行促销，进一步压缩企业的盈利空间；三是销售市场的“冷清”将进一步延长项目的去化周期，无形中加剧了运营成本和财务成本。

（四）偿债压力整体提升

部分房企早些年通过高负债高周转的方式激进扩张，导致负债规模和财务杠杆率快速攀升。据贝壳研究院测算，房企2021年的境内外债券市场偿债规模接近1.3万亿元，为历史极值，同比增长45.79%，是2019年的近两倍，是2018年的3.6倍。7月、8月房企单月境内外到期债券规模已连续两个月突破1100亿元，分别达到1158亿元和1196亿元。当前，房企面临“三道红线”等监管政策严控负债，融资渠道收紧，再融资能力下降，又遭遇偿债高峰，现金流状况进一步吃紧。

三、信托公司如何应对市场的结构性调整

（一）推进存量风险化解

对于大量存续的地产类投融资业务，信托公司应切实针对当前市场的结构性特征，推进风险评估和化解。一是对存续项目资产价值的重新评估。当前商品房销售市场在加速分化，项目资产价值也会与早期的尽调情况产生明显差别，需要重新评估并进行压力测试，及时制定和采取相关措施以化解项目风险。二是针对无抵质押的股权类等项目，需进一步评估对项目资产的把控能力。传统的地产非标融资业务中，往往具备

抵质押措施，在抵质押物足值的情况下，信托公司可以通过处置资产来抵御风险。但因为压缩非标融资规模的监管要求，信托公司近年来开展了非常多的股权投资类项目，这时就需要重新评判对项目资产的把控能力。不少股权投资项目中，信托公司并没有通过股权管理有效把控项目资金和资产，此类模式的风险敞口较大。从这个角度来看，真实的完全承担项目管理责任的地产股权投资模式虽然操作起来较为复杂，对信托公司的成本和能力要求较高，但在市场下行环境下可以做到对项目的整体把控，风险也较小。三是积极寻求资产处置的有效途径。一旦发生极端风险事件，多数信托公司自身无力继续推动项目的开发运营，需要通过出售、寻求合作方等手段来盘活资产。

（二）防范新增业务风险

在开展新的房地产信托业务时，除关注底层项目资产情况外，信托公司还应重点研判交易对手的整体信用风险。一是关注房企短期负债情况和流动性压力。这类房企自身财务杠杆率较高，短期内面临债务集中到期的兑付压力，在当前融资收紧的大环境下将承受更大压力。二是关注房企的再融资能力。不少房企因降负债的需要，可能无法顺畅地从资本市场进行融资，或者融资渠道太过单一，一旦因为政策和市场的原因而融资受阻，则将面临较大财务风险。三是关注房企的销售回款能力。当前市场区域分化明显且竞争激烈，既要分析主体未来短期内可售资产的去化能力，也要从中长期看其土储布局和品牌价值，综合评估其持有资产的价值，并预判其未来销售回款能力。四是关注房企的隐性债务风险。房企“明股实债”等方式的表外债务可能集聚了巨大风险。

（三）调整业务发展方向

一是提升主动管理能力，开展真正的房地产股权投资业务。真正的股权投资业务可以通过股权管理实现对项目底层资产和运营的全流程管理，抗风险能力较强。但这也对信托公司提出了更高的要求，需要信托公司不断提升自身房地产项目运营管理的专业能力。

二是适当关注功能性地产项目，如商业地产、养老地产、产业园区等。随着我国经济发展步入新阶段，消费升级、养老、教育、科技创新等领域契合当前社会发展的新需求，将成为经济发展的新热点。

三是关注资产处置中的业务机会。当前房地产市场正处于调整期，市场上一些房企和金融机构不得不通过处置项下资产变现，其中不乏一些较为优质的资产。信托公司可以自己或联合开发商、金融机构等，通过收购、运营、处置相关资产实现盈利。

（执笔人：韩鸣飞）

房地产税改革试点对信托行业的影响分析*

2021年10月23日，第十三届全国人民代表大会常务委员会第三十一次会议表决通过了《全国人民代表大会常务委员会关于授权国务院在部分地区开展房地产税改革试点工作的决定》，意味着我国房地产税改革试点工作进入实质推进阶段，试点地区将从现有的上海、重庆扩展到更多城市。房地产税是深化我国财税体制改革的重要举措，是调节收入分配、促进共同富裕的重要手段，对信托公司房地产业务、政信业务以及财富管理业务都将产生深远影响。

一、房地产税改革试点的背景和意义

（一）房地产税是长期落实“房住不炒”的有力保障

近年来，各地积极落实中央“房住不炒”政策基调，监管相继出台“三道红线”“房贷集中度管理”等措施，各地也普遍升级了“限购”“限价”“限贷”等调控政策，市场热度在强调控下趋“冷”：房地产投资开发增速持续放缓，土地大量流拍，新房销售面积同比增速转负，二手房成交量下滑，等等。然而，依靠政府的调控手段只能短期遏制市场过激行为，无法精确打击市场上进行“炒作”的“投机者”，并且存在行政成本过高、抑制正常购房需求等问题。房地产税利用税收杠杆控制炒房、减少闲置，削弱房地产投资属性，推动其回归居住属性，从而保障房地产市场长期稳定发展。

（二）房地产税是财税体制改革的迫切需求

由于我国房地产市场逐步进入存量时代，土地财政不可持续，所以新一轮财税体制改革十分必要和急迫。而开征房地产税可以为地方带来长期稳定的税源，减少地方对土地财政的过分依赖，有效填补土地出让收入下降带来的财政收入缺口。

（三）房地产税是实现共同富裕的重要手段

党的十九届五中全会将“全体人民共同富裕取得更为明显的实质性进展”作为2035年基本实现社会主义现代化远景目标的重要内容。习近平总书记强调，“实现共同富裕不仅是经济问题，而且是关系党的执政基础的重大政治问题”。可见，实现共同

---

* 本文写于2021年10月28日。

富裕是我国作为社会主义国家在下一发展阶段的重要目标，也是夯实我党执政基础的政治目标。而实现共同富裕就需要一系列实现社会财富再分配的有效手段，房地产税无疑是其中重要的一环。通过房地产税将房产所涉及的税费从流转环节转为持有环节，将纳税主体从房产交易者转为房产持有者，拥有资产越多者纳税就越多，这样可以遏制财富分配的两极分化，为实现共同富裕建立长效机制。

二、房地产税改革试点的主要原则

（一）明确征收范围和纳税主体

人大决议中明确“试点地区的房地产税征税对象为居住用和非居住用等各类房地产，不包括依法拥有的农村宅基地及其上住宅”，“土地使用权人、房屋所有权人为房地产税的纳税人”。上海现行的房地产税试点主要针对户籍家庭新购第二套和非户籍家庭新购首套，重庆试点则主要针对豪宅和三无人员（无户籍、无企业、无工作）新购首套。与上海和重庆试点相比，本次房地产税改革试点对于纳税主体范围、税率、免征等相关政策力度或有加大。

（二）地方政府因城施政制定细则

决议要求“国务院制定房地产税试点具体办法，试点地区人民政府制定具体实施细则”，赋予了地方政府一定的自主权。地方可以依据自身财政状况、经济发展特点、人口结构、财富分化水平等禀赋“因城施政”，制定符合地方发展和市场稳定的政策细则，如税率、税收优惠、抵扣等。

（三）坚持“稳”字当头逐步推进

本次房地产税改革试点工作坚持“积极稳妥”原则，统筹考虑深化试点和统一立法、稳定市场等情况确定试点地区。同时规定授权试点期限为五年，授权期限届满后如需要继续试点的，可以申请延期。可以看出，房地产税试点及立法工作虽然要“积极”推行，但必须建立在市场维稳的前提之下。维护市场稳定和社会稳定，依然是当前各项政策制定实施最主要的政治诉求。

三、房地产税改革试点对市场的影响

（一）推动土地市场回归理性

土地市场方面，供给端，房地产税将逐步替代成为地方稳定的税源，降低地方对土地财政的依赖程度；需求端，房地产税可有效抑制市场炒作行为，并且随着大开发时代接近尾声，土地投资开发热度也有望回调至正常水平。因此，房地产税改革试点工作，有望逐步推动地方土地供求市场回归理性。

（二）房地产市场发生结构性调整和分化

房屋销售市场方面，首先，房地产税将增加购房者的持有成本，市场的投资需求得到抑制，商品房将回归居住属性。其次，住房商品类型也将出现结构性调整，中小户型的市场偏好加强，高档住宅持有偏好下降。最后，房地产税短期内可能会对房价产生一定冲击，但长期来看房价依然是由供需关系主导，因此市场也将产生一定分化，核心区域因经济基础雄厚、人口净流入、居民购买力较强等因素，其房价也更具韧性。

（三）地方财政实力得到保障

地方财政方面，能够影响甚至决定地方财政状况的土地财政，长期来看会逐渐衰落，但短期仍然具有生命力，因为我国城镇化水平距离发达国家还有一定差距，依然需要高速推进，特别是经济保持高质量增长、人口持续净流入的核心区域，仍然需要不断推出新的开发建设项目以满足市场需求。当下，房地产税又为地方财政注入新的活力。本次试点授权明确“试点地区人民政府制定具体实施细则”，意味着各地可以根据自身发展特色和需求拥有一定自主权，赋予了地方财政调节的灵活性。房地产税的出台，短期来看一定程度上充实了地方财政，长期来看更是稳定了未来的财政预期。因此，虽然面临大开发时代末期土地财政难以为继和房地产市场下行压力，但地方财政在房地产税的补充下前景依然较为乐观。同时，为了维护市场稳定，征收强度也大概率会是一个循序渐进的过程，房地产税将逐步实现对部分土地财政的替代作用。

四、房地产税改革试点对信托行业的影响

（一）积极应对房地产市场变化

如前所述，房地产税能够有效抑制房地产市场的投资需求，引导土地和住房市场逐步回归理性，住房市场因此将产生一定的调整和分化。短期来看，投资需求的退出或将引发一定程度的市场动荡，但长期来看，基于居住需求的供需关系将发挥主导作用，主要取决于地区的经济、人口、居民收入情况等因素。因此，信托公司应积极面对房地产税的到来，密切关注区域房地产市场变化，建立科学系统的市场评判体系，防范和化解房地产信托项目风险。

（二）关注房地产存量时代的业务机会

我国房地产市场将逐步从规模快速增长周期过渡到存量时代。根据第七次全国人口普查数据，2020 年我国常住人口城镇化率达到 63.89%，在过去的 20 年间都保持了高速增长，有望在十年后接近或达到发达国家水平。从土地财政到房地产税的过渡，代表着国家财税政策导向已经发生了根本性的转变。大时代变革下，房地产市场生态

也将随之进化：新投资开发的业态规模将逐步收缩，而与存量资产的相关领域会不断扩容。因此，信托公司可以密切关注住房存量时代相关业务领域机会，如城市更新业务、不动产处置、物业管理升级等。

（三）探索房地产新兴领域的投资机会

随着我国社会经济发展步入新阶段，消费升级、养老、教育、科技创新等相关产业都将迸发出新的活力，成为经济发展的新增长点。因此，房地产信托也应当从传统的住宅项目开发建设领域，逐步过渡到契合社会新发展需求的新领域，如商业地产、养老地产、产业园区等。

（四）把握财富管理业务发展机遇

房地产税的出台将弱化房地产的投资属性，会有相当规模的社会财富从房地产直接投资领域溢出，社会财富管理将迎来发展机遇，资管市场扩容有望进一步提速。面对这一历史机遇，信托行业应充分发挥自身制度优势，努力提升资产配置能力，丰富产品条线，加强信托文化和品牌建设，通过提升投研能力和综合素质来升级服务品质，满足日益增长的社会财富管理需求。具体来看，信托公司可以在以下几个方面积极布局：一是回归信托本源，发挥制度优势，大力推动家族信托、慈善信托等本源业务领域发展，满足社会多元化的财富管理需求；二是提升投研能力和主动管理能力，不断丰富资产类型、提升资产质量，满足客户资产配置需求；三是升级服务品质，打造专业化的客户服务团队，努力提升品牌价值。

（执笔人：韩鸣飞）

（二）基础产业领域

信托公司如何应对基础产业融资的新变化*

国家统计局 2021 年 2 月 28 日发布的统计公报数据显示，2020 年我国 GDP 同比增速 2.3%，基建（含水电燃气）投资同比增速 3.4%，基础产业投资仍是稳定宏观经济增长的重要力量。与此同时，国内宏观经济负债率持续提升，基础产业融资面临着新的变化，对信托公司开展基础产业融资业务提出新要求。

一、基础产业仍是信托资金运用的重要领域

现阶段，新冠肺炎疫情叠加国际争端背景下，加强基础设施投资建设是促进经济内循环可持续发展的重要手段。近年来，基础产业投向的信托资金规模一直比较稳定。中国信托业协会披露的数据显示，截至 2020 年第三季度末，投向基础产业领域的资金信托余额为 2.76 万亿元，占比为 16.01%，基础产业依然是信托资金运用的重要领域（见图 1）。

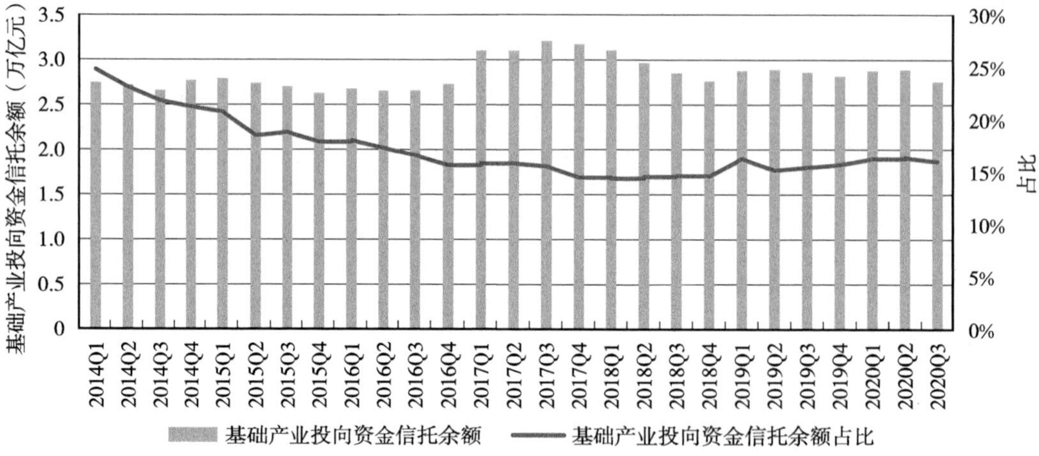

图 1　2014 年第一季度—2020 年第三季度基础产业投向资金信托余额及占比情况

数据来源：中国信托业协会。

值得注意的是，2020 年资金信托新规出台后，行业融资规模受到严格管控，第三

---

* 本文写于 2021 年 3 月 4 日。

季度基础产业投向的信托资金规模及占比开始有所下滑。集合资金信托市场方面，用益信托网数据显示，2020 年下半年开始，基础产业投向集合资金信托每月成立规模大幅回落（见图 2）。2020 年上半年基础产业投向集合资金信托月平均成立规模为 554. 05 亿元，而自 2020 年 7 月至 2021 年 2 月期间，基础产业投向集合资金信托月平均成立规模仅为 242. 75 亿元，跌幅高达 56. 19%。

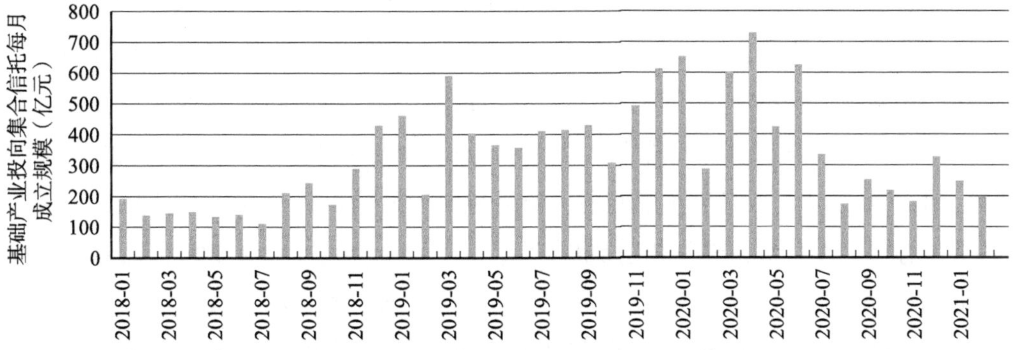

图 2　2018 年 1 月—2021 年 2 月基础产业投向集合资金信托每月成立规模

数据来源：用益信托网。

二、基础产业融资面临的新变化

（一）政府负债水平升至历史高位

2020 年，在新冠肺炎疫情的冲击下，我国经济增速放缓，发债成为积极财政政策的重要手段。2020 年政府安排财政赤字 3. 76 万亿元，比上年增加 1 万亿元，赤字率由 2. 8% 提高至 3. 6% 以上，同时发行了 1 万亿元抗疫特别国债。我国也因此自改革开放以来首次突破了"国际安全线"（3%）。政府债务水平也达到历史高位，根据财政部发布的数据，截至 2020 年年末，地方政府债务余额为 25. 66 万亿元，加上纳入预算管理的中央政府债务余额 20. 89 万亿元，全国政府债务余额为 46. 55 万亿元。

与欧美国家相比，我国的政府杠杆率在国际上是相对低的。但是，考虑到中国很多杠杆实际上加在了以城投公司为代表的某些企业身上，所以这些企业实际上承担了一部分政府财政的职能，债务杠杆率比较高。中国社会科学院《中国国家资产负债表 2020》数据显示，2020 年我国宏观杠杆率提高 23. 6 个百分点至 270. 1%，与全球杠杆率（273. 1%）非常接近，但高出新兴经济体杠杆率（208. 4%）61. 7 个百分点。而在存量债务结构中，国有企业债务以及地方政府债务占比最多。

（二）基础产业融资方式面临严格要求

在债务水平达到历史高位的情况下，政府基础产业融资方式要求更为严格，地方债、城投债等债券发行市场更加严格和规范。随着地方政府债市场的迅速扩容，细化地方债信用评级管理，保护投资者利益就显得尤为重要。2020 年以来，地方债配套制度持续完善，规范地方债评级业务，3 月，中国国债协会发布《地方政府债券信用评级业务自律规范指引》；11 月，财政部陆续出台《关于进一步做好地方政府债券发行工作的意见》；2021 年 1 月，财政部又发布《地方政府债券发行管理办法》《地方政府债券信用评级管理暂行办法》。一系列政策都对地方政府债券的发行进行了汇总细化，从市场秩序、业务程序、行业监管等多个维度对地方债信用评级进行了规范说明。

在严格的发行要求下，2020 年城投债发行融资规模再创新高。中证鹏元评级报告显示，2020 年各种城投债发行数量为 5574 只，同比增加 31%；融资规模达到 4.37 万亿元，同比增长 24%。值得注意的是，交易所发行的公司债券和私募债延续了近年来的高增长态势，发行数量和规模分别同比增长了 50% 和 31%，大幅超过均值。2021 年 2 月 26 日，中国证监会修订发布《公司债券发行与交易管理办法》，进一步落实公开发行公司债券注册制，明确公开发行公司债券的条件、程序及相关监管要求，压实发行人和中介机构责任，加强公司债券发行审核的监督检查。

（三）基础产业融资风险水平有所提升

地方政府负债率节节攀升，基础产业融资风险也在集聚。2020 年以来，永煤控股、重庆能源等大型国企的债券违约事件引发市场的高度关注，城投债刚兑虽尚未打破，但也引起市场的深深忧虑。2020 年出现了两单城投债技术性违约事件：一是“15 吉林铁投 PPN002”银行资金划付问题未能及时兑付本息；二是“18 沈公用 PPN001”发行人因法院的破产裁定提前到期终止债券，但未能按期偿付本息，最终由担保公司代偿。另外，据 21 世纪经济报道不完全统计，2020 年有 21 款城投非标产品无法按时偿还债务本息而违约，数量虽然少于 2018 年（23 款）和 2019 年（58 款），但考虑到城投非标违约已不是“新闻”，真实的非标违约数量可能更多。

（四）新领域、新方式逐步开始探索

一是新基建成为基础产业发展的新领域。在 2020 年 12 月召开的中央经济工作会议中，再次强调了“大力发展数字经济，加大新型基础设施投资力度”，政府大力发展新基建的决心更加坚定。短期来看，新基建是疫情后中国经济恢复的主要拉动力之一；长期来看，新基建能够培育新经济、新技术和新产业，打造中国经济新的增长点。目前已有部分信托公司通过固有业务和信托业务协同、股债结合、投贷联动等形式探索投资新基建的新模式，建立产业投资基金等方式推进新基建的新模式。

二是以基础设施 REITs 为代表的新方式也在逐步探索。2020 年 4 月末，中国证监会和国家发展改革委联合发布《关于推进基础设施领域不动产投资信托基金（REITs）试点相关工作的通知》。公募基础设施 REITs 的出台，可以有效盘活存量资产，提升直接融资比重。目前，国家发展改革委、中国证监会、中国证券投资基金业协会、交易所、证券登记公司等机构围绕公募 REITs 落地的多项配套规则均已发布，深圳证券交易所基础设施公募 REITs 相关技术系统也已于 2021 年 3 月 1 日正式启用，首批项目落地已进入倒计时。

三、信托公司的应对思路

（一）严控基础产业融资风险

目前政府杠杆率处于历史高位，城投信仰虽尚未打破，但城投非标违约已屡见不鲜。信托公司在与政府部门、城投公司等交易对手合作时，应建立科学严谨的风险研判机制，甄别项目风险需更加审慎。一般来说，地方经济发展情况、地方政府财务情况、交易对手与地方政府的紧密关系程度等因素都应纳入重点考量范围。对于基础产业股权投资项目来说，除上述因素外，项目自身的现金流状况也需要特别关注。

（二）积极调整信托投融资模式

传统政信业务以向城投公司提供非标融资为主，当前形势下，既不符合信托行业压降融资类业务规模的监管要求，也不满足基础产业融资市场新的需求。信托公司应大力拓展债券投资、股权投资、基础设施 REITs 等新型业务模式，不断丰富资产端类型，适应市场不断变化的新需求。虽然在试点阶段信托公司尚无法担任基础设施 REITs 的基金管理人，难以主导 REITs 产品的发行上市。但作为天然的特殊目的载体（special purpose vehicle，SPV）和资产证券化市场的重要参与者，信托公司在目前的政策框架下，仍可通过双 SPV 架构，作为网下投资者和战略投资者参与基础设施 REITs 项目的发行。并且，未来上市的基础设施 REITs 产品也应成为信托资产配置的重要选项。

（三）努力拓展资金渠道

传统政信业务主要靠信托公司发行集合资金信托产品进行资金募集。随着基础产业投资业务类型的丰富，拓展资金渠道的需求就显得愈发紧迫。信托公司可积极引导金融机构的长期资金和债券投资基金的资金作为基础产业投资领域新的资金来源，特别是保险资金。当前保险资金面临长期优质资产缺失的困境，基建投资是非常有吸引力的资产类别，尤其是基建股权投资。但由于目前政策限制，险资直接投资股权范围仅限于保险类企业、非保险类金融企业、能源企业、资源企业和与保险业务相关的养老、医疗、汽车服务、现代农业企业、新型商贸流通企业等。若投资基础设施，险资只能通过间接投资方式，即通过私募股权投资基金、股权投资计划、集合资金信托计划等进行。而信托行业在基建投资市场深耕已久，与保险公司在基建股权投资方面开展信保合作具有一定基础。

（执笔人：韩鸣飞）

基础设施 REITs 发行的市场影响分析*

2021 年 5 月 31 日，首批 9 只基础设施 REITs 产品正式向公众投资人公开发行，且当日全部实现“超募”，进入按比例配售阶段。据统计，目前已有建信信托、华润信托、华鑫信托、苏州信托 4 家信托公司参与投资了其中 8 只产品。从市场情况来看，基础设施 REITs 的发行具有重要的市场影响。

一、有效拓展了优质基础设施项目的投融资渠道

（一）满足底层资产融资需求

基础设施 REITs 产品的发行，为基础设施项目开辟了一条全新的投融资渠道，盘活了存量的基础设施资产，将缺乏流动性的基础设施资产转变为流动性强的标准化权益性金融产品，吸引更多社会投资者参与，吸收闲散资金聚沙成塔，有效拓宽基础设施项目的资金来源渠道，为新的基础设施项目开发提供了有力支持，有利于促进我国基础设施领域的发展。

首批 9 只基础设施 REITs 产品按照底层资产类别分为产业园（蛇口产园、张江 REIT 和东吴苏园 3 只）、高速公路（浙江杭徽和广州广河 2 只）、仓储物流（盐港 REIT 和普洛斯 REIT 2 只）和公用环保（首钢绿能和首创水务）四类。产业园和仓储物流类项目现金流来源主要为租金收入、物业费收入；高速公路类项目现金流来自道路通行费、广告租金等；公用环保类项目收入来源为污水、污泥处理服务费等。首批基础设施 REITs 产品按照证券资产类别分为经营权和不动产，故其发行期限视项目特许经营权或土地使用权期限而定。浙江杭徽、广州广河、首钢绿能、首创水务 4 单 REITs 基础资产所属行业分别为高速公路、垃圾处理和污水处理，受特许经营权期限限制，对应 REITs 基金存续期限分别为 20 年、99 年、21 年和 26 年；蛇口产园、张江 REIT、东吴苏园、盐港 REIT、普洛斯 REIT 5 单 REITs 底层资产不涉及特许经营权，发行期限主要由土地使用权年限决定，基金存续期限分别为 50 年、40 年、20 年、50 年和 36 年。

（二）推动我国基础设施领域建设发展

基础设施 REITs 可有效解决我国基础设施建设资金不足问题。我国在 2017 年、

* 本文写于 2021 年 6 月 10 日。

2018 年、2019 年、2020 年四年的基础设施投资增速分别为 19%、3.8%、3.3%、0.9%，投资下滑严重，主要是由于国家处于去杠杆周期，且经济增速放缓压力较大，基础设施建设资金明显不足。基础设施 REITs 的推出给基础设施建设领域带来增量资金，将在一定程度上补充建设资金。北京大学光华管理学院发布的《中国基础设施 REITs 创新发展研究》指出，我国基础设施存量规模超过 100 万亿元，未来通过证券化发行基础设施 REITs 为基建领域吸引市场资金的潜力巨大。

（三）满足压降宏观杠杆率的需求

基础设施 REITs 可以优化政府和企业的负债压力，有助于进一步降低宏观杠杆率。与全球平均水平进行比较，我国非金融企业杠杆率远高于发达经济体和发展中经济体的平均水平。根据国际金融协会的数据，2020 年年末发达经济体和发展中经济体的非金融企业杠杆率分别为 98.2% 和 103.5%，一年中分别上升了 7.03 个百分点和 10.3 个百分点。而我国 2020 年年末的非金融企业杠杆率为 162.3%，且一年中上升了 10.4 个百分点。这主要包括两方面原因：一是我国部分地方政府的隐性债务（主要是地方政府融资平台债务）是以企业部门杠杆的形式出现的，如果将这部分债务剔除，则非金融企业杠杆率会降低 30～50 个百分点，但依然高于国际水平；二是我国的股权等权益市场发展有限，债权融资依然是非金融企业的主要资金来源，导致了更高的企业杠杆率水平。基础设施项目资金投入量大、回报周期长，政府和企业形成了大量的沉淀资产，无法短期变现。基础设施 REITs 则可通过有效的盘活存量资产，置换基础设施项目中的国有资本，降低政府和企业对债务融资的依赖，控制债务水平，降低整个社会的宏观杠杆率。

二、进一步丰富和创新了资本市场的产品类型

（一）基础设施 REITs 具有股债结合的特征

基础设施 REITs 是介于股票和债券之间的创新性资产，其收益和风险介于两者之间。《关于做好基础设施领域不动产投资信托基金（REITs）试点项目申报工作的通知》明确要求底层基础设施项目“预计未来 3 年净现金流分派率（预计年度可分配现金流/目标不动产评估净值）原则上不低于 4%”。这就要求基础设施项目扣除因产品项下负债造成的年化现金流出与产品年化费用后可供分配的现金流和资产估值扣除产品负债得到的公募基金净值的比例不得低于 4%。目前来看，首批基础设施 REITs 产品的 2021 年净现金流分派率在 3%～11% 区间。其中，高速公路类 REITs 基金净现金流分派率高，浙江杭徽和广州广河两个项目 2021 年净现金流分派率分别为 10.10% 和

6.19%；公用环保类REITs基金净现金流分派率也普遍较高，首钢绿能达到9.13%、首创水务为8.74%；仓储物流类REITs基金净现金流分派率较低，盐港REIT和普洛斯REIT 2021年分别为4.47%和4.45%；产业园类REITs最低，东吴苏园、蛇口产园、张江REIT分别为3.12%、4.10%和4.74%。

可以看出，特许经营权项目派息率较高，而不动产项目派息率较低，其原因在于：特许经营权项目底层资产现金流较为稳定，资产增值带来的收益不明显，且资产的估值会随基础设施剩余收费年限的缩短而下降，因此投资者对此类项目预期收益率要求较高；而不动产项目的盈利能力会随着资产增值和经营能力提升而逐渐改善，因此投资者对此类项目更关注底层资产增值和未来收益。

（二）基础设施REITs是全新的权益型投资工具

扩大直接投资和引导标准化产品投资，是现阶段资本市场发展的趋势。基础设施REITs为资本市场提供了一种全新的权益型投资工具，有助于增加直接投资比例，符合培育价值投资和长期投资理念的资本市场改革趋势；同时，基础设施REITs属于标准化产品，符合限制非标投资、引导标准化产品投资的监管趋势。

（三）基础设施REITs具有较强的专业化管理能力

首批基础设施REITs产品均采用外部管理模式，即在REITs产品端和资产端委托专业外部机构承担管理职责。在外部管理模式下，REITs基金管理人大多为原始权益人关联方，使得项目运营更具专业性。9只基础设施REITs产品底层资产的原始权益人分别为北京首创股份有限公司（首创水务，该公司现在已更名为北京首创生态环保集团有限公司）、北京首钢生态科技有限公司（首钢绿能）、杭州交投集团（浙江杭徽）、广州交投集团（广州广河）、私募基金上海光全投资中心和光控安石（北京）投资管理有限公司（张江REIT）、招商局蛇口工业区控股股份有限公司（蛇口产园）、苏州工业园区科技发展有限公司（东吴苏园）、深圳市盐田港集团有限公司（盐港REIT）、普洛斯中国控股有限公司（普洛斯REIT），均为有较强实力的国资背景主体或行业龙头，信用评级优秀，在各细分领域内具有丰富的管理经验，确保了REITs资产端运营的专业性。但此模式下或有的关联交易也可能引发“代理人”风险，值得关注。

同时，首批基础设施REITs产品战略配售比例普遍偏高，除张江REIT的战略配售占比最低，为55.33%，其余8只基金战略配售的占比均超过60%，其中广州广河的战略配售比例最高，达到78.97%。此外，《公开募集基础设施证券投资基金指引（试行）》对战略配售份额的流动性提出明确要求：原始权益人持有的战略配售份额中，其占基金整体份额20%的持有期不得少于5年、超过20%的部分持有期不得少于3年；专业机构投资者战略配售方持有期限不得低于1年。高比例的战略配售占比和设置锁定期等措施，将原始权益人等战略投资者与基金收益进行深度的“利益绑定”，有利于前期底层资产的顺利运营，但也在一定程度上影响了基金的流动性。

三、满足了更多投资者的投资需求

基础设施REITs产品进一步丰富了投资者的投资偏好和投资选择，降低了投资基础设施领域的资金门槛以及专业性要求，既满足了投资者多样化的投资需求，又满足了资产配置中分散投资的需求。未来，随着基础设施REITs产品的不断丰富，基金管理人的资产管理能力进一步加强，REITs市场规模不断扩大，基础设施REITs有望成为资产配置中的重要类别，最终惠及整个市场的投资者。首批9只基础设施REITs产品底层资产优质、收益率较高、认购门槛较低、在二级市场具有一定流动性，无论是对机构投资者还是个人投资者来说，都是优良的投资标的。发行市场的“火爆”，就充分证明了首批基础设施REITs产品的投资价值，也体现了市场投资者对不动产证券化投资的需求。

基础设施REITs所惠及的市场投资者范围很广，投资者可选择的参与形式也非常多元。市场上几乎所有的投资者都可以参与基础设施REITs产品的发行和交易。对于专业投资机构而言，更可以战略投资者的身份参与其中，以谋求更大的议价能力和项目主导力。

四、信托公司在基础设施REITs中的功能尚待发挥

从目前政策来看，在试点阶段信托公司尚无法担任基础设施REITs的基金管理人，难以主导REITs产品的发行上市，只能以投资者的身份参与其中。目前已有建信信托、华润信托、华鑫信托、苏州信托4家信托公司参与投资了8只首批发行的产品。其中，建信信托通过集合资金信托成为普洛斯REIT、盐港REIT的战略投资者，合计投资约为2.6亿元；华润信托通过集合资金信托成为广州广河的战略投资者，投资资金约为0.49亿元；华鑫信托通过集合资金信托参与7只产品的网下发行，并最终入围了5单的网下配售，获配金额总计7 663万元；苏州信托以自营投资账户资金参与了首创水务、东吴苏园的网下发行，但都因报价低于最终发行价而未入围。

未来，信托公司可以在基础设施REITs领域发挥更多的功能。首先，信托作为天然的SPV，可以利用信托制度的独特优势参与到产品的主体构架中，借鉴类REITs产品模式搭建双SPV架构，构建控制项目公司的“股加债”结构；其次，信托公司可以

深挖交易对手和关联方的优质资产，推动基础设施 REITs 产品的构建和发行，进一步积累相关实践经验，为后续直接参与发行奠定基础；最后，信托公司还可以协助管理运营底层基础设施资产，调用信托公司原有的类 REITs 管理经验，发挥其在另类资产的管理特别是资产尽调、风险评估等方面的能力。

（执笔人：韩鸣飞）

（三）资本市场领域

持续推进标品信托业务发展的主要思路*

2020年第二季度以来，信托公司发行的标品信托产品规模稳步提升，但从5月情况来看，增速出现放缓迹象。究其原因，既有资本市场震荡的外部因素，又有信托公司专业能力不足等内部因素。如何促进标品信托业务持续发展，是信托公司面临的重要问题。

一、当前标品信托业务增速有所放缓

标品信托是信托公司业务转型的重要方向，近一年来发展较为迅速。不过，近期业务规模增速有放缓迹象，平均收益水平不高也将严重制约业务的可持续发展。

（一）标品信托已成信托公司业务转型的方向

标品信托是唯一正增长的业务领域。近一年来，标品信托余额回升较为明显，占比不断提升。根据中国信托业协会的数据，截至2021年第一季度末，投向证券市场的资金信托余额为2.43万亿元，同比增速25.18%，位于工商企业之后，成为资金信托的第二大投资领域。从资金信托占比来看，投向证券市场的资金信托达到15.22%，超越投向基础产业信托的占比，跃升为资金信托投向的第二大领域。在信托公司压降融资业务规模的情况下，证券投资信托成为唯一实现正增长的业务领域。部分信托公司标品信托规模增速较快，截至2020年年末，华润信托、外贸信托和平安信托业务规模分别为5 446.09亿元、3 054.71亿元和980.56亿元，同比增速分别达44.65%、32.37%和70.39%。

（二）近期标品信托业务规模增速放缓

从月度发行情况来看，当前标品信托整体业务规模增速有放缓的迹象。根据用益信托网数据，2021年1月和2月证券投资集合资金信托成立规模环比分别下降28.79%、18.27%。4月虽有所回暖，但5月成立规模为152.21亿元（见图1），环同

* 本文写于2021年6月17日。

比降幅分别为36.93%和6.95%，环比降幅较大。鉴于2020年的高基数，2021年标品信托保持高速增长难度较大，增速放缓的迹象愈发明显。

（三）标品信托整体收益水平有待提高

从标品信托的收益水平来看，整体处于5% ~6%的波动区间，产品吸引力有待于进一步提升。以5月数据为例，标品类集合资金信托产品平均收益率为5.12%（见图1），环比提高0.99%，同比则降低8.24%，收益水平仅高于货币、短债基金，而同期房地产投向集合资金信托产品平均收益率为7.33%，两者利差达到221bp。收益水平不高、市场波动较大、产品吸引力降低也将严重制约标品信托的可持续发展。

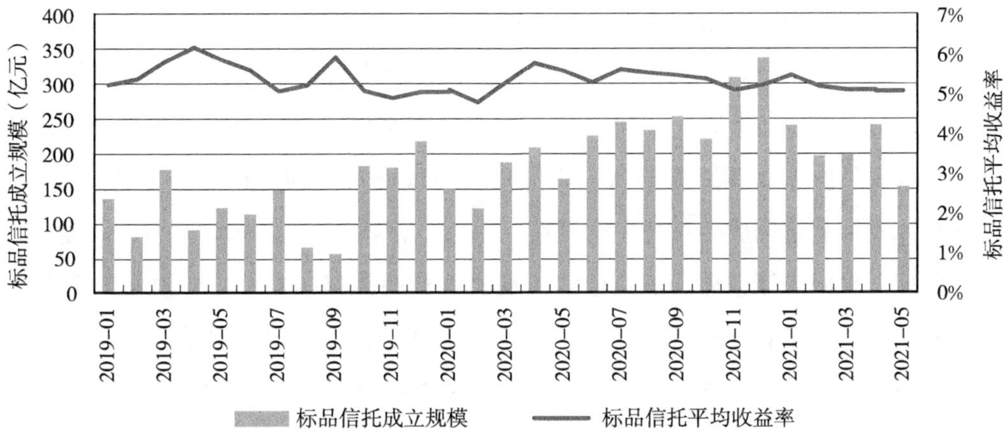

图1　标品信托成立规模及平均收益率

数据来源：用益信托网，中诚信托投资研究部整理。

二、标品信托增速放缓的主要原因

（一）市场波动对标品信托业务增速产生短期影响

标品信托投资的细分领域主要包括股票、债券和基金，股票、债券市场的波动对标品信托业务发展将产生短期影响。以2020年为例，受益于全球央行宽松的货币政策，资本市场表现优异，推助了标品信托业务的快速发展。截至2021年第一季度末，投向股票、债券和基金的资金信托规模分别为5 891.16亿元、15 876.45亿元和2 532.77亿元，同比增速分别为25.06%、29.70%、2.97%。2021年以来，受全球经济复苏不均衡、通货膨胀和美联储货币政策收紧等不确定因素的扰动，资本市场震荡加剧，这将对标品信托业务发展产生负向冲击。

（二）资管行业竞争加剧影响标品信托业务空间

2020年，国内GDP已超过100万亿元大关，但居民资产配置结构中，仍以住房为主，住房市值/GDP和股票市值/GDP占比分别为399%和87%，同期美国数据为

160% 和 242%，资本市场业务具有较大的发展空间。随着资本市场对外开放力度的不断增强，竞争日趋激烈，头部效应日趋明显。根据中国证券投资基金业协会的数据统计，2020 年年底我国境内共有基金管理公司 132 家，公募基金管理规模为 19.89 万亿元，管理规模在 1000 亿元以上的公募基金公司有 35 家，其中包括了 4 家管理规模在 5000 亿元以上的机构。标品信托业务同质化程度较高，信托公司虽然开展相关业务较早，但投入不足，基础薄弱。在资管市场激烈的竞争中，若不能构建核心竞争能力，业务空间将不断被挤压。

（三）信托公司主动管理能力偏弱是标品信托增速放缓的内在原因

信托公司早期的标品信托主要以受托服务为主，承担交易、清算等功能。2018 年《商业银行理财子公司管理办法》发布后，大量理财资金从信托公司回流至银行理财子公司，信托规模快速下降。2020 年 5 月发布的资金信托新规要求信托公司集合资金信托向他人提供贷款或者投资于其他非标准化债权类资产的合计金额不得超过 50%，这也就意味着标品信托成为信托公司展业的基础。信托公司自 2020 年第二季度以来加速业务转型，投向为证券市场的资金信托规模增长明显提速。不过，从近期发行的集合类标品信托产品来看，主要采取聘请投顾或投资于其他金融产品模式，信托公司主要承担销售职能，主动管理型产品较少，核心竞争能力不足。

三、持续推进标品信托业务发展的主要思路

（一）大力提升主动管理能力

2020 年第二季度以来，标品信托业务的快速发展仍停留在粗放式扩张阶段，其主要目的是满足监管要求，业务利润贡献能力偏弱。随着业务增速的放缓，提升主动管理能力成为提质增效的唯一路径。在核心的投研体系建设方面，部分信托公司采取自建和外采形式，搭建了债券库、股票库和基金库，初步具备自主投研能力；在投资决策、风控和运营保障方面，不断优化业务流程，加强信息披露、流动性管理等，专业化水平进一步提升，有效地支持业务发展。

（二）重点推出爆款产品

信托公司标品信托业务影响力较小，既有客户风险偏好较低，市场关注度不高。当前在发行的标品信托中，包括打新、固收、固收 + 等种类较多，但缺乏有特色的爆款产品。在激烈的市场竞争中，集中力量打造爆款产品、提升市场关注度有助于提升影响力和关注度，加速市场导流带动整体业务发展。以现金管理类产品为例，信托公司现金管理类产品起投金额低，年化收益率较同期货币基金高出 50 ~ 100bp。信托公

司可加大该类产品建设、推广力度，提升原有客户黏性，吸引新的客户加入，并向其他产品引流，逐步提升市场影响力。

（三）积极发展组合投资

在组合投资业务中，信托公司主要承担产品发行、投资标的选取、投资动态调整等职能，信托公司与投资标的形成合力，进一步放大各自优势，是开展资本市场业务的快捷方式。信托公司可依托市场中成熟的股票多空对冲、股票多头、市场中性、事件驱动、商品交易顾问（Commodity Trading Advisors，CTA）、债券等多方位策略的组合构建不同的风险收益组合，在宏观经济波动的情况下，满足投资者风险偏好和收益要求，打造多元化产品线，构建差异化竞争力。组合投资业务可在一定程度上避免与资管市场成熟机构正面交锋，还可借助优秀管理人的能力实现自身业务的发展，是提高主动管理能力、实现标品信托业务持续发展的有效路径。

（执笔人：杨晓东）

近期资本市场波动因素与信托公司配置策略建议*

2021年3月以来，国内外资本市场大幅震荡。从外部因素来看，通胀预期提升，美债收益率上行是主要冲击因素。从内部因素来看，信用收缩是影响近期资本市场的主要因素。信托公司在标品信托业务的资产配置策略上，短期可以防守为主，适度降低仓位，权益市场重点关注低估值、顺周期行业，债券市场重点关注短久期央企永续债和大行二级债。

一、资本市场外部扰动因素将会趋缓

10年期美债收益率是全球风险资产定价之锚。近期10年期美债收益率上行，引发全球资产价格大幅震荡。目前，通胀上行仍处于预期引导阶段，资本市场外部扰动因素影响将会趋缓。

（一）美债收益率上行引起全球资产价格震荡

10年期美债收益率是全球无风险资产定价的经验锚，也是风险资产定价之锚。受疫苗接种加速和美国大规模财政刺激政策的影响，市场通胀预期不断强化，10年期美债收益率持续上行，引发全球资产价格震荡。2月25日，10年期美债收益率突破1.5%的关键点位，盘中更是达到1.61%的高点，上升斜率十分陡峭（见图1）。当日，美股三大股指大幅收跌，纳斯达克收盘下跌478.54点，跌幅为3.52%，报13 119.43点。从商品价格来看，国际油价大幅上行，纽约原油由年初的48.42美元/桶，上升到约67美元/桶，涨幅达38%；伦敦金属交易所（LME）铜由年初7753美元/吨上行至8800美元/吨，涨幅达13.5%，最高达9497美元/吨。

（二）通胀上行处于预期引导阶段

尽管当前美债收益率上行，但包括美国联邦储备委员会主席杰罗姆·鲍威尔在内的数位美联储官员均表示美债收益率上行是市场对于经济走出新冠肺炎疫情的乐观预期所致，美联储没有因此过早收紧货币政策的计划。这表明，当前美债收益率上行主要逻辑在于经济和通胀预期修复。从油价供求关系来看，60%～70%石油需

* 本文写于2021年3月11日。

求是交通需求，新冠肺炎疫情定向打击了石油需求，当前油价处于供给主导对通胀拉升作用有限；铜价上升则由全球流动性宽松和需求复苏双重因素引导。铜油比价能否出现明显的正相关性，仍需观察疫苗大范围接种后，需求因素对油价拉升的幅度。

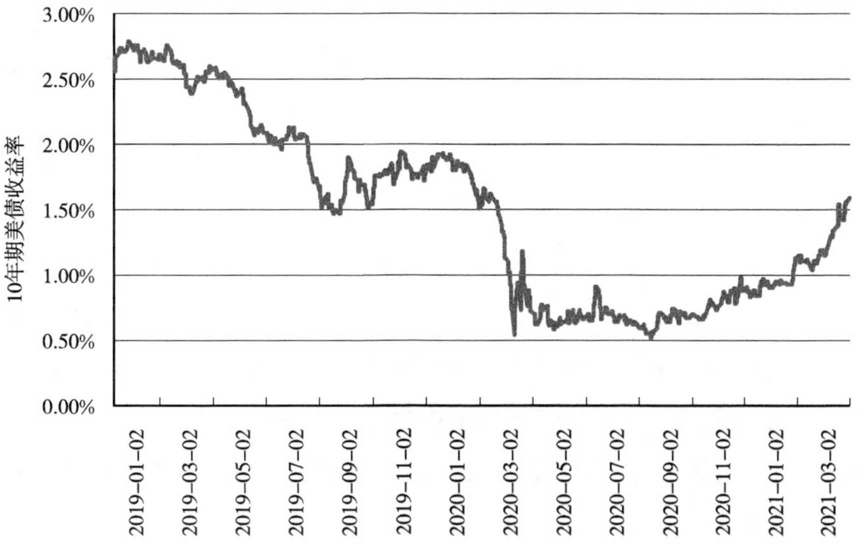

图1 10年期美债收益率突破1.5%

数据来源：Wind，中诚信托投资研究部整理。

（三）资本市场外部扰动因素将会趋缓

新冠肺炎疫情前，全球经济面临低增长、低通胀、低利率问题，其主要原因在于技术进步停滞、贫富差距增大和人口老龄化。疫情对全球经济的冲击主要在于供给侧，后疫情时代需求拉动通胀回升虽具有一定的合理性，但难改全球低增长的趋势；美国面临29万亿美元的债务压力，1.9万亿美元刺激法案进一步增大了国债供给压力，若美债收益率持续攀升将影响国债发行，不排除干预的可能；此外，油价当前的上行若由供给主导转换为需求主导，不排除OPEC内部成员增产的可能；最后，各国复苏的顺序不同，美国等发达国家复苏相对较快，美元升值也可能会对冲大宗商品价格上行。

二、信用收缩将是近期资本市场的主要影响因素

国内货币政策近期将以防风险为主，信用收缩将对资本市场产生短期负面影响。

（一）防风险是近期货币政策主题

2021年3月2日，中国银保监会主席郭树清在国务院新闻办公室举行的推动银行业保险业高质量发展新闻发布会上表示，房地产是金融体系最大的“灰犀牛”，欧美

发达国家金融市场高位运行，和实体经济严重背道而驰，需防范海外金融市场尤其是美股大幅下跌向国内的传导。这表明，监管部门高度重视金融市场风险问题，防范和化解风险是近期的政策主题。鉴于 2020 年 19.63 万亿元信贷投放后宏观杠杆率上行，防风险意味着信贷收缩，总体的政策环境将是紧信用。

（二）紧信用主要集中在上半年

2020 年全年，宏观杠杆率共上升 23.6 个百分点，从 2019 年年末的 246.5% 增至 270.1%（见图 2）。其中，居民部门杠杆率共上升了 6.1%，增幅较大，全部居民债务中，占最大比例的是居民中长期消费贷款（主要是住房按揭贷款），占到了全部居民贷款的 65%；非金融企业部门杠杆率上升了 10.4%，主要以银行信贷为主，但在 2020 年第三季度后银行贷款增速放缓，回归往年平均水平；政府部门杠杆率增幅达 7.1%，达到有杠杆率数据统计以来的历史最高水平，地方政府专项债增长较多，但资金使用效率有限。从时间节点来看，2020 年 3—6 月社会融资规模增量较大，主要由新增信贷和企业债券融资贡献，且当期经济增速基数较低，信用收缩将主要集中于 2021 年上半年（见图 3）。其中，3 月新增信贷投放达 3 万亿元，占全年信贷投放的 15.28%，是重要的观察窗口期。

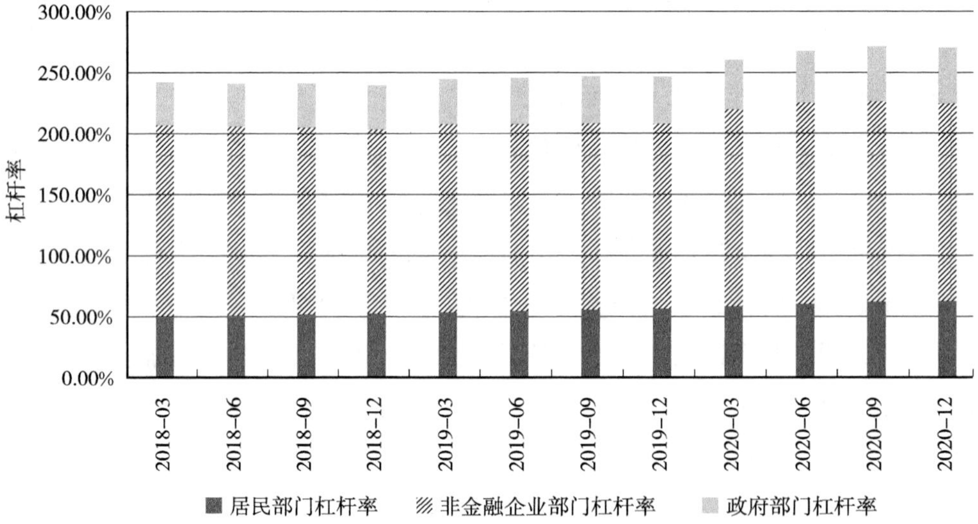

图 2 宏观杠杆率变化情况

数据来源：Wind，中诚信托投资研究部整理。

（三）紧信用对资本市场产生短期负面影响

紧信用对股票和债券市场影响整体偏负面。由于信贷投放减少和财政贴息退出，企业资金需求增强、融资成本回升，叠加外部无风险收益率提升，对股票的盈利和估值产生双重压制，债券市场违约事件则进一步影响交易情绪。不过，紧信用负面影响不会持续较长时间。当前银行间存款类金融机构以利率债为质押的7天期回购利率（DR007）回归2.3%常规区间，10年期国债利率保持在3.2%左右，均处于正常区间，流动性保持中性的可能性较大，货币政策可能是“稳货币+紧信用”组合；相对于发达国家，在应对疫情过程中，国内货币政策相对克制并未大水漫灌。在经济基础尚处于恢复阶段，货币政策过于收紧不利于防风险和稳增长；2020年，委托贷款和信托贷款余额全年共下降了约1.5万亿元，大量表外融资回归表内，金融体系的稳定性较强。

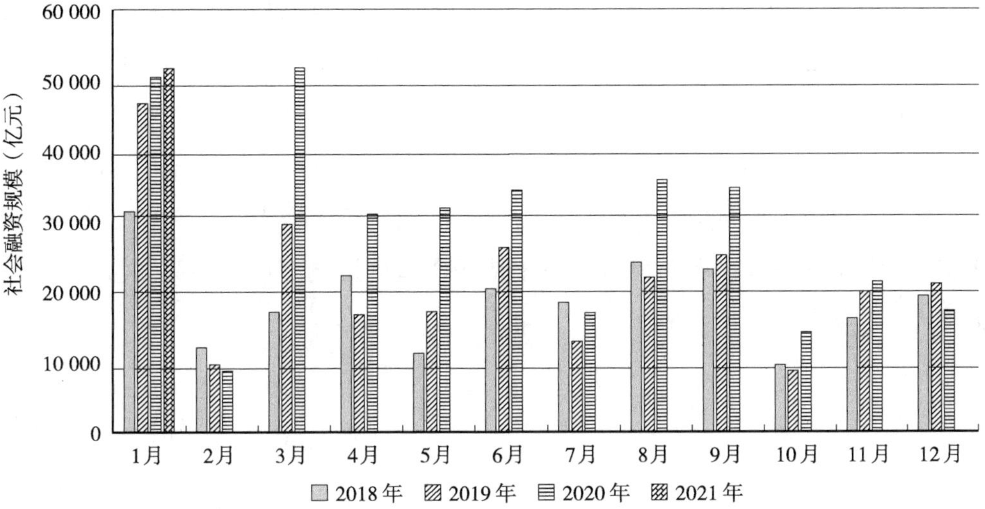

图3　社会融资规模变化情况

数据来源：Wind，中诚信托投资研究部整理。

三、信托公司近期标品信托配置策略可以适度防守为主

从信托公司资产配置策略来看，短期内可以适度防守为主，股票市场重点关注低估值、顺周期行业，债券市场仍需防范信用风险。

（一）整体配置策略以适度防守为主

2020年下半年，本轮紧信用实际上在就已经开启，委托贷款和信托贷款余额四个季度分别下降了1051亿元、2400亿元、3800亿元和7600亿元。从资本市场影响来看，债券市场以华晨集团违约、“永煤事件”等为代表，并在春节之后向股市蔓延。当前，紧信用仍将持续，资本市场仍处于震荡区间，信托公司资产配置可以防守为主，整体保持70%左右仓位，适度降低权益资产配置比重。

（二）股票市场关注低估值、顺周期行业

近期，无风险收益率提升使A股高估值抱团股遭受重创，股票市场大幅回调。3

月 8 日，上证综合指数、创业板指均创近 8 个月来最大单日跌幅。上证综合指数失守 3500 点，下跌 2. 30%，深证成指和创业板指分别下跌 3. 81% 和 4. 98%。港股市场也未能幸免，恒生指数收跌 1. 92%，失守 29 000 点。在当前环境下，可配置银行、保险等低估高性价比防御板块，以及化工、有色等强景气度顺周期板块。随着市场短期压力的释放，适度增配疫情受损的相关行业板块。

（三）债券市场仍需防范信用风险

2021 年 2 月的央行货币政策维稳意图较为明显，资金利率较上月相比明显下行。短端利率 DR007 由 4. 39% 下行至 2. 37%，下行 202bp；长期利率 10 年期国债利率由 3. 18% 上行至 3. 28%，上行 10bp。市场利率处于正常操作区间，上行空间有限，债券市场处于底部空间。但 2020 年共有 7. 3 万亿元人民币贷款本息实施延期，使得很大一部分贷款到期偿付压力延期到 2021 年；2021 年 3 月和 4 月，信用债合计到期超 1. 6 万亿元，较 2020 年同期多增近 5000 亿元。信用债到期压力增大，且有较多高收益债券即将到期，债券市场需防范负面事项对于信用利差的影响，可重点关注短久期央企永续债和大行二级债等。

（执笔人：杨晓东）

组合投资信托产品的主要特征与发展前景*

在融资类业务规模不断下降的情况下，信托公司积极开展组合投资业务。随着信托公司组合投资类产品主动管理能力加速推进，信托公司与券商、基金的合作程度不断深化，该类产品线将不断丰富，产品吸引力不断提升。

一、组合投资业务是当前信托业务的重要转型方向

组合投资产品符合当前业务转型的监管导向，是信托公司切入资本市场的快捷方式，各家信托公司积极布局相关业务。

（一）组合投资业务符合当前的监管导向

在融资业务规模不断下降的情况下，信托公司面临较大的经营压力，监管部门积极引导信托公司向资本市场业务转型。2020 年发布的资金信托新规规定，信托公司管理的全部集合资金信托计划向他人提供贷款或者投资于其他非标准化债权类资产的合计金额在任何时点均不得超过全部集合资金信托计划合计实收信托的 50% 。加大资本市场领域业务布局成为各家信托公司的共识。组合投资业务将信托资金直接或间接投资于资本市场标准化产品，符合当前监管导向，也符合资管新规中资管产品净值化转型要求。

（二）组合投资业务是标品信托业务的重要领域

当前信托公司组合投资业务投资标的主要是各类公募和私募基金，即 FOF 形式。信托公司主要承担产品发行、投资标的选取、投资动态调整等职能，信托公司与投资标的形成合力，进一步放大各自优势，是开展资本市场业务的快捷方式。根据普益标准整理，截至 2020 年 9 月中旬，共有 24 家信托公司开展 FOF 产品业务，处于存续期或待设立的 FOF 产品共有 253 款。其中，中信信托、中航信托分别以 64 款和 62 款产品的管理数量位于第一序列，华润信托、外贸信托分别以 29 款和 27 款产品的管理数量位于第二序列。

（三）信托公司组合投资产品能够获得现有客户认可

随着融资业务规模的下降，信托公司现有融资类产品越来越难以满足既有客户的

* 本文写于 2021 年 4 月 8 日。

投资需求。开展组合投资业务，尤其是“固收+”类业务，通过资金在不同资产间的布局和轮动，能够在减少市场波动的同时，实现或超越类固收产品的收益，有效衔接融资类产品稀缺条件下客户的投资需求。从市场来看，“固收+”类产品也不断受到投资者追捧，2020年该类产品发行规模达3500多亿元，是2019年的5倍。

二、当前组合投资信托产品的主要特征分析

从特征来看，信托公司开展组合投资业务以主动管理为重要特色，并借助与优秀投顾的合作形成合力，构建丰富的产品线形成差异化竞争。

（一）以主动管理为重要特色

除了发行能力外，组合投资业务对信托公司主动管理能力提出了较高的要求。信托公司在承担受托服务的基础上，加速推进主动管理能力建设，以主动管理为重要特色的产品不断涌现。中信信托、上海信托和外贸信托等具有丰富的标品信托管理经验，前期积累了丰富的交易数据，已落地主动管理FOF（TOF）类产品。五矿信托和光大信托等信托公司则加速追赶。以光大信托为例，光大信托设立标品投资委员会，落实公司债券库、股票库、外采库等标的库建设，丰富产品形式，搭建从债券投资、FOF/MOM等立体化产品线。根据用益信托网的数据统计，2021年以来，光大信托证券投资集合资金信托业务成立规模已达42.55亿元。

（二）以优秀投顾为产品亮点

部分券商、基金等优质机构在资本市场业务布局较早，投研体系较为完善，业务模式较为成熟，产品体系也较为丰富。信托公司组合投资标的主要是优选优质机构的标准化产品，实现收益目标。随着业务规模的不断扩大，信托公司与优质机构合作程度不断深化，影响力不断提升。信托公司组合投资产品可选取优质机构作为投顾，或要求其打造定制化产品，形成合力提升投资回报。对于普通投资者而言，大部分私募机构投资门槛较高，组合投资类产品可以使普通投资者跨越私募机构门槛障碍，并实现分散化投资获取相应收益。

（三）以丰富的产品线构建差异化竞争力

目前，市场上的资管产品较为丰富，包括股票多空对冲、股票多头、市场中性、事件驱动、CTA、债券等多方位策略。投资者在选择市场、选择产品时面临两个最大的困难：一是知识储备不足，难以了解所有产品；二是每种产品在不同经济环境下表现不同。在宏观经济波动的情况下，组合投资产品不同的策略组合可形成不同的产品结构，满足投资者风险偏好和收益要求，构建差异化竞争力。当前，信托公司组合投

资产品线不断丰富，吸引力不断增强。以平安信托为例，根据风险偏好从低到高，分别打造了固收 + 、中性稳健型和全资产配置三条产品线。

三、组合投资信托产品发展前景广阔

当前，组合投资产品是融资类产品稀缺条件下的有效替代，信托公司专业化水平不断进步，产品收益有持续提升空间，产品吸引力仍将不断提升。

（一）组合投资产品是融资类产品稀缺条件下的有效替代

目前，大部分信托公司的客户群体主要仍然偏好融资类产品，风险偏好相对较低，投资期限一般为 2 年左右，资金也具有一定的短期性。与融资类产品相比，组合投资产品在投资收益或市场波动等方面对客户吸引力不足。随着信托公司组合投资产品不断丰富，一些绝对收益策略类产品，通过合理设置标的资产比重，能够实现在控制风险的前提下，为客户提供稳定的回报，是融资类产品的有效替代。

（二）信托公司的专业化水平将不断进步

组合投资产品需要自上而下地进行资产配置，对于普通投资者而言难度较高。从宏观上需要对整体经济形势进行把握和研判；从中观上需要对各类资产、投资策略有清晰的认识；从微观上需要对投资标的进行定性和定量的分析。当前，各家信托公司较为重视资本市场业务，研究投入不断增加，投资专业化水平不断进步。此外，信托公司可与投资标的展开协作，可打造定制化产品，投资者可借助信托产品以少量资金对多个优质产品分散投资。

（三）组合投资产品收益有持续提升空间

从普益标准统计的收益情况来看，截至 2020 年 9 月中旬，存续组合投资产品的平均预期收益率为 4.75%，相较于同期信托产品的总体收益水平（7.76%）有一定差距。其主要原因是该类产品的风险水平与流动性水平与其他信托产品存在差异。随着组合投资产品线不断丰富，组合投资产品收益会有持续提升空间。从市场来看，公募 FOF 在 2020 年实现快速增长，170 只 FOF 产品盈利达 111.24 亿元，相比 2019 年同期的 23.46 亿元增长了近 4 倍。

（执笔人：杨晓东）

当前利率条件下的资产配置策略分析*

2021 年 8 月经济数据显示，当前我国经济增速出现放缓态势，中小企业面临一定经营压力。为支持中小企业发展，央行货币政策微调为结构性宽信用，年底前流动性保持合理充裕，短期利率保持平稳。在当前条件下，资产配置策略为：债券 > 现金 > 股票 > 商品。

一、当前经济增速放缓压力有所加大

受新冠肺炎疫情冲击、成本提升等因素影响，我国经济增速出现放缓态势，中小企业面临一定经营压力。为保持宏观经济的平稳和政策衔接，中小企业将成为支持的重点。

（一）经济增速放缓逐步回归常态

从国家统计局近期公布的数据来看，8 月制造业 PMI 为 50.1，位于枯荣线上方，前值 50.4。虽然制造业仍继续保持在扩张区间，但扩张力度有所减弱。从结构来看，新订单指数、新出口订单指数环比下降，内外需同步走弱。非制造业 PMI 为 47.5，低于上月 5.8 个百分点，降至临界点以下。受 7 月底疫情的影响，道路运输、航空运输、住宿、餐饮等商务活动大幅降至临界点以下。虽然 8 月数据有疫情冲击的影响因素，但在 PPI 高位震荡的条件下，叠加基数效应经济增速放缓逐步回归常态。

（二）成本抬升难以向下游传导

PPI 与 CPI 的剪刀差是观察通胀是否由成本端向需求端转移的有效数据，若剪刀差过大则说明生产端向销售端传导不畅，企业经营压力提升。从当前的数据来看，PPI 与 CPI 剪刀差处于历史高位（见图 1）。虽然 5 月以来，国务院部署了大宗商品的调控措施，但受供给错位、美元流动性泛滥和国际局势冲击等因素影响，大宗商品价格仍保持高位震荡。这也进一步加剧了上下游行业的分化，在总量层面对经济造成不良影响。

---

* 本文写于 2021 年 9 月 9 日。

图1　PPI与CPI剪刀差走阔

数据来源：Wind，中诚信托投资研究部整理。

（三）中小企业面临的经营压力更为突出

从财新公布的数据来看，8月财新中国制造业PMI为49.2，是2020年5月以来首次落入收缩区间，前值为50.3。财新制造业PMI样本以中小企业为主，8月指数走低表明，在当前的情况下，中小企业经营压力更大，就业市场略有恶化，通胀压力依然高企。8月财新服务业PMI为46.7，环比下降8.2个百分点，自2020年5月以来首次落入收缩区间。这与疫情反复、官方PMI下行等相互印证，服务业出现实质性收缩。虽然8月出口数据仍然表现强劲，但在9月美联储救助计划陆续退出、原材料成本抬升的背景下，第四季度出口不能过于乐观。在经济增速放缓的条件下，提高科技水平、提升发展质量，大力发展民营经济是应对经济增速放缓的重要措施，2021年7月30日召开的中共中央政治局会议进一步强调了调控政策跨周期调节，要统筹做好今明两年（2021年和2022年）宏观政策衔接。从方向上来看，“专、精、特、新”类“小巨人”企业将成为重点支持的对象。

二、长期利率中枢存在下移趋势

为助力中小企业和困难行业持续恢复，央行货币政策微调为结构性宽信用。虽面临地方债发行等扰动因素，但短期利率在政策工具对冲下预期年内基本保持平稳；长期利率中枢受经济增速放缓影响或将出现下移。

（一）货币政策微调为结构性宽信用

2021年上半年，受房地产“三道红线”和治理地方政府隐性债务的影响，货币政策整体保持“稳货币、紧信用”的态势。上半年社会融资规模增量累计为17.74万亿元，比上年同期少3.13万亿元。其中，信托贷款、企业债券融资等大幅减少。8月中国人民银行在金融机构货币信贷形势分析座谈会上表示，以适度的货币增长支持经济高质量发展，助力中小企业和困难行业持续恢复；9月，新增3000亿元支小再贷款额度，在2021年剩余4个月内发放完毕，这表明当前货币政策由紧信用调整为结构性宽信用，中小微企业是重点支持方向。

（二）短期利率年内将保持平稳

受财政后置影响，2021年下半年政府债券发行节奏有所提速，其中8月新增地方债发行规模达5 930.44亿元，环比增长47%。截至8月底，地方债发行进度为55.4%，剩余部分的月均发行规模约5000亿元。从8月资金情况来看，中国人民银行通过公开市场操作等政策工具保持流动性合理充裕，DR007未出现大的波动（见图2）。中国人民银行也于2021年9月初表示，以后几个月流动性供求将保持基本平衡，不会出现大的缺口和大的波动。即使出现财政收支、政府债券发行缴款等因素对流动性产生的阶段性扰动，中国人民银行也有充足的工具予以平滑，短期利率在2021年内基本保持平稳。

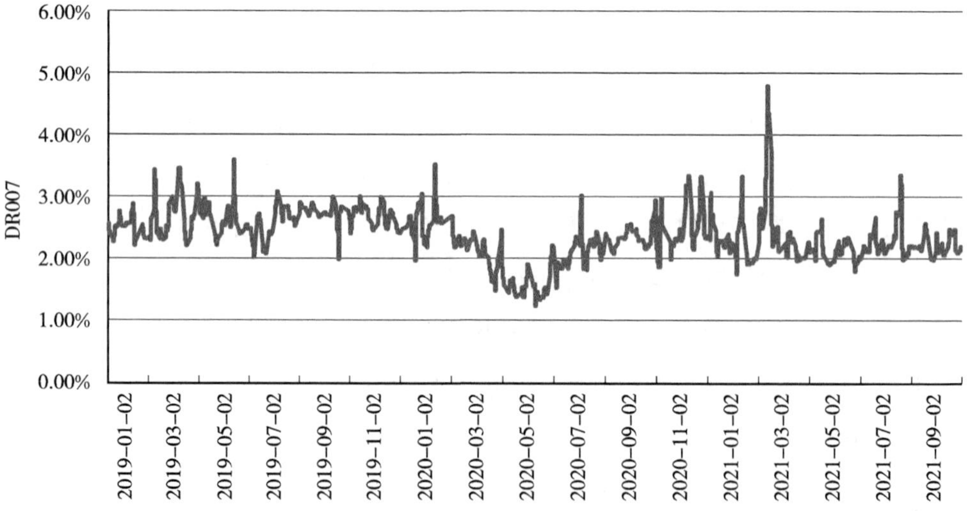

图2　DR007走势

数据来源：Wind，中诚信托投资研究部整理。

（三）长期利率中枢或将出现下移

2020年，为应对新冠肺炎疫情，10年期国债收益率一度下行至4月底的2.5%左右，随后阶段性上行至年底的3.2%左右。2021年5月以来，再次开启下行趋势，7月降准后，击穿3.0%。当前，10年期国债收益率为2.86%，较年初下行28.25bp

（见图3）。从当前内部环境来看，经济增速放缓，中小企业面临经营压力，流动性保持合理充裕，货币政策不具备大幅收紧条件，10年期国债收益率大概率维持低位；从国际环境来看，虽然欧美等主要经济体均表达了缩减量化宽松（Quantitative Easing，QE）的意向，但受疫情扰动，Taper的节奏将会放缓，市场预测美联储Taper将在2021年年底或2022年年初。因此，当前一段时间内，10年期国债收益率大幅上行的可能性不大。从长期来看，伴随经济增速放缓，长期利率中枢或将出现下移趋势。

图3　10年期国债收益率走势

数据来源：Wind，中诚信托投资研究部整理。

三、当前利率条件下的资产配置策略分析

当前阶段，经济增速出现放缓趋势，货币政策结构性调整，PPI高位震荡，资产配置策略建议为：债券>现金>股票>商品。

（一）债券市场表现相对较好

当前，债券市场对资金面的乐观情绪有所收敛，流动性收缩是主要的担忧。不过，中国人民银行表示，下一阶段并不存在很大的基础货币缺口，且可以对冲阶段性扰动，这也就意味着市场预期的年内二次降准不会很快到来，但流动性也不会过于收敛，当前利率阶段性保持低位，债券投资利率风险可控。在资产荒延续的背景下，重点关注短久期债券和公益性业务占比高的城投，可适度使用杠杆策略。

（二）股票市场关注中证500

2021年9月7日，中证500指数报收7 498.93点，较年初6 367.11点上行1 131.82点，上行17.78%。同期上证综合指数、深证成指、创业板指分别上行

3.13%、-2.01%和4.58%。从市场来看，大盘蓝筹近期有所回暖，但仍缺乏超额收益空间；新能源等行业高估值下的景气度能否持续有待于进一步观察。从政策来看，反垄断、支持中小企业等政策陆续出台，中盘低估值有助于持续收益。

（三）大宗商品难以形成趋势性机会

2021年5月，国务院部署了一系列措施，保障大宗商品供给，遏制其价格不合理上涨，努力防止大宗商品价格向居民消费价格传导。在经济增速放缓趋势下，若PPI高启并向CPI传导将形成滞胀格局。因而，若大宗商品出现上行，政策力度势必进一步加强。从国际环境来看，美国经济复苏不及预期及Taper预期也将进一步限制其上行空间。

（执笔人：杨晓东）

组合投资业务的市场现状与信托公司开展策略建议*

2020年以来，以FOF为代表的组合投资类产品逐步获得市场认可，规模迅速增长，银行理财子公司、公募基金、信托公司等机构纷纷加大业务开展力度。展望未来，组合投资产品规模仍将保持快速增长态势，信托公司可通过加强与外部机构合作、加强内部业务联动等方式增强竞争能力。

一、组合投资业务市场规模快速增长

2020年以来，银行理财子公司、公募基金和信托公司纷纷加大以FOF为代表的组合投资产品拓展力度，业务规模快速增长。

（一）银行理财子公司FOF规模快速上涨

随着21家银行理财子公司陆续营业，FOF产品成为银行理财业务转型的重点。根据《中国银行业理财市场半年报告（2021年上）》统计，截至2021年6月底，银行及理财公司共存续FOF型理财产品153只，存续规模1144亿元，其中，理财公司FOF型产品规模占全部FOF型理财产品存续规模的70.94%。在21家银行理财子公司中，已有10家左右发布了FOF产品。2021年，FOF类产品募集规模占理财产品总募集规模的比例由第一季度的0.12%上升至第三季度的0.35%。以招银理财为例，2020年FOF产品规模为几十亿元，目前已膨胀至300亿元，呈快速发展趋势。

（二）公募基金FOF发行规模逆势上行

华夏基金、南方基金等六家公募基金公司在2017年即成立了FOF产品，六只产品初期规模为166亿元。经过近几年的发展，公募基金FOF产品规模与数量双双实现增长。根据普益标准的统计，截至2021年第三季度，公募FOF总资产规模为1 884.62亿元，开放式基金的资产规模为23.21万亿元（包含FOF）。FOF产品规模在全部开放式基金中的占比由2018年第三季度的0.05%上涨到目前的0.76%，呈稳定上升的趋势。2021年，A股市场结构性分化愈演愈烈，权益类基金发行放缓，进入第四季度后甚至出现“断崖式”下降。不过，公募FOF类基金却异军突起。截至11月19日，市场上共有267只FOF主题基金。其中，年内新发行基金数量为90只，占比33.71%。单只发行份额超过60亿份的“爆款”FOF产品全部诞生在2021年。

---

* 本文写于2021年11月25日。

（三）信托公司持续发力组合投资业务

组合投资业务也是信托公司业务转型的重点，多家信托公司在该领域持续发力。根据《证券时报》的统计，当前约有40家信托公司布局TOF/FOF等业务，行业占比近60%。从管理规模来看，外贸信托、中航信托和中信信托等均超过100亿元，分别为210亿元、188.84亿元和100亿元。其他信托公司中，光大信托于2019年开展TOF业务，截至2021年10月末，该公司TOF业务存量规模为50余亿元，涉及近40只产品；长安信托于2020年1月开展TOF业务，目前规模为69亿元，其中2021年新增40.4亿元。此外，上海信托、平安信托等也在该业务领域深耕多年，具备良好的基础和较强的实力。

二、组合投资业务市场认可度不断提升

组合投资类产品逐步被市场认可，发行规模迅速攀升，主要原因在于其产品业绩表现稳定，投资策略日趋多元化，投资者接受程度不断提高。

（一）组合投资产品业绩表现稳定

FOF投资采取多元化的资产配置，以获取稳定的收益表现。在2021年股市震荡、结构性分化的情况下，这一优势表现得更加突出，不断获得消费者的认可。从收益表现情况来看，FOF类银行理财产品自成立以来年化收益率在4%以上的产品占比达44%，近一年平均年化收益率为4.78%，固收类产品近一年平均年化率为4.54%，权益类产品近一年平均年化率为10.50%；年内92%以上的FOF基金业绩实现正收益，其中华夏聚丰稳健目标、平安养老2045五年、建信福泽裕泰、平安养老2035等多只产品年初以来收益率超过10%。

信托公司方面FOF业绩同样表现不俗，外贸信托“乾元TOT”年化收益率为9.50%（扣除固定和浮动费后之后），净值最大回撤3.55%；平安信托安胜均衡权益产品年化收益率为12.97%，最大回撤2.58%，安稳系列固收+产品年化收益为7.51%，最大回撤仅0.27%。这些产品的回撤程度与收益表现，与信托公司传统非标产品的客群相对契合，在销售方面更容易得到客户的认可。

（二）组合投资产品业务策略日趋多元化

公募FOF在发展初期，以全天候策略、B－L（Black－Litterman）模型等为主要方法，策略较为单一，且配置对象也以自家发行的股债为主要标的，严重制约产品的市场表现。随着市场FOF类产品不断丰富，组合投资产品业务策略日趋多元化。无论是银行理财子公司、公募基金，还是信托公司，均在积极开发针对不同客户群体需求的差异化产品策略。例如，招银理财推出了针对不同客户群体需求的固收FOF、多资产FOF、多策略FOF、权益FOF，风险等级覆盖R2至R5；平安信托明星产品包括权益

类安胜系列，固收+类的安稳系列和均衡性权益产品的安胜等。此外，公募基金还在FOF业务模式上进行创新，例如，FOF-LOF基金。FOF-LOF是可以上市交易的FOF基金，兼具了FOF和LOF的产品优势。2021年8月以来，共有易方达基金、汇添富基金、中欧基金、民生加银基金、国泰基金、兴全基金等12家基金公司上报了16只FOF-LOF产品。

（三）政策助推为组合投资产品发展带来机遇

除FOF本身的特性外，政策助力也进一步加速了FOF产品的发展。在银行理财方面，资管新规发布以来，银行理财面临净值化转型压力。2021年年底过渡期即将结束，非净值产品加速退出市场，保本型产品规模大幅下降，投资者对净值型产品仍需一个接受的过程；信托公司则面临压降融资业务规模、提升标准化产品比重等现实需求。FOF类产品收益稳健，市场接受程度不断提高，是当前政策许可的发展方向。此外，2016年9月，中国证监会就已颁布《公开募集证券投资基金运作指引第2号——基金中基金指引》，积极推动FOF类业务发展；2019年10月，中国证监会颁布《关于做好公开募集证券投资基金投资顾问业务试点工作的通知》，基金投顾试点正式拉开序幕，试点机构数量由首批18家，增长到59家，这也为各家机构开展FOF类业务提供了保障。

三、信托公司组合投资业务开展策略分析

总的来看，资管市场FOF业务发展迅速，各家机构业务各具特色，均获得了较好的市场认可。从国外的经验来看，组合投资类业务具有较好的市场空间，信托公司需加强与其他机构的业务合作，加强内部业务联动，大力发展FOF业务。

（一）加强与其他机构的业务合作

资管机构开展FOF业务存在较大的合作空间。例如，部分券商、基金等优质机构在资本市场业务布局较早，投研体系较为完善，信托公司可采购优质的投研服务，或选取优质机构作为投顾，或共同打造定制化产品等方式展开合作，结合信托公司既有客户需求，形成合力提升投资回报；在资金端，信托公司可积极尝试与部分银行机构合作开发产品，以及拓展代销渠道等业务合作，充分发挥各类金融机构的牌照优势和业务优势，做大产品规模。

（二）加强内部业务联动

目前，信托公司既有的客户群体主要偏好固定收益类产品，风险偏好相对较低，投资期限一般为2年左右，资金也具有一定的短期性。融资类业务规模不断下降的情况下，部分资金缺乏合意的配置标的。信托公司可根据客户需求，以FOF为基础，以低波动、收益稳健为配置目标，满足该部分客户需求，做好既有客户群体的转化。此

外，随着家族信托等业务规模的不断扩大，资产配置需求不断提升，开发符合家族信托长期稳健配置的 FOF 产品也存在较大的市场空间。

（三）加强资金端建设

资金获取能力是信托公司开展标品信托业务的基础。信托公司在开展 FOF 业务过程中，可采取灵活的模式，加强资金端建设。一是积极开展证券类业务的受托服务，扩大相关业务规模，提升信息化水平和受托服务能力；二是信托公司可作为财富渠道，通过 FOF 的评价体系，筛选市场中的优质产品，通过 FOF、标品信托、家族信托等方式满足客户资产配置需求；三是根据客户不同的风险收益需求，打造多元化产品体系，以主动管理能力为核心，打造 FOF 产品体系。

（执笔人：杨晓东）

如何看待近期股票市场的结构分化及其影响*

2020 年以来，股票市场整体呈现分化行情，近期更出现加剧的态势。货币政策收紧预期与新冠肺炎疫情冲击的不确定性是目前行情分化的主要影响因素。短期内，A 股市场将面临持续调整压力，信托公司需加强研判，关注港股和 A 股结构性机会，积极开展组合投资类业务，提升应对能力。

一、近期股票市场的结构分化明显

2020 年以来，股票市场行情不断持续，主要表现为 A 股市场大小市值股票走势分化，资金大幅流入港股头部机构，以及公募基金管理规模不断分化。目前，这一分化行情仍在加剧。

（一）A 股大小市值股票走势分化

2021 年年初以来，机构抱团行情仍在持续。受疫情冲击的影响，本轮始于 2017 年食品饮料行业的抱团行情进一步强化。从行业表现情况来看，消费、科技和医药等行业表现迅猛，银行、地产等传统周期行业表现平平；从行业内部来看，头部机构和尾部机构表现差异巨大。以 1 月 25 日为例，A 股市场再次出现“二八分化”格局，以白酒为代表的的权重板块拉升，上证综合指数和深证成指涨幅在 0.5% 左右，两市成交放大至逾 1.2 万亿元，但中小盘股表现不佳，上涨股票 978 只，下跌股票则达到 3106 只，出现普跌格局。

（二）港股市场内外部表现分化

在港股方面，机构一致看好本年度港股市场表现，资金大幅流入港股市场。截至 2021 年 1 月 25 日，恒生指数一度突破 30 000 点，涨幅超过 10%，领跑全球主要指数。2021 年度 16 个交易日中，港股通累计净买入金额已超过 2000 亿元，超过此前月份表现；从资金流入标的来看，头部机构不断受到追捧。1 月 25 日，腾讯控股日涨幅达 10.9%，报收 766.5 港元，总市值突破 7 万亿港元，创上市以来新高。京东、美团等其他港股龙头也均在盘中创下历史新高。

（三）公募基金管理规模不断分化

截至 2020 年 12 月底，我国境内共有基金管理公司 132 家，公募基金管理规模达

---

* 本文写于 2021 年 1 月 28 日。

19.89万亿元。根据中国证券投资基金业协会的数据统计，2020年管理规模在1000亿元以上的公募基金公司有35家，其中包括了4家管理规模在5000亿元以上的机构。易方达以8100亿元的最高纪录位居全市场首位。2021年开年以来，公募基金产品发行火爆，新发行基金规模已超过3400亿份，易方达竞争优势企业、广发成长精选、大成企业能力驱动、嘉实港股优势等头部机构产品募资能力较强，超过百亿元规模。

二、影响股票市场结构分化的主要因素

A股和港股受不同的货币政策约束，央行货币政策收紧预期和疫情冲击的不确定性影响是近期股票市场表现分化的主要原因

（一）货币政策导向不同导致A股和港股不同走势

A股和港股面临不同的货币政策是导致市场走势不同的主要原因。中国香港采取联席汇率制度，缺乏货币政策空间，利率变化主要取决于国际利率变化。其中，美国是重要的影响因素。A股和港股在2003年SARS事件前后便表现出了巨大的差异。SARS事件过后，中国人民银行表示货币政策将会转向，并于8月宣布将存款准备金率由6%调高至7%。A股从6月到11月进入下行通道，上证综合指数经历了月线"五连阴"，而港股则在5月开启上行通道，恒生指数2003年涨幅达35%。

（二）货币政策收紧预期有所增加

2020年，为应对新冠肺炎疫情的冲击，中国人民银行综合运用降低存款准备金率、再贷款再贴现、创新直达实体经济的货币政策工具等方式，为疫情防控和"六稳""六保"等重点工作营造了稳健适宜的货币金融环境。随着经济恢复常态，2020年中央经济工作会议提出稳健的货币政策要灵活精准、合理适度，保持货币供应量和社会融资规模增速同名义经济增速基本匹配。尽可能长时间实施正常货币政策，保持宏观杠杆率基本稳定，防范化解重大金融风险是中国人民银行的重要工作目标。在经济延续高增长的条件下，央行货币政策在第一、第二季度有适度收紧的可能，呈"稳货币、紧信用"的政策组合。2020年12月，新增社会融资规模出现拐点，为1.72万亿元，比上年同期少4821亿元（见图1）。

（三）疫情冲击对各个行业影响不同

受新冠肺炎疫情的影响，各行业上市公司业绩表现差异较大。其中，互联网服务、医疗器械、食品饮料等表现较好。以医药生物行业为例，申万医药生物行业指数2020年全年的累计涨幅达51.10%，在已发布年报预告的108家医药生物公司中，有65家业绩预增，36家业绩预减，7家业绩不确定。而旅游、住宿、餐饮、零

售、交通运输、娱乐文化、线下教育等行业受疫情影响比较直接。虽然国家已经有序开展疫苗接种，但疫苗接种能否有效应对病毒变异、控制病毒扩散仍具有不确定性。市场资金仍偏好于前期确定性较强的行业和龙头企业，使抱团效应进一步强化。

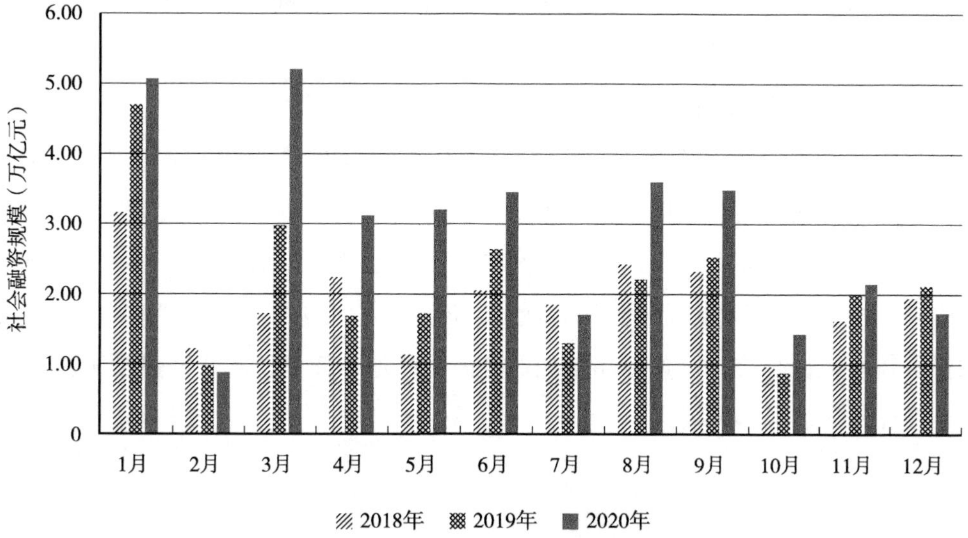

图1　社会融资规模有所收缩

数据来源：Wind，中诚信托投资研究部整理。

三、信托公司如何应对股票市场结构分化带来的影响

短期来看，股指大幅上行和部分地区房价上涨将使央行货币政策适度收紧，A股市场将面临一定的调整压力，但整体风险不大。信托公司标品信托投资可适度关注港股头部机构和A股市场后疫情时代的结构性机会，大力发展组合投资业务，不断提升投研能力建设。

（一）关注港股头部机构投资机会和A股市场结构性机会

2020年A股几个主要的股市指数涨幅接近30%，上海、深圳等地出现房价上涨趋势，有些领域的泡沫已经显现，央行货币政策将适度收紧，A股短期面临一定调整压力。不过，我国经济基本面稳健，通货膨胀处于相对较低水平，政策不会出现急转弯，A股整体风险不大。可关注港股头部机构的配置机会。此外，随着经济恢复和疫苗接种范围扩大，可适度关注金融、可选消费等顺周期行业，以及前期受疫情影响较大行业困境反转的投资机会。

（二）大力发展组合投资业务

近期，中国人民银行连续缩量续作逆回购，当前市场面临短期内流动性收紧的局面，标品信托投资将面临巨大的市场波动。信托公司可大力发展组合投资业务，在宏

观经济条件约束下，调整不同市场资产配置比重，平滑业务风险。以“固收＋”类产品为例，该类产品是以债券投资为基础构建资产组合，通过调整不同资产的配置比重，打造不同风险水平的产品，最终实现风险和收益的多元化产品体系，满足客户不同收益水平的需求。信托公司开展“固收＋”类产品，客户基础较好，在非标产品规模缩减的情况下，有助于业务平稳发展。

（三）不断增强投研能力建设

标品信托是2021年度信托公司业务转型的重点领域。但在资本市场剧烈波动的情况下，标品信托业务拓展难度将会大大提升，所以主动管理能力建设愈发重要。从长期来看，全球经济复苏引发再通胀，以及美联储货币政策退出将是冲击A股和港股的重要因素，全球资本市场面临的不确定性不断攀升。加强以主动管理能力为核心的专业化投资体系建设是信托公司标品信托业务面临的迫切任务，不断增强投研能力建设，提升专业化水平将是必然要求。

（执笔人：杨晓东）

近期资本市场震荡原因分析及趋势展望*

互联网平台、教育等行业的持续政策冲击是本次资本市场剧烈震荡的直接原因。不过，国内经济基本面良好，社融收敛趋缓为资本市场提供有效支撑，监管政策着眼点在于行业的长远健康发展。美联储政策收紧仍是当前最大的不确定性影响因素，警惕成长股面临回调的风险。

一、政策冲击触发资本市场剧烈震荡

受互联网平台、教育等行业监管政策影响，市场担忧扩大，触发了本次资本市场剧烈震荡。杠杆资金高位回落和基金抱团风格强化则进一步加剧了市场震荡。

（一）政策冲击是近期资本市场震荡的导火索

2020 年年底以来，针对互联网平台、教育等行业政策频出，引发市场担忧。2021 年 7 月，中共中央办公厅、国务院办公厅印发《关于进一步减轻义务教育阶段学生作业负担和校外培训负担的意见》。意见提出“学科类培训机构一律不得上市融资，严禁资本化运作”等相关监管政策，引发教育类股票大幅下跌。2021 年 7 月 27 日，市场担忧开始扩大，波及房地产、医疗、金融等众多行业，股票、债券市场大幅下跌，外资流出导致汇率下跌，资本市场剧烈震荡，最终形成股、债、汇三杀。截至 7 月 27 日收盘，上证综合指数、深证成指和创业板指分别下跌 2.49%、3.67% 和 4.11%；中国香港市场也受到波及，恒生指数下跌 4.22%，报收 25 086.43 点，创 2020 年 11 月以来新低，恒生科技指数重挫 7.97% 创新低，盘中一度跌近 10%。

（二）两融余额高位回落加速市场下跌

2019 年以来，市场风险偏好不断攀升，A 股两融余额持续上升，不断接近 2015 年高点水平。根据券商的业务规定，两融维持担保比例为 130%，若 T 日清算后维比低于 130%，T+1 日盘中低于 115% 会触发盘中平仓，且 T+1 日清算后需提高至 140% 以上等。当前市场意外暴跌使部分两融客户面临平仓风险，加速市场下跌。在 2021 年 7 月 26 日、27 日两个交易日市场下跌过程中，沪深两融余额连续下降，累计减少 120.95 亿元。其中，融资余额净偿还 49.88 亿元，融券余额净偿还 71.06 亿元，融券

---

* 本文写于 2021 年 7 月 29 日。

净偿还比例远高于融资。

（三）基金抱团风格进一步强化

近年来，随着机构投资者资产管理规模的不断提升，基金抱团风格不断强化。2021 年春节前，消费、科技和医药等行业表现迅猛，银行、地产等传统周期行业表现平平，行业内部头部机构和尾部机构表现差异巨大；春节后，市场风格发生转换，以“茅指数”为代表的“核心资产”出现了大幅回撤，以“宁指数”为代表的成长风格受到市场追捧。本次市场下跌过程中，以茅台为代表的食品饮料行业下跌幅度较大，部分机构在考核压力下，抛售“核心资产”调仓至成长股，加速市场震荡。

二、国内经济基本面健康是资本市场有效支撑

从根本上来看，国内经济基本面较为健康，货币政策收敛态势缓和，政策监管有助于资本市场长期健康发展，国内资本市场不具备系统性风险。

（一）中国宏观经济整体保持平稳

根据国家统计局的初步核算，2021 年上半年国内生产总值为 532 167 亿元，按可比价格计算，同比增长 12.7%，比第一季度回落 5.6 个百分点；第二季度增长 7.9%，两年平均增长 5.5%。从出口来看，2021 年上半年，出口 15 183.6 亿美元，增长 37.4%。其中，6 月出口同比增长 32.2%，仍较为强劲。受基数效应影响，2021 年下半年出口增速将会放缓，但仍具备韧性。消费和制造业投资持续恢复，2021 年上半年同比增长 23.0% 和 19.2%，预计这一趋势仍将持续；基础设施投资和房地产开发投资增速略降，分别为 7.8% 和 15.0%。总的来看，第三季度出口和房地产开发投资增速可能放缓，消费、制造业投资和基础设施投资持续恢复，宏观经济整体保持平稳。

（二）社融收敛态势有所放缓

2021 年上半年社会融资规模增量累计为 17.74 万亿元，比上年同期少 3.13 万亿元人民币。不过，从 6 月的数据来看，社融持续收敛的态势有所放缓。6 月新增人民币贷款 2.32 万亿元，同比多增 4131 亿元，是社融超预期的主要贡献项，企业融资需求不弱，中长期融资增量明显较高；企业债券融资 5 月净减少 1336 亿元，6 月为多增 3702 亿元，政府债券净融资 5 月为 6701 亿元，6 月为 7475 亿元。企业债和政府债券规模虽有所增长，但高基数影响下对社融形成拖累。随着政府债券发行规模的提升，政府债券对社融的拖累将逐步减弱。7 月 15 日，中国人民银行降准 0.5%，释放资金近万亿元，再次向市场确认流动性合理充裕的政策指引，流动性在一段时间内大概率仍将保持中性。

（三）行业监管政策有利于中国长远发展

在党的十九届五中全会、中央经济工作会议中，中央明确要求要强化反垄断和防止资本无序扩张，切实防范风险。监管政策是促进行业规范健康发展、维护网络数据安全和保障社会民生的重要举措，并非是针对相关行业的限制和打压。7月27日，国务院副总理刘鹤也专门表示："一个普遍的规律是，中小企业发展得好的地方，经济都很好。充满活力的中小企业，多样性、差异化的经济生态，是我国经济韧性最重要的保障。因此，我们要坚决支持中小企业的发展。"监管政策着眼经济社会长远发展，是未来行业健康发展的基础。

三、美联储政策收紧是目前最大的不确定性影响因素

当前，国内信用环境仍然错综复杂，美联储政策收紧是最大的不确定性影响因素，警惕成长面临回调的风险。

（一）国内流动性合理充裕但信用环境错综复杂

2021年5月初，市场曾有观点认为当月市场流动性会偏紧，利率波动性增强。中国人民银行主管的《金融时报》发表评论指出，市场主体无须对流动性产生不必要的担忧，更不宜以没有根据的猜测去预测流动性"收紧"和"波动"以及央行政策取向。不过，在政府去杠杆的条件下，投资者风险偏好降低，信用环境仍然错综复杂。一方面，AA级以下等级的产业债融资规模持续收缩；另一方面，优质城投债收益率保持低位，出现"缺资产"的抢券行为，而风险较高城投债成交趋于寡淡，市场割裂显现较为明显。

（二）美联储缩减购债规模将产生负向冲击

美联储2021年6月的会议纪要出现偏"鹰"的表态，美元指数走强，年底Taper的可能性较大。7月利率决议中，美联储深入讨论缩债的时间、节奏和构成。从中美货币政策协调来看，据天风证券的统计，2015年"811汇改"以来，中美货币当局在政策利率调整方面存在着较高的一致性，体现了央行本外币协调的一面。同时，央行通过数量型工具引导DR007走向，体现以我为主的工作基调，使中美利差呈现出高低起伏的变化。美元指数与A股呈现负相关关系，美联储货币政策收紧将对国内资本市场产生负向冲击，仍是当前影响市场的最大不确定性因素。

（三）警惕成长股面临回调的风险

2021年春节后，以锂电池、新能源汽车、医美、医药研发及生产外包为首的高景气度成长行业走行情较为强势。Wind编制了宁组合指数（8841447. WI），包含宁德时

代、隆基股份、药明康德、爱美客等 25 只成分股。从第二季度主动权益基金季报情况来看，根据国信证券的统计，超 1000 只偏股基金将宁德时代作为重仓股，相较第一季度数量将近翻倍。此外，药明康德、隆基股份重仓基金数量均超 500 家，亿纬锂能、韦尔股份、爱尔眼科、汇川技术、比亚迪重仓基金数量超 200 家。从本质上来看，本次成长股上行是以全球货币政策宽松、国内经济持续稳定为基础，若外部政策环境收紧、经济增速放缓，则高估值成长股则面临回调风险，值得警惕。

（执笔人：杨晓东）

信托公司现金管理类产品的竞争力及内在要求*

近年来，现金管理类信托产品越来越受到行业的重视，资金信托新规的发布和监管对持续压降融资类业务的要求也进一步加速了现金管理类产品的发展。相对于传统信托产品而言，现金管理类信托产品还处于初步发展阶段，未来仍亟须破除发展障碍，抵御发展挑战，不断提高产品的竞争力和业务优势。

一、信托公司现金管理类产品的发展情况

信托公司现金管理类产品目前并无统一的监管定义，实践中一般是指期限较短（包括每日开放、短期定开等）的底层资产主要投向货币工具、标准化债权资产的信托产品。

（一）多家信托公司已推出现金管理类产品

早期代表性的现金管理类信托产品是上海信托的现金丰利集合资金信托计划，成立于2006年2月，至今已运行15年。信托公司初期现金管理类产品部分投资非标资产，但2014年后根据监管要求已主要投向货币类资产、标准化金融产品。近两年来，投向标准化债权金融产品的现金管理类信托产品也大量出现。目前，全行业大约有30家信托公司已推出了现金管理类产品，尤其是证券投资信托业务居于行业前列的几家信托公司的现金管理类产品均已达到了一定的业务规模，综合实力较强的中航信托、上海信托的现金管理类产品规模居于行业前列。

（二）现金管理类产品是信托公司转型的重要方向

近年来，监管不断要求信托公司压缩融资类业务，倒逼信托公司提高投向标准化资产、权益类资产的规模和占比，资金信托新规对非标债权类集合资金信托业务规模也进行了比例限制，信托公司亟须开展标准化投资业务。现金管理类产品风险较低，且收益相对稳定，尤其是该类产品既能够满足客户产品到期投资空档期内的理财需求，增强客户的黏性，又可以通过“标+非标”业务策略投资拥有非标合作经验或正在合作的交易对手发行的债券，补充信评短板，还可以促进拥有相关业务资格的信托公司的债券分销业务、资产证券化业务的开展，因此发展现金管理业务成为信托公司加速净值化、标准化转型的现实选择。

---

* 本文写于2021年3月18日。

二、信托公司现金管理类产品的主要竞争力分析

（一）信托公司现金管理类产品具备一定的竞争优势

1. 现金管理类信托产品对比传统集合资金信托产品的差异化优势

一是现金管理类产品大多起投金额较低。市场上部分现金管理类信托产品为 30 万元起投，远低于传统信托产品 100 万元甚至 300 万元的投资门槛。二是现金管理类产品期限灵活且普遍较短。目前市场中的现金管理类信托产品期限包括每工作日开放、每周开放、每月开放等多种，为拥有短期理财需求的客户提供了更多选择。三是产品的安全性更高。现金管理类信托产品的风险等级多为 R2，有效满足了低风险偏好客户的需求。四是底层资产为标准化资产或标准化产品，有利于系列化发行，进一步积累更多的客户数量。

2. 现金管理类信托产品对比其他现金管理资管产品的差异化优势

一是收益率方面拥有一定的比较优势。目前，市场上发行的现金管理类信托产品年化收益率较同期货币基金一般高出 50～100bp，具有一定的市场吸引力。二是产品运作更为灵活。相较于货币基金，现金管理类信托产品在投资范围、投资集中度要求、估值核算要求等方面遵循资管新规和《信托公司集合资金信托计划管理办法》等监管要求，并无过多监管限制。

（二）信托公司现金管理类产品仍然面临一定挑战

1. 资管行业现金管理类产品竞争激烈

资管行业现金管理类产品市场竞争十分激烈，不但参与机构众多，而且部分机构的产品已形成较大规模。一是公募基金管理公司管理的货币基金产品，截至 2021 年 1 月末共 332 只货币基金，合计资产净值已达到 8.26 万亿元；二是银行及其理财子公司管理的现金管理类理财产品，据中国光大银行测算，规模或已突破 7 万亿元；三是券商资管管理的货币类及类资金池大集合产品，据媒体报道已有逾千亿元完成公募化改造；四是养老保险公司及养老金管理公司管理的个人养老保障理财产品，据媒体报道规模已逾万亿元。

2. 私募属性客观上带来一定挑战

信托公司的现金管理类产品发展较为缓慢，与其私募属性有一定关系。一是私募属性提出了合格投资者要求，投资门槛较高；而其他现金管理类资管产品绝大多数为公募产品，均面向不特定社会公众，投资门槛也远低于信托产品。二是税收政策差异。公募基金享有分红及买卖股票及债券差价免税等多项税收优惠，因此机构投资者与公

募基金的合作空间很大。就货币基金而言，银行投资货币基金、货币基金投资银行同业存单的配合空间巨大，这也是近年来银行与公募基金合作委外业务强劲增长的重要原因。三是产品杠杆不同。截至2020年年末，货币基金平均杠杆率为106.09%，银行及其理财子公司理财产品平均杠杆率为111%。相较而言，现金管理类信托产品并未普遍通过加杠杆增厚收益，这在客观上也加大了流动性管理的难度。

3. 信托公司开展现金管理业务的基础能力仍有不足

除外部原因外，信托公司现金管理类产品的发展，受制于自身能力、人员、系统不足等自身问题，同样面临转型标品信托业务的发展“瓶颈”。现金管理类业务仍然属于投入较大、起步困难的业务，需要相当的战略定力和持续的公司支持。

三、信托公司提升现金管理类产品竞争力的内在要求

现金管理类信托产品作为不少信托公司净值化、标准化转型“打头阵”的产品，为能够顺利度过高投入低产出的发展初期，并最终平稳发展成为标品信托业务乃至信托业务的重要支撑，仍要在产品设计、风险防控等方面努力提高产品竞争力。

一是要提高产品设计能力。为实现产品的顺利、持续募集，以及为流动性管理做好保障，现金管理类信托产品的主要产品要素，包括起投金额、期限、收益率等应有一定的平衡并具备亮点。例如，争取适当使用杠杆以增厚收益使产品的收益率具有一定优势，保持针对个人投资者较低的起投金额以降低流动性管理压力，采取线上自助等极为便捷的申赎以提供更好的用户体验等。

二是要提高底层资产的投研能力。近年来信用风险多发对信托公司债券投资提出了更高的要求。信托公司现金管理类产品在保持一定的收益率优势下，应尽可能分散投资，对拟投信用债进一步提高信评要求。

三是要提高产品风控能力。现金管理类产品的管理，最为主要的两大风险为流动性风险和信用风险。对于流动性风险，应保持资金端的高度分散，以及配以部分自有资金支持等措施以应对大额赎回，以同时促进沉淀资金的增加从而增加较低流动性资产的配置并提高产品收益；对于信用风险，应加强对底层资产的投研、信用跟踪和提高标债资产的风险处置能力。

四是要提高运营管理的专业水平。现金管理类产品的运营管理较传统信托产品的要求更高，信托公司开发搭建现金管理类业务系统，既要适应现金管理类产品发行成立、交易、估值清算方面高质量的系统协同和支持要求，也要实现与投研、风控更紧密地结合。

（执笔人：崔继培）

当前现金管理类产品收益下行影响因素与应对思路*

2021年年初以来，虽然市场流动性环境较为友好，但现金管理类产品收益持续走低。短期来看，市场对紧信用的担忧、产品管理策略的趋同是导致现金管理类产品收益走低的主要因素。长期来看，利率下行趋势下，现金管理类产品收益可能进一步走低。在业务转型的背景下，信托公司需积极调整现金管理类业务定位，以组合投资拓展业务边界、不断提高服务水平等方式提高产品竞争能力。

一、现金管理类产品收益持续走低

2021年年初以来，市场流动性合理充裕，资金价格处于合意水平，但信托公司、银行理财和货币基金等现金管理类产品收益持续走低。

（一）当前流动性仍保持合理充裕

在新冠肺炎疫情的影响下，国内经济复苏基础尚不稳固。保持宏观政策连续性、稳定性和可持续性，不急转弯是当期宏观调控政策的主基调。在货币政策方面，稳健的货币政策保持流动性合理充裕，强化对实体经济、重点领域、薄弱环节的支持。3月以来，国内各项经济数据虽表现较为亮眼，但央行每周的流动性投放较为平稳，未出现过松或过紧的迹象，当前市场流动性保持合理充裕（见图1）。

（二）市场利率处于合意区间水平

从市场长短期的利率情况来看，10年期国债到期收益率由3月的3.26%小幅下行至当前的3.06%，下行20bp（见图2）；短期利率DR007在2021年1月28日冲高至4.83%后也出现下行趋势，处于2.0%左右的波动区间（见图3）。中国人民银行行长易纲曾表示，中国货币政策始终保持在正常区间，工具手段充足，利率水平适中。广义货币（M2）同比增速在10%左右，与名义GDP增速基本匹配。虽然近期大宗商品价格上行，但货币政策有较大的调控空间保持稳定。

* 本文写于2021年5月27日。

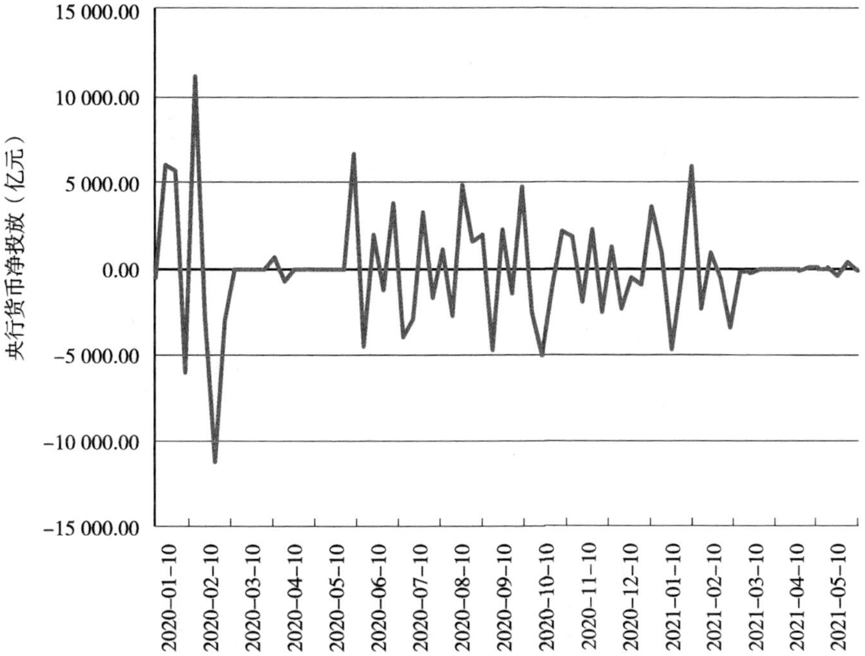

图1　央行货币净投放

数据来源：Wind，中诚信托投资研究部整理。

图2　10年期国债收益率走势

数据来源：Wind，中诚信托投资研究部整理。

（三）现金管理类产品收益持续走低

在流动性保持合理充裕，市场利率水平处于合意区间的情况下，“永煤事件”的影响逐步消退，信用债到期收益率水平也有一定下行。以1年期企业债为例，评级为AAA、AA+和AA的到期收益率较2020年12月4日的高点分别下行57.16bp、

68.22bp 和 52.22bp，中高等级信用债相对下降幅度更大（见图 4）。不过，从信托公司现金管理类产品收益却出现下行。以市场上较为成熟的一款产品为例，该产品年化收益水平由年初的 3.46% 下降至当前的 3.15%，降幅为 31bp。其他理财方面，银行理财和货币基金也同样出现了 30～50bp 不等的降幅。

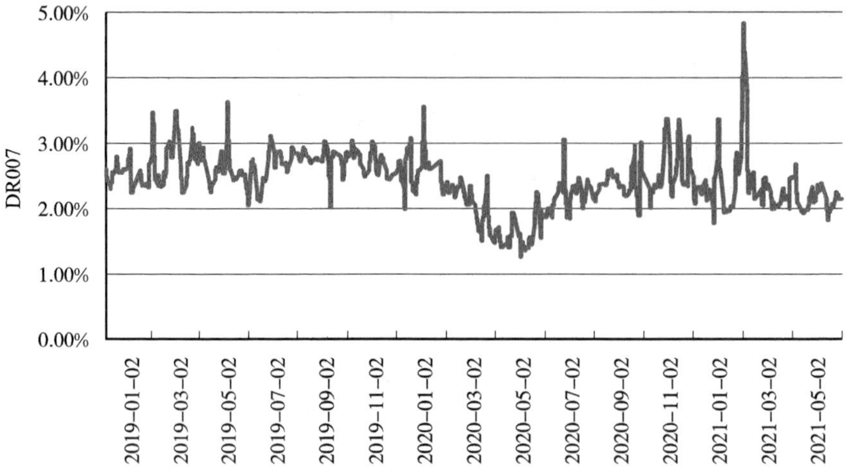

图 3　DR007 走势

数据来源：Wind，中诚信托投资研究部整理。

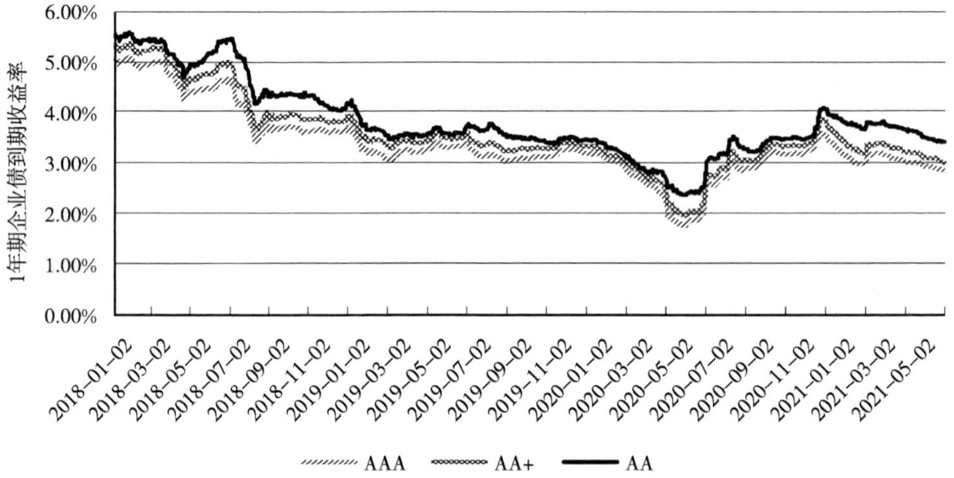

图 4　1 年期不同信用等级企业债到期收益率走势

数据来源：Wind，中诚信托投资研究部整理。

二、现金管理类产品收益下行的原因分析

短期来看，紧信用仍是市场的主要担忧，资管机构业务策略趋同难以体现差异化。长期来看，长期利率下行将压制收益水平。

（一）紧信用仍是市场的主要担忧

受应对疫情特殊政策退出的影响，紧信用下企业净融资减少触发信用风险仍是当前市场的主要担忧，造成高信用等级、短久期标的交易过度拥挤。以 4 月新增社融为例，社会融资规模增量为 1.85 万亿元，比上年同期少 1.25 万亿元，比 2019 年同期多 1797 亿元。其中，新增人民币贷款、信托贷款、未贴现票据和企业债等均出现较大下行。对实体经济发放的人民币贷款增加 1.28 万亿元，同比少增 3399 亿元；信托贷款减少 1328 亿元，同比多减 1351 亿元；未贴现的银行承兑汇票减少 2152 亿元，同比多减 2729 亿元；企业债券净融资 3509 亿元，同比少 5728 亿元。虽然当前市场并未出现较大的信用风险事件，风险偏好有所提升，但 6 月仍面临一定的考验。

（二）现金管理类产品逐步趋同难以差异化

随着现金管理类产品规模的扩大和逐步规范，产品日渐趋同，难以差异化。从投资范围来看，主要为债券回购、中央银行票据、同业存单，剩余期限在 397 天以内的债券等；从策略来看，金融机构提升现金管理类产品收益水平主要采取杠杆策略、久期策略和信用下沉三种方式。2019 年 12 月 27 日，中国人民银行、中国银保监会发布了《关于规范现金管理类理财产品管理有关事项的通知（征求意见稿）》，（本文以下简称《征求意见稿》）对银行及其理财子公司的“现金管理类理财产品”做出了明确的定义，并将监管标准一步到位收紧至与货币市场基金基本一致。未来，市场上的现金管理类产品趋同将不可避免。

（三）长期利率下行压制收益水平

长期来看，随着人口出生率下降和经济增速放缓，长期利率也将呈逐步下行趋势。根据《征求意见稿》的要求，在未来的现金管理类产品组合中，高主体信用评级、高流动性的资产价格也将随长期利率和市场需求不断下行，而资产支持票据（Asset - Backed Medium - term Note，ABN）、非公开定向债务融资工具（Private Placement Note，PPN）等高收益品种不符合“高流动性”的要求，能否持有存在不确定性。总的来看，长期利率下行将压制现金管理类产品收益水平。

三、信托公司现金管理类产品收益下行的应对思路

现金管理类产品风险低、收益相对稳定，是近年来信托公司业务转型的重点业务领域，信托公司可通过积极调整业务定位，以组合投资拓展业务边界、不断提高服务水平等方式提高产品竞争能力。

（一）积极调整现金管理业务定位

一般来说，信托公司现金管理类产品年化收益率较同期货币基金高出 50 ~ 100bp，

具备一定的市场吸引力。相较于传统100万元的投资门槛，现金管理类产品大多起投金额较低，市场上部分现金管理类信托产品为30万元起投。信托公司可将该类产品一方面定位于客户导流，吸引新的客户加入，在建立一定信任后向其他产品引流；另一方面定位为原有客户的维护，满足客户产品到期投资空档期内的理财需求，增强客户的黏性。

（二）以组合投资拓展业务边界

现金管理类产品的优势在于安全性高、流动性好，但劣势在于收益偏低。随着资管市场竞争日趋激烈，单一的产品愈发难以满足客户需求。信托公司可在组合投资中纳入现金管理类产品，拓展业务边界，通过现金管理类产品与股票多空对冲、股票多头、市场中性、事件驱动、CTA、债券等多方位策略的组合构建不同的风险收益组合，在宏观经济波动的情况下，组合投资产品不同的策略组合可形成不同的产品结构，满足不同投资者的风险偏好和收益要求，构建差异化竞争力。

（三）不断提高服务水平

除收益要求外，现金管理类产品操作较为频繁，信托公司开展现金管理类产品还需不断提升服务水平，提高用户体验。现金管理类业务系统既要在运营方面适应产品发行成立、交易、估值清算方面高质量的系统协同和支持要求，也要加大对手机App等财富端软件建设的力度，提升客户申购、赎回的便利程度，提升客户体验等。

（执笔人：杨晓东）

当前信托公司债券投资信托业务发展的主要特点*

受监管引导、传统业务受限等的影响，在行业信托资产规模下降的情况下，开展债券投资业务的信托公司越来越多，债券投资信托增长势头良好，并呈现出一定发展特征。

一、业务规模持续增长

一是自2020年以来债券投资信托业务规模余额持续增长，规模占比不断提高。一方面，2020年以来，信托业资金信托余额中直接投向债券领域的规模止跌回升，至2021年第一季度末已保持连续五个月增长，规模余额达到1.59万亿元，规模占比也回升至9.94%（见图1）。另一方面，近十年来，除个别时间段外，债券投资也是信托公司证券投资信托业务中规模最大、占比最高的业务（见图2）。

二是债券投资信托业务发展的驱动因素较为明确。第一，监管部门对融资类信托的压降，驱动信托公司加大投资类业务开展力度，尤其是市场容量和潜力巨大的债券投资业务。第二，信托市场的结构性变化，驱使信托公司寻找新的业务空间。受城投、地产融资受限的影响，信托公司再一次面临结构性资产荒的局面，未来的信托资产配置也必将加大债券投资比例。

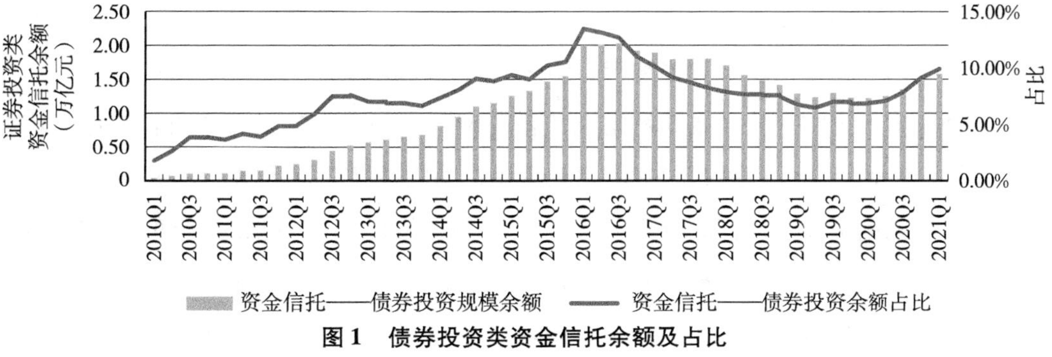

图1　债券投资类资金信托余额及占比

数据来源：中国信托业协会。

---

* 本文写于2021年7月8日。

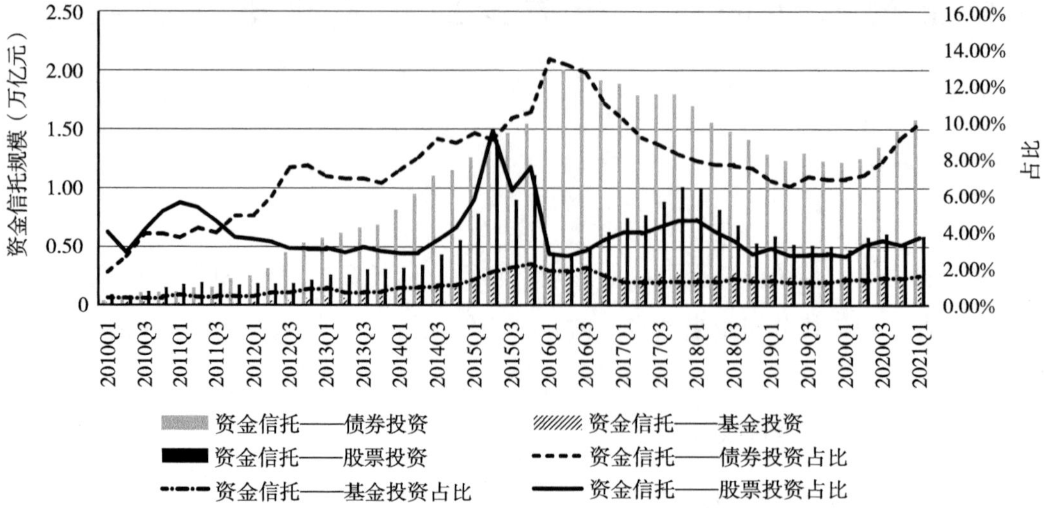

图 2　债券、股票、基金类资金信托规模及占比

数据来源：中国信托业协会。

二、产品系列更加丰富

一是现金管理类产品或类现金管理产品。由于较市场同期货币基金收益高出 50 ~ 100 bp，信托公司开展的以债券为重要基础资产的现金管理类产品受到市场的欢迎，目前已成为信托公司的优势产品。尤其是在《征求意见稿》发布实施后，市场上银行理财发行的现金管理类产品的收益也将受到与货币基金同等的底层资产评级、久期等监管限制，产品收益或将逐步下行并趋同于货币基金，信托公司的现金管理类产品的收益优势将进一步凸显。受益于此，现金管理类产品也是信托公司债券投资乃至标品投资起步和发展的重点。据调研，部分信托公司现金管理类产品已经实现了一定的业务规模，有的信托公司现金管理类产品的规模超过 500 亿元。

二是纯债型固收产品，尤其是定开债基或期限不超过 1 年的债券投资产品。信托公司发行的纯债型固收产品，如封闭期较短则视为收益高于货币基金的现金管理工具，如封闭期较长则采取加杠杆和资质下沉等方式获得较高票息，其市场竞争力较为明显。当前信托公司大力发展债券投资业务，采取了从公募基金、券商招聘人才的策略，重点发展学习、模仿定开债基产品的纯债固收产品。部分信托公司在纯债固收产品领域已经取得了明显的业务进展。

三是“固收 +”类产品或固收增强型产品。“固收 +”类产品作为标品市场一类穿越牛熊的成熟产品，是信托公司在标品信托领域发力时努力平衡风险和收益的一类选择，希望实现“稳定打底 + 收益增强”的产品收益效果。不少信托公司已经在模拟或初步尝试“固收+”类产品。不过由于“固收+”类产品对投研要求更高，相对投入较大，所以部分信托公司起步时会通过TOF等组合投资产品培养并提升主动投研能力。

三、管理方式更加侧重于主动管理

一是主动管理类债券投资信托规模快速增长。由于资管新规拉平了各类资管产品的杠杆水平，同时限制了公募银行理财资金的投资范围，叠加近年来限通道、去杠杆、去嵌套等监管要求，新增结构化债券投资信托大幅减少，因此新增事务管理类债券投资规模大幅减少。在债券投资信托规模整体增长的情况下，这也侧面说明主动管理类债券投资信托规模实现了更快的增长。

二是信托公司大力提升债券投资业务的主动管理能力。自2020年以来，信托公司相关招聘的岗位和人才需求均偏向标品投资及股权投资等业务，包括研究员、信评人员、投资经理、交易员、估值清算人员等，拥有券商、基金从业经验优先，部分信托公司甚至停止招聘传统信托业务人员，仅招聘标品业务人员。在人员招聘结构中，具有债券投资经验的人员普遍得到了更多重视。此外，信托公司还通过加强系统建设、搭建组织架构、转变业务流程等方式提升在债券投资方面的主动管理能力。

四、资金来源更加多元

一是债券投资信托产品来源于高净值个人客户和企业客户的资金占比显著提升，主要是得益于债券投资信托业务转向平层模式和主动管理方式，以及信托公司大力开展财富管理业务的战略导向。目前，债券投资信托产品发行分为直销和代销两类，客户类型主要覆盖高净值个人客户、非金融企业客户、银行自营资金、银行理财资金等。大部分信托公司的现金管理类产品主要采取直销方式，资金来源主要为高净值个人客户和非金融企业客户；纯债固收产品涉及代销比例高于现金管理类产品，TOF类产品则涉及代销比例较高，代销中资金最终来源主要为高净值个人客户，但是各信托公司纯债固收产品和“固收+”类产品资金渠道来源差异较大，部分信托公司以直销为主，部分则以代销为主。例如，现金管理类典型产品上海信托现金丰利，资金来源全部为直销，平安信托现金管理类产品资金来源八成为直销；华润信托TOF类债券投资产品，资金来源约九成为代销，而国投泰康信托的TOF类债券投资产品则全部为直销。

二是债券投资信托产品来源于银行理财资金的资金占比大幅下降。根据《关于进一步明确规范金融机构资金管理业务指导意见有关事项的通知》的要求，公募银行理财主要投资标准化债权类资产和上市交易的股票，尽管还可以适当投资非标，但由于必须满足资管新规要求的非标投资期限匹配等要求，事实上公募银行理财尤其是开放式理财产品投资非标已难以操作。与此类似的，近年来事务管理类银信理财合作已大幅减少。

五、困难与挑战依然存在

一是主动管理能力仍需大力提升，业务开展的成本较高、难度很大。信托产品的重要优势是灵活，包括产品设计和投向灵活等；信托公司的优势是长期耕耘地产、政信等重要业务领域，积累了该领域的行业经验。但与公募基金、券商相比，大部分信托公司在标品业务领域的主动管理业务才刚刚起步，在业务积累、产品积累、人才积累、客户资源积累等方面与公募基金和券商相比尚存在很大差别。与此同时，债券投资产品本身收益偏低，同时由于私募属性、尚难以杠杆运作、未能享受免税等，所以债券投资信托业务的开展难度很大。

二是部分债券投资信托业务模式出现异化。由于面临不平等的展业机会、激烈的红海市场竞争，所以信托公司在标品市场发力困难重重。在此背景下，为了保障非标业务的发展，部分信托公司的债券投资信托业务也出现了一定程度的异化，例如将传统的政信业务改造为政府平台私募债投资项目模式等。目前，已有地方银监局注意到了这一问题，明确“对单个信托项目定向发行的私募债投资”不属于投资类项目。据调研，该类业务实际开展难度较大，主要是综合实力较强区域发行的城投债收益与传统信托投资人预期匹配度较差，投资人接受度较低所致。

三是债券市场投资难度加大。近年来债市违约多发，尤其是意外违约增多，且近期评级下调频繁，市场普遍预期还远未及风险出清。尽管 2020 年 5 月以来债市经历利率上升、意外违约风波等，但由于资金面整体宽松，信用债普遍情绪较强，市场信用利差收窄，相关信用债的收益率继续下行。叠加新冠肺炎疫情后宏观经济的复杂性，整体来看，债券配置和交易的难度进一步加大。

（执笔人：崔继培）

城投债信用利差分化及其影响与建议*

截至2021年10月末，我国城投债存量规模达12.6万亿元，在信用债市场规模占比达到30%左右。2021年以来，受监管政策等综合因素影响，城投债市场信用利差区域分化不断加剧，这对城投债投资策略提出了新的要求。

一、近期城投债信用利差分化特征

（一）区域利差：分化加剧

一是各省（自治区、直辖市）信用利差加权平均数分化加剧。根据寰擎信息（Dealing Matrix，DM）数据，10月末贵州省、辽宁省、青海省和云南省在各省（自治区、直辖市）区域利差中处于最高位，其近半年走势仍处于上行态势，但大多数省（自治区、直辖市）尤其是信用利差本就处于市场低位的省（自治区、直辖市）则持续收窄（见表1）。

表1　30个省（自治区、直辖市）2021年10月末城投债信用利差及近半年变动

序号	省（自治区、直辖市）	信用利差/bp	近6月变动/bp
1	贵州省	508.51	+2.65
2	辽宁省	448.80	+49.32
3	青海省	403.77	+175.04
4	云南省	379.51	+64.10
5	黑龙江省	311.83	-69.45
6	天津市	263.74	+16.30
……	……	……	……
24	江苏省	80.58	-35.37
25	宁夏回族自治区	78.61	-72.23
26	浙江省	71.62	-3.26
27	福建省	58.46	-11.38
28	北京市	48.37	-4.54
29	广东省	41.00	-9.09
30	上海市	40.17	-6.68

数据来源：DM。

---

* 本文写于2021年11月11日。

二是各省（自治区、直辖市）信用利差中位数分化加剧。根据兴证研究城投债信用利差中位数数据，2021 年以来，除贵州省城投债利差年内持续高企以外，其他省（自治区、直辖市）出现了显著的分化加剧趋势，包括黑龙江省、青海省、辽宁省、云南省、吉林省、天津市在内的多个省（自治区、直辖市）城投债信用利差中位数出现了显著上行，但 2021 年年初已处于低位的广东省、上海市、北京市、浙江省等省（自治区、直辖市）则年内整体处于继续波动下行收窄态势。

三是各省（自治区、直辖市）不同等级的信用利差亦分化较大。根据 Wind 数据，2021 年 10 月末各等级中 AAA 级城投债信用利差最高的省（自治区、直辖市）为云南省（590bp），最低为上海市（42bp）；AA + 级城投债信用利差最高的省（自治区、直辖市）为吉林省（912bp），最低为上海市（67bp）；AA 级城投债信用利差最高的省（自治区、直辖市）为吉林省（859bp），最低为北京市（84bp）。

（二）等级利差：整体下行趋势下 AA + 级下行较多

2021 年以来，各等级城投债信用利差整体处于下行趋势，整体信用利差从年初的 140bp 左右下行至 10 月末的 80bp 左右。其中，从年初至 10 月末整体来看，AA + 级城投债相对下行较多，年内 AAA 级城投债最高和最低的极值差为 60bp，AA + 级则为 74bp，AA 级为 71bp。从下行趋势来看，AA + 级与全体城投债信用利差曲线基本重合（见图 1）。

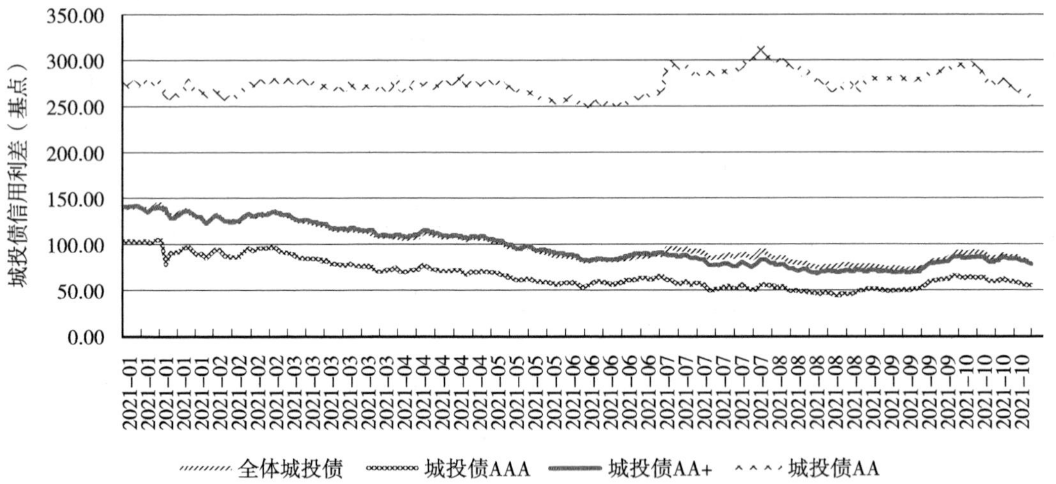

图 1　2021 年 1—10 月不同等级城投债信用利差走势

数据来源：Wind。

（三）期限利差：整体下行趋势下短中期限下行较多

2021 年以来，各期限的城投债信用利差均处于下行趋势，但短中期限相对下行较多（见图2）。具体来看，(0.5，1] 年期城投债信用利差从年初的177bp下行至10月末的76bp左右；(1，3] 年期城投债信用利差从年初的152bp下行至10月末的77bp左右；(3，5] 年期城投债信用利差从年初的105bp下行至10月末的87bp左右；(5，10] 年期城投债信用利差从年初的175bp下行至10月末的122bp左右。极值差角度，(0.5，1] 年期、(1，3] 年期城投债信用利差极值差分别达到101bp和84bp，远高于(3，5] 年的43bp和(5，10] 的65bp。

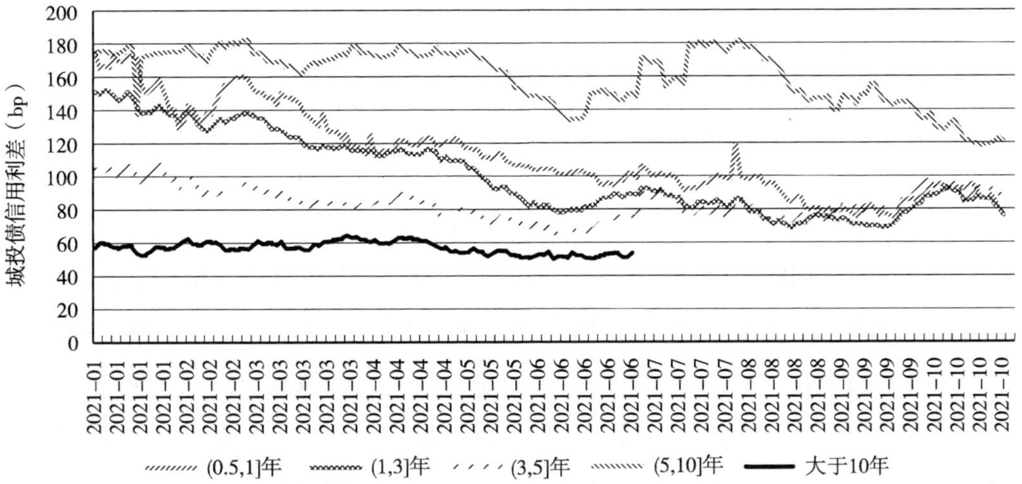

图2 2021年1—10月不同期限城投债信用利差走势

数据来源：Wind。

二、城投债区域利差分化加剧的主要原因

（一）基本面因素：财政实力和发展水平差异

区域基本面是城投债偿债能力的主要体现，财政实力强、经济发展好的区域，城投债存量、发行量均较大，市场认可度高，区域信用利差也因此往往较低。信用利差处于市场低位的上海市、广东省、北京市、浙江省、江苏省等省（自治区、直辖市），经济发展水平和财政实力也居于国内前列。其中江苏省、浙江省作为我国城投债余额最高的两个省份，不但经济发展水平高，财政自给率均在70%左右，亦处于国内前列。

（二）事件性因素：受个别地方国企超预期违约事件的冲击

受2020年年底永煤控股超预期违约的影响，市场担心大型国企违约风险会波及地方城投公司，导致偿债意愿因素对城投债信用利差的影响程度陡增，城投债区域利差快速走阔。随着监管层多次表态严厉打击逃废债，市场利差也在2021年上半年市场利率下行中逐渐修复，城投债整体信用利差有所收窄，但是地方国企、城投非标违约较多的省（自治区、直辖市）仍大幅走阔，加剧区域利差。

（三）政策面因素：2021 年以来从严从紧的监管基调

一是交易所及中国银行间市场交易商协会对城投公司分档审理，对信用资质差、财力较差、债务负担较重的区域可能影响较大，这也进一步加剧了城投债的“信用分层”。二是交易所对公司债审核趋严，导致 2021 年 5 月之后部分弱资质城投由于在交易所发债难度加大因此转向选择发行企业债等募资。三是《征求意见稿》明确要求不得投资于信用等级在 AA + 以下的债券，导致相当一部分市场资金对高等级信用债的投资偏好更加集中，对区域信用利差分化起到了客观影响。四是“15 号文”对地方政府隐性债务实施强监管，市场对弱资质区域城投债的认可度有所下降。

（四）市场性因素：资金避险情绪浓厚

2021 年以来，随着市场资金面和市场利率的变化，资金的避险情绪也更加浓厚，市场对强区域城投债的“抱团”更加剧烈。一是受现金管理类理财新规的影响，市场资金开始减配 AA + 以下的债券。二是 2021 年以来，在非标受限、信贷管控及非预期全面降准等情况下，上半年中短端利率出现下行，但理财净值化的推进等，导致 9 月后短端利率上行较快，为稳定净值，大量市场资金转向低风险、高等级债券。三是宏观经济增速放缓压力较大，叠加局部地区新冠肺炎疫情反复、下半年以来民营房企风险暴露等，也打击了市场资金的风险偏好，资金避险情绪浓厚。

三、城投债区域利差分化的主要影响

（一）导致新发行城投债区域分化进一步加剧

发行规模分化方面，2021 年 1—10 月发行规模最大的江苏省甚至达到 1. 22 万亿元，而发行规模最低的宁夏回族自治区则仅有 33. 90 亿元。发行成本分化方面，2021 年 1—10 月发行成本最高的黑龙江省达到 6. 67%，辽宁省、青海省等省也超过 6%，而最低的上海市仅为 3. 3%（见表 2）。发行期限分化方面，年内弱区域新发行城投债期限趋短，短融、超短融占比不断提高。发行品种分化方面，年内新发行城投债更加集中于中票、短融、超短融等品种，且弱区域私募债占比更高。

表 2　各省（自治区、直辖市）2021 年 1—10 月城投债新发行情况

省（自治区、直辖市）	期间发行额/亿元	发债数	发债主体数	发行平均票面
江苏省	12 185. 06	2065	413	4. 35%
浙江省	6 001. 39	777	298	4. 17%
山东省	3 104. 50	398	135	4. 45%

续表

省（自治区、直辖市）	期间发行额/亿元	发债数	发债主体数	发行平均票面
四川省	2 654.95	351	130	4.75%
湖南省	2 225.61	285	102	4.68%
江西省	2 102.61	257	74	4.40%
广东省	1 921.60	191	43	3.47%
重庆市	1 902.13	255	81	5.03%
湖北省	1 898.50	228	81	4.15%
安徽省	1 620.57	218	74	4.52%
北京市	1 415.76	111	28	3.45%
福建省	1 351.70	208	57	3.88%
天津市	1 319.60	146	21	5.19%
河南省	1 127.67	171	53	4.68%
广西壮族自治区	886.68	127	36	5.59%
上海市	804.90	88	36	3.30%
陕西省	725.30	80	35	4.51%
云南省	665.15	84	26	5.32%
新疆维吾尔自治区	498.95	81	25	4.49%
贵州省	473.94	59	25	5.17%
山西省	473.10	54	11	4.29%
河北省	399.31	62	24	4.90%
吉林省	160.96	18	10	5.88%
甘肃省	152.00	20	7	4.62%
西藏自治区	75.00	5	1	4.00%
辽宁省	54.50	10	8	6.31%
黑龙江省	52.10	7	5	6.67%
海南省	40.00	5	4	4.31%
内蒙古自治区	40.00	6	3	5.11%
青海省	39.10	6	2	6.25%
宁夏回族自治区	33.90	10	4	5.18%

数据来源：Wind。

（二）区域之间净融资额分化进一步加剧

强区域城投债“抱团”趋势不断演化，各省（自治区、直辖市）城投债净融资额分化与区域利差分化趋势保持高度一致。2021 年 1—10 月，各省（自治区、直辖市）城投债净融资额最高的江苏省达到 5050 亿元左右，而净融资最低的天津市，2021 年以来净融资为 -1093 亿元。分档来看，净融资超过 1000 亿元的共有 6 个省，普遍为经济实力强或较强，且信用资质较好的区域，分别为江苏省、浙江省、山东省、四川省、湖南省和江西省，净融资额处于300 亿 ~ 1000 亿元的共有 8 个省（自治区、直辖市），净融资额处于 0 ~ 300 亿元的共有 10 个省（自治区、直辖市），而净融资额为负的共有 7 个省（自治区、直辖市），均为经济发展水平排名靠后或信用资质较弱的区域，分别为宁夏回族自治区、甘肃省、内蒙古自治区、黑龙江省、云南省、辽宁省和天津市（见表 3）。

表 3　各省（自治区、直辖市）2021 年 1—10 月城投债净融资情况

省（自治区、直辖市）	发行金额/亿元	发行数量/只	兑付金额/亿元	兑付数量/只	净融资额/亿元
江苏省	12 205.06	2067	7 155.37	1353	5 049.69
浙江省	5 989.39	776	1 917.52	363	4 071.87
山东省	3 109.50	399	1 138.04	196	1 971.46
四川省	2 638.45	348	1 423.89	249	1 214.56
湖南省	2 209.01	283	1 066.14	210	1 142.87
江西省	2 172.61	261	1 057.09	159	1 115.52
广东省	1 921.60	191	988.49	111	933.11
重庆市	1 902.13	255	1 145.91	195	756.22
安徽省	1 627.97	220	926.27	177	701.70
湖北省	1 703.50	220	1 039.86	212	663.64
福建省	1 351.70	208	721.29	151	630.41
河南省	1 127.67	171	599.58	99	528.09
上海市	745.10	81	312.43	47	432.67
广西壮族自治区	886.68	127	572.69	104	313.99
北京市	1 515.76	117	1 313.45	100	202.31
贵州省	465.12	55	300.17	62	164.94
陕西省	725.30	80	575.30	67	150.00

续表

省（自治区、直辖市）	发行金额/亿元	发行数量/只	兑付金额/亿元	兑付数量/只	净融资额/亿元
新疆维吾尔自治区	498.95	81	360.92	71	138.03
河北省	399.31	62	278.28	46	121.03
山西省	473.10	54	416.34	50	56.76
吉林省	160.96	18	119.30	14	41.66
西藏自治区	75.00	5	45.00	4	30.00
海南省	40.00	5	11.53	1	28.47
青海省	39.10	6	36.00	6	3.10
宁夏回族自治区	33.90	10	37.20	9	-3.30
甘肃省	152.00	20	156.15	25	-4.15
内蒙古自治区	40.00	6	49.23	14	-9.23
黑龙江	52.10	7	63.00	20	-10.90
云南省	665.15	84	677.48	83	-12.33
辽宁省	54.50	10	141.57	41	-87.07
天津市	941.60	113	2 035.00	188	-1 093.40

数据来源：Wind。

（三）弱资质地区中低评级城投债评级下调更为突出

据中诚信国际研究院统计，2021 年前三季度共有 42 家城投平台发生信用评级调整，方向以下调为主，且触发下调的主要因素包括地区整体信用状况及融资环境恶化、主营业务回款恶化、营业收入及货币资金规模持续减少、应收类款项及受限资产占比较高、对外担保存在一定或有风险、涉及较多债务履约纠纷等。

四、城投债区域利差分化趋势下的投资策略建议

（一）短期内建议对区域和主体坚持留强汰弱

短期内城投债的区域分化或将继续。2021 年以来，监管方面出台了一系列的政府债务相关监管政策，以规范地方城投融资、严控地方政府债务风险为出发点，但其对高负债、弱资质城投形成的逆向约束，反而加剧了城投区域利差分化，并进一步影响到城投债发行和净融资的分化。尤其是部分弱区域的地方政府拟出清僵尸平台，而强区域如广东等则发行长久期、低成本地方政府债券偿还隐性债务的行为，也进一步加剧了市场对城投债区域分化加剧的预期。

因此，在城投债投资策略上，在区域和主体的选择方面建议短期内坚持留强汰弱，同时近期倾向于规避弱区域，选择短中期中高等级城投债，规避非标违约区域及主体，规避土地流拍较多、与房地产绑定较深的区域。

（二）建议持续加强对负债端的管理

近期市场的态度仍未改变。在政策维持收紧，货币全面宽松未能兑现，加之理财整改、通胀预期，以及外围市场美国退出 QE 的综合影响下，市场资金仍然趋于避险。

因此，基于负债端是投资和配置的起点，管理好负债端也是债券投资的持续性工作。近期市场仍面临银行理财整改等短期压力，建议注意利率波动对净值波动和资金面风格的影响，加强对资金风险偏好的分析和判断，以及加强对投资者预期及流动性风险的管理。

（执笔人：崔继培）

对近期信托公司债券投资业务的策略展望*

2021 年 12 月，中央经济工作会议提出 2022 年经济工作要“稳字当头”，要求货币政策灵活适度并保持流动性合理充裕，政策发力适当靠前，并提及依法加强对资本的有效监管。2021 年 12 月 15 日，中国人民银行实施了全面降准，债券市场发展形势面临新变化。对于信托公司而言，债券投资业务是重要的转型业务之一。信托公司债券投资业务存在组合管理、负债端成本较高、久期偏短等特征，当前宏观形势对未来一段时间信托公司债券投资策略产生一些特定影响，基于此，我们对未来半年的债券投资策略进行了展望。

一、更加关注组合投资中的强化票息和适度拉长久期策略

适度宽松的货币政策和资金暂时的结构性欠配将引导利率中枢短期小幅震荡下行，预期 2022 年上半年债券市场资金面稳定宽松，需求温和。从杠杆策略来看，宽松的环境将促使资金成本总体下行，但随着利差空间收缩和信用债违约常态化，杠杆套息空间亦逐渐被压缩，2022 年上半年杠杆策略可在组合管理中继续配合使用。

偏宽松的债市环境将促使信用利差整体收缩，资金对高票息安全资产的诉求则将进一步加剧信用分化，高等级信用债收益率中枢或持续下行，利差波动收窄。中尾部主体融资环境边际好转，但信用利差波动则将放大，信用价值挖掘工作愈具挑战。对应到票息策略，建议在中高等级配置为主的基础上略微下调组合信用中枢，通过精准择券把握票息确定性。操作上可加强行业利差挖掘、城投区域信用利差挖掘、中游序列城投主体确定性挖掘、“事件驱动型”机会博弈等。

久期策略方面，信托公司标品负债端成本相对较高，组合以中短久期为主，建议在总体匹配负债端的前提下适当拉长久期，在博得期限利差的同时增厚资本利得。

二、加强城投行业的信用利差和期限利差挖掘

地方政府隐性债务化解进度和效果目前仍存疑，借新还旧的再融资模式仍为不发生系统性风险的最有效方式，地方政府对信用维系意愿强烈。2022 年地方政府以稳经济为首要目标，地方政府专项债投资项目加速启动。作为基建项目重要实施主体，城

---

* 本文写于 2021 年 12 月 17 日。

投作用仍凸显，风险底线思维下系统性出险概率不高。近期融资平台政策或有一定调节空间，但不排除受到预期外商票、非标违约事件等扰动，政策边际收紧。

作为非金信用债占比最大的部分，城投行业2022年上半年利差或总体下行，信用分化趋势延续，期限和等级利差将进一步走阔。从信托公司债券投资来看，配置中枢可适当下移，重点挖掘安全边际相对高的区域AA+主体、经济环境向好或有政策倾向区域（安徽、河南等）地级市主平台、弱区域高层级平台，把握确定性，博取信用利差。同时，流动性较好主体的期限配置可扩至3～5年，博取期限利差。

风险提示方面，仍需警惕尾部城投，规避弱区域的低层级、结构化发行呈扩张的主体，谨防信用风险和流动性风险。此外，信托公司可酌情联动政信类非标业务和相关债券投资业务，有效利用信息优势提升风险识别效果，优化风控效率。

三、把握地产行业的配置时点并关注超跌主体价值挖掘

地产行业政策近期总体边际放松，主体融资环境略有改善，但市场情绪受世茂非标展期和富力债务违约等事件影响有所反复。“稳增长”总基调下，2022年预期内信用风险事件数量将同比下降，但第一季度不排除延续民营地产主体“爆雷”和出清局面，或待第二季度及下半年重启修复。

地产行业估值中枢目前处于偏低状态，故当下可根据公司情况择机布局配置。地产内部主体信用分化仍在加剧，短期可关注自身基本面健康、风险敞口小，因受行业影响而利差上升的超跌民营主体，如龙光控股、旭辉控股等；可同时关注本轮估值随大势下挫，基本面有一定改善空间的地方国企。

风险提示方面，信托公司传统非标业务中地产行业集中度或相对偏高，债券投资时需根据公司风控策略要求酌情进行行业配置，并注意控制主体集中度，谨防超预期风险事件对投资组合净值的冲击。

四、把握好强周期性行业的产品期限配置

2022年煤炭供应端约束或仍偏紧，供需大概率维持紧平衡，行业景气度继续保持较高水平。煤企基本面持续修复，且发债主体以国企为主，风险总体可控，利差空间也将收缩至较低水平。投资可持观望态度，择机配置基本面有改善空间的中流企业，谨慎择券，合理选择产品期限并把握止盈时点。

从钢铁行业来看，减碳调控政策使得上游供给确定性收缩，2022年上半年地产和基建行业边际宽松，叠加汽车、家电为代表的下游制造业景气度抬升，钢铁产能或得到一定释放，但传导具有滞后性。预计钢铁行业2022年上半年将整体维持供需双弱局

面，行业盈利中枢下行，兼并整合持续。下游产品端的需求升级对钢企的研发及产品迭代升级能力提出更高要求，配置方面建议挖掘杠杆适中、产品优化升级表现较好的主体。

五、可适度关注高安全边际和高流动性溢价的信用债品种

从品种挖掘来看，建议关注性价比相对较高的城投企业债。国家发展改革委对募投项目审核相对严格，募投项目质量及还款来源较有保障，但企业债期限普遍偏长，需把握好组合流动性。此外，可适当关注短期限私募债，赚取流动性溢价，但主体选择建议以中高等级发行人为主。

金融去杠杆后信用创造回归银行，银行补充资本压力将持续，银行次级债，尤其是二级资本债安全边际高，仍具有品种溢价，可持有到期获票息，亦可在政策扰动估值回调的时候博弈超额收益，建议把握信用波段机会合理配置。

（执笔人：王冲）

第四部分

信托业务转型创新研究

从信托目的看养老信托业务分类*

随着我国老龄化程度的不断提高，助力养老民生也成为金融服务实体经济、服务人民美好生活的应有之义，养老信托也成为近年来行业关注的重点之一。目前市场已对养老信托进行了一定的探索，对部分业务实践也有所总结。本文拟从信托目的角度分析养老信托业务分类及相应的资源和能力要求，为行业在养老金融领域寻找业务机会提供一定的参考。

一、以养老金保值增值为主要信托目的的养老信托：养老目标信托

以养老金保值增值为主要信托目的的养老信托，可称为养老目标信托，我们可将其归类为养老保障体系第三支柱的一类养老理财产品。

目前，养老理财市场尚处于起步阶段，主要金融机构有了一定的布局。养老理财产品主要包括银行及银行理财子公司推出的养老理财产品、保险公司推出的年金保险产品、公募基金管理公司推出的公募养老目标基金等。根据《中国银行业理财业务发展报告（2020）》，已有多家银行理财子公司推出了各类养老理财产品，例如中银理财推出的“（长三角养老）中银策略·稳富”定期开放式净值型产品，招银理财推出的“招睿颐养五年封闭 1 号”、交银理财推出的“稳享养老 3 年封闭式理财产品”、光大理财的“阳光金颐享”养老主题产品，以及中邮理财的“养老”“抗通胀”主题系列产品等三年封闭式净值型产品等。年金保险产品是人身保险的一种，据统计，2020 年前三季度我国商业养老年金保险保费收入达到 551 亿元，但在人身保险保费中的占比仍然较低。养老目标基金自 2018 年正式推出，近两年发展也较快。截至 2020 年年末，全市场养老 FOF 基金合计规模已达到 500 多亿元，其中中欧预见养老 2035、华夏养老 2045、交银施罗德安享稳健养老等多只养老目标基金产品表现稳健优异，例如华夏养老 FOF 产品截至 2020 年年末年化收益率均超过 15%，华夏养老目标日期 2045 三年持有期甚至超过了 30%。

作为养老理财的一种，借鉴管理长期资金的家族信托业务经验，近年来管理长期资金的信托产品能够实现约 6% 的收益，相较于其他养老理财产品，具有一定的风险

---

* 本文写于 2021 年 2 月 4 日。

收益更为均衡的优势。根据委托人类型的不同，养老目标信托既可以承接机构资金，也可以承接个人资金；既可以作为养老金、企业年金、职业年金的资产配置方向，也可以灵活设计为普惠型个人养老目标信托产品，具体业务可以是养老金信托、类养老金信托、个人养老目标信托等形式。

养老目标信托对信托公司的业务资源和能力基础要求主要表现在业务资格和长期资金管理能力等方面。一是年金信托形式的养老目标信托业务要求信托公司具备投资管理人资格，但是目前尚未有信托公司取得该业务资格。二是承接其他机构和个人养老金的养老目标信托则要求信托公司具备长期资金管理、实现受托资金长期稳定增值的能力。

二、以提供养老服务为主要目的的养老信托：养老服务信托

以提供养老服务为主要目的的养老信托，可称为养老服务信托，目前在实践中主要表现为年金信托、养老消费权益信托、意定监护信托等业务形式。

目前，养老服务市场的主要参与机构是养老服务机构、医疗服务机构、康养机构、养老社区等，其主导方既有政府部门、实体企业，也有部分大型保险公司等金融机构参与。现阶段，养老服务信托主要是利用信托的财产独立和灵活性等功能，发挥信托账户的财产独立、风险隔离、灵活支付优势，为受益人提供资金监管、权益保障、个性化分配等服务。未来，可能会有部分信托公司以养老信托为战略方向，进而进入医疗、康养等养老服务市场。

养老服务信托对信托公司的业务资源和能力基础要求主要表现在业务资源和产业基础等方面。一是开展属于服务信托的年金信托业务，要求信托公司具备相应的受托人和账户管理人资格，目前仅有极少数信托公司拥有该类业务资格。二是开展养老消费权益信托业务。如信托公司与专业服务机构合作，要求信托公司具备一定的养老服务资源基础及相应的养老服务甄别和保障能力；如信托公司深入养老产业自主提供养老服务，则要求信托公司具备专业的养老产业和养老服务能力，能够提供成本可控且质量可靠的养老服务，以及具备整合医疗、康养等养老服务生态资源的能力。三是开展意定监护信托业务要求信托公司履行好对老年人的人身监护和财产管理职责。

三、包含养老保障目的的家族信托：养老型家族信托

以受益人养老保障为主要目的或重要目的的家族信托，可称为养老型家族信托，目前在实践中主要有“先家族信托后养老保障”和“先养老保障后家族信托”

两种。

目前家族信托业务实践中，已有众多委托人通过家族信托规划未来养老的实践案例。在“先家族信托后养老保障”业务模式中，往往会在家族信托中约定对家族成员的未来保障设计，包括受益人晚年领取养老金及享有养老医疗保障等。例如西部信托推出的恒享系列养老保障信托，产品适用于委托人年事已高，希望在未来的生活获得长期、稳定、安全的现金流，而子女对赡养老人存在态度分歧，可能影响委托人的养老生活质量的场景，方案设计为家族信托中委托人及其配偶为第一顺位受益人，委托人及其配偶在世时，每月可获得一笔稳定的养老费，并设置重疾报销等分配条款，确保相关医疗、护理费用得到及时支付，委托人及其配偶过世后，按照一定的规则向第二顺位受益人（其子女）进行分配。“先养老保障后家族信托”业务模式也被业界称为养老金融信托。例如外贸信托与兴业银行2015年合作推出的“安愉人生”养老金融信托，能够发挥财产专属性和安排灵活性双重优势，通过先满足养老、后实现传承的设计，既满足客户的养老保障需求，还能兼顾其财产传承的双重信托目的。

养老型家族信托需要信托公司具备较高的家族信托服务能力，尤其是针对受益人保障养老生活质量需求提供相应的养老金支付、养老费用支付等服务，涉及的管理长期资金并为受益人提供养老所需的稳定、安全现金流的能力。

四、包含公益慈善目的的养老信托：养老公益（慈善）信托

包含公益慈善目的的养老信托，可称为养老公益（慈善）信托。根据《中华人民共和国慈善法》的定义，养老公益（慈善）信托是指包含“扶老”慈善目的的公益（慈善）信托①，目前在实践中主要体现为公益（慈善）信托项目的受资助人或受益人群体为老人。

根据慈善中国网站数据，截至2020年年末，全国已累计备案慈善信托537单，交付信托财产规模达到33.19亿元。其中信托受益人包含老年人的累计达到78单，2016—2020年各年度分别有7单、12单、7单、18单和34单，在明确资助病患病种中也有明确信托资金用于老龄化相关的阿尔茨海默症、白内障的具体项目，亦有资助、定向捐赠养老院的具体项目。例如，中航信托2019年设立了由中国扶贫基金会作为委托人的“雅安公益养老慈善信托”，即旨在持续支持雅安市范围内的家庭、社区、非

① 《中华人民共和国慈善法》中明确提出“慈善信托”，且明确“慈善信托属于公益信托”，目前行业用语已统一为“公益（慈善）信托”。

营利养老机构、非营利服务照护机构、养老相关社会组织等多层面的助困养老项目，慈善信托的首期资金用于支持四川省雅安市社会福利院的贫困失能失智老人照护项目。又如，天津信托和天津市福老基金会担任共同受托人的“天信世嘉·信德扶老助困01期”“天信世嘉·信德扶老助困02期”，信托目的为通过为天津市境内低保低收入老年人投保老年人健康意外险等形式提高其基础社会保障水平。

养老公益（慈善）信托对信托公司的业务资源和能力基础要求主要体现为履职能力要求较高。与前述三类养老信托相比，包含公益慈善目的的养老信托为完全他益信托目的，且由于受益人的不特定性，涉及社会公众利益，因此对信托公司管理运用信托财产应恪尽职守，履行诚实、信用、谨慎、有效管理义务提出了很高的要求。

（执笔人：崔继培）

信托机制在我国意定监护中的运用探讨*

意定监护是具有完全民事行为能力的成年人自行设定监护人，在自己丧失或者部分丧失民事行为能力时，由监护人履行监护职责。在意定监护中引入信托机制，可以将意定监护和信托的财产转移与管理等功能相结合，对于发挥信托制度优势、服务老龄化社会需求、完善社会治理等方面具有重要意义。

一、意定监护的市场需求及潜在问题

（一）意定监护的法律基础

我国意定监护制度首先出现于老年人权益保护，2015年修订的《中华人民共和国老年人权益保障法》首次提出了老年人意定监护制度。2017年发布的《中华人民共和国民法总则》（以下简称原《民法总则》）将意定监护的适用人群范围扩展至具有完全民事行为能力的成年人。2021年生效的《中华人民共和国民法典》（以下简称《民法典》）沿用了原《民法总则》中关于成年人意定监护的规定，明确“具有完全民事行为能力的成年人，可以与其近亲属、其他愿意担任监护人的个人或者组织事先协商，以书面形式确定自己的监护人，在自己丧失或者部分丧失民事行为能力时，由该监护人履行监护职责”。与法定监护、指定监护相比，意定监护的当事人可以自由选择信任的监护人行使监护职责，最大限度尊重被监护人的意愿。意定监护的效力优先于法定监护。

（二）意定监护的市场需求

成年人特别是特定人群通过设立意定监护人，可有效保障自身在丧失或者部分丧失民事行为能力时能够得到妥善照顾，在自己出现失智、失能等情形下，由监护人处理手术签字、日常监护、临终关怀监护及后事办理等事宜，因而在特定人群中具有旺盛需求。一是无配偶、丧偶、离异以及子女不在国内等独居人群，且其近亲属不能很好地对其进行照料的；二是虽不独居，但因家庭矛盾、情感纠纷等原因，配偶、子女等法定监护人不能或不愿意行使监护职责的；三是特殊群体，其伴侣虽不是法定监护人，但通过意定监护可赋予其伴侣监护人身份。此外，意定监护还可用于对心智障碍

---

* 本文写于2021年2月25日。

儿童、残障或精神病患者等人群的监护和照顾。

（三）意定监护存在财产纠纷隐患

在意定监护中，监护人不止有承担生活监护的责任，还有处分被监护人财产的权利，且应以维护被监护人利益为前提。《民法典》第35条第1款规定：“监护人应当按照最有利于被监护人的原则履行监护职责。监护人除为维护被监护人利益外，不得处分被监护人的财产。”一些国家在监护制度设计中，对被监护人的财产范围、登记和处分做了具体的制度安排，如要求监护人建立财产清册、制作财产清单、报监管当局备案等。我国对被监护人财产保护还缺乏具体的法律规定，监护人滥用财产处分权而引发的财产纠纷逐年上升。而意定监护人往往并不是父母、子女等抚养人，未来意定监护中被监护人的财产被随意甚至恶意处分的隐患更加不容忽视。

二、信托机制可有效解决意定监护中的财产问题

（一）避免监护财产混同

监护人可以为了被监护人的利益，管理与处分被监护人的财产，但是其对被监护人的财产并不拥有法律上的所有权。由于缺乏监督机制，现实生活中出现了监护人将被监护人财产与自己财产混同、挪用甚至恶意处分被监护人财产的情形，严重侵犯了被监护人的财产权。而信托财产具有独立性，信托一旦设立，信托财产即由受托人单独保管，独立于委托人和受托人财产，并受到《中华人民共和国信托法》（以下简称《信托法》）的特别保护，防止受到侵害。因此，将被监护人的财产设立信托，在被监护人（信托委托人）、受托人、监护人之间搭建清晰的权利义务机制，可以有效弥补意定监护制度下被监护人财产权益保护的不足。

（二）提高监护财产管理专业水平

随着居民财富的增加，对被监护人财产进行积极和专业投资管理的必要性日益提升。而意定监护制度设计的主要目的是照顾被监护人生活，无论是近亲属监护、朋友监护还是社区组织监护，大多数监护人对监护财产的管理都缺乏足够的专业能力。而信托制度能够提供专业的投资管理服务。信托公司本身具备专业的财产管理能力，委托人还可通过信托引入投资顾问来管理信托财产。因此，在监护人范围之外选择合适的受托人，由其负责被监护人财产投资管理，可有效提升监护财产的保值增值效果。

（三）提升财产管理的长期性

监护关系是一种委托代理法律关系，当监护人或者被监护人一方死亡、监护人

丧失监护能力、被监护人恢复完全民事行为能力时，监护关系即行终止，届时监护财产应向被监护人或其继承人进行返还，不利于监护财产的长期管理。而信托关系具有稳定性，不因委托人死亡而发生中断，也不因受托人被撤销、解散、宣告破产等情形而终止，更能实现监护财产的长期规划。因此，意定监护设立人做出监护安排的同时，将财产设立信托，该信托不受监护关系终止而中断，可按照信托合同约定的财产管理方式和利益分配安排持续运行，从而达到更好的长期管理目的和传承效果。

（四）意定监护信托已成为部分国家监护制度的有效补充

在美国，以特定人群监护为目的的特殊需要信托常常被用来代替监护制度，以更好实现对未成年人、老年人、身心障碍等特定人群利益的保护。这类信托的受托人可由家庭成员、监护人、律师或者专业受托人担任或共同担任，在充分尊重委托人意思自治的基础上，有效弥补了监护人财产管理能力不足等问题。新加坡则由政府主导推出了针对特殊需要群体的信托计划（SNSS），由非营利性信托公司——特殊需要信托公司（SNTC）担任受托人。委托人申请设立该信托后，SNTC 组织经过专门培训的社工以及医生、律师、金融专家等专业志愿者向受益人提供监护服务，信托受益人还可以定期从信托中获取固定生活费用。日本出台了任意监护制度和财产信托管理制度，以保障对老年人的身体照顾和财产监护。

三、我国意定监护信托的模式探讨

（一）意定监护＋自益信托

设立意定监护安排的成年人，在丧失民事行为能力之前，作为委托人将自身财产委托给信托公司设立信托，并约定以本人作为信托受益人。意定监护关系生效前，委托人具有完全民事行为能力，受托人根据委托人的意愿和信托合同的约定管理和处分信托财产。意定监护关系生效后，委托人丧失或者部分丧失民事行为能力，受托人则可独立地根据信托合同约定管理和处分信托财产，如向监护人支付监护费用，向医疗机构、养老机构支付相关费用，向受益人（也即被监护人、委托人本人）支付日常生活费用等，保障了信托财产得到合理处分。当监护人死亡或丧失监护能力时，意定监护关系终止，而信托仍按照信托合同约定运行，保障了财产管理运用的持续性。而当委托人去世时，意定监护关系即刻终止；同时在信托关系中，如果委托人是唯一受益人，信托也将终止，剩余信托财产将作为被监护人的遗产由继承人继承，或按信托合同约定进行分配（见图 1）。

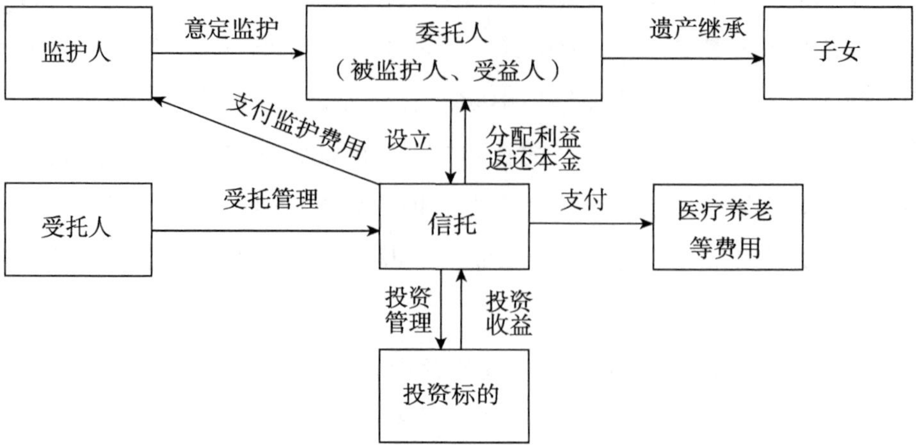

图1　意定监护＋自益信托

（二）意定监护＋他益信托

独居父母因子女智障、残疾等原因无法获得照顾的，可在设立意定监护的同时，将自身财产委托给信托公司设立他益信托，以自身养老和财产传承为目的，以子女作为信托受益人，不仅能够在自己出现特殊情形时保障自身权益，也为子女权益保障做出长远安排。当委托人丧失或者部分丧失民事行为能力时，意定监护关系生效，委托人得到意定监护人日常监护。信托受托人则根据信托合同约定和实际需要支付相应监护费用及其他养老费用，并向子女分配信托利益。而当委托人去世时，虽然意定监护关系终止，但信托依旧存续，将继续按照信托文件约定向作为受益人的子女分配信托利益（见图2）。这样的安排，可以有效防止父母去世后，大笔遗产被子女继承后浪费挥霍，或被子女的监护人不当利用和恶意处分，长远地保障了子女生活支出需要。

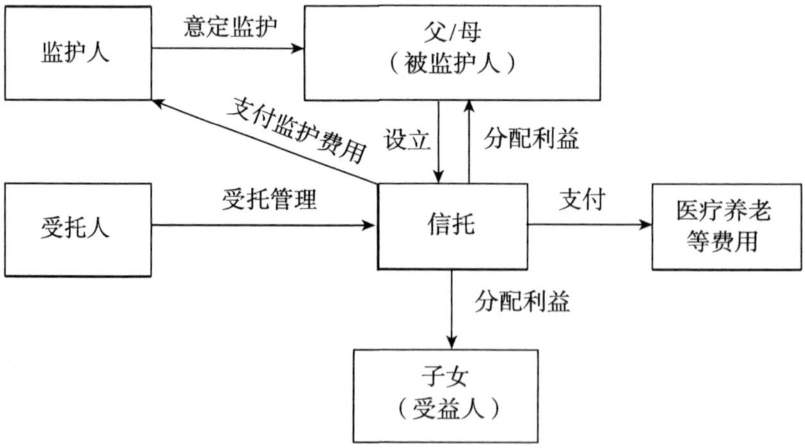

图2　意定监护＋他益信托

（三）共同受托的意定监护信托

由意定监护人和信托公司共同担任受托人，接受委托设立意定监护信托，是将监护制度与信托制度更加紧密结合的一种方式。意定监护人和信托公司进行专业分工，意定监护人更加了解被监护人的生活需求和支出需要，负责被监护人的日常监护相关安排；信托公司则在投资管理和信托架构设计方面具有专业能力，有利于保障信托财产保值增值和信托利益合理分配（见图3）。由于共同受托人对另一方处理信托事务承担连带赔偿责任，所以通过共同受托安排，还可以达到互相监督的作用，防止费用不当支付、显失公允交易发生等情形，有效防止监护权的滥用和信托财产的不当处分，从而更好地保护被监护人人身安全和财产安全。

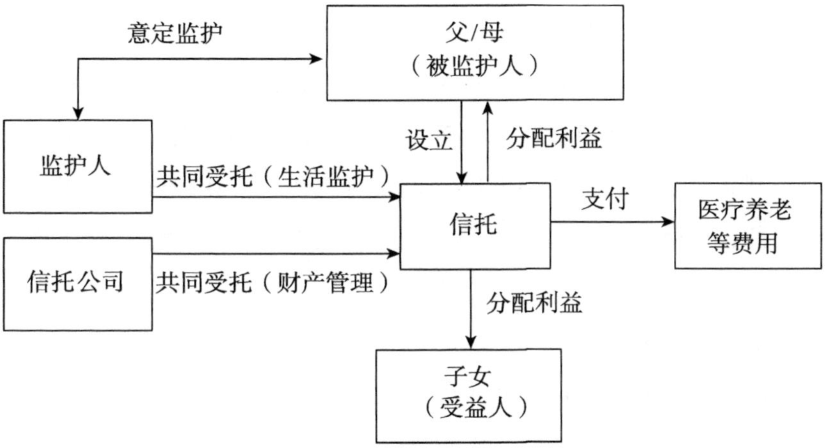

图3　共同受托的意定监护信托

（四）意定监护集合资金信托

信托制度不仅服务高净值客户，也可以服务广大普通家庭甚至经济困难家庭的监护需求。美国通过集合资金信托为普通家庭提供监护信托服务。该信托由非营利组织担任受托人，由受益人的父母、祖父母、法定监护人或法庭设立，每个受益人都有一个单独的子账户并被单独跟踪管理，而信托资金则集中用于投资管理。集合资金信托由于加入手续便捷、个人账户独立、管理费用低廉而受到群众普遍欢迎。参考美国集合资金信托模式，可由我国政府部门、养老机构或相关社会组织主导成立意定监护集合资金信托，可由政府和家庭共同出资，制定信托财产的分配标准、监察制度安排，满足更多公众的意定监护财产管理需要。

（执笔人：沈苗妙）

慈善信托助力乡村振兴的优势与路径展望*

2017年，党的十九大报告首次提出“实施乡村振兴战略”。随着我国脱贫攻坚战取得全面胜利，乡村振兴已全面推进。党中央、国务院对实施乡村振兴战略进行了全面部署，明确了奋斗目标和重点工作。慈善信托作为一种新型的慈善方式，可以发挥信托制度优势，广泛动员社会力量，促进各类资源精准对接，在助力乡村振兴事业中发挥积极作用。

一、乡村振兴的内涵与目标

党的十九大报告对乡村振兴战略进行了概括，提出要坚持农业农村优先发展，按照产业兴旺、生态宜居、乡风文明、治理有效、生活富裕的总要求，建立健全城乡融合发展体制机制和政策体系，加快推进农业农村现代化。相较于脱贫攻坚以消除绝对贫困为单一目标，乡村振兴的目标更加多元，包括产业、人才、文化、生态和组织的全面振兴。乡村振兴的实施范围也更广，不仅在脱贫地区推进乡村振兴，而且在全国各地农村全面推进乡村振兴。

实施乡村振兴战略的总目标是实现农业农村现代化。按照党的十九大提出的分两个阶段实现第二个百年奋斗目标的战略安排，实施乡村振兴战略两个阶段目标任务分别是：到2035年，乡村振兴取得决定性进展，农业农村现代化基本实现；到2050年，乡村全面振兴，农业强、农村美、农民富全面实现。

二、慈善信托助力乡村振兴的优势

（一）信托目的的广泛性，服务乡村全面振兴目标

乡村振兴是乡村产业、人才、文化、生态、组织的全面振兴，需要不同领域社会力量的全方位支持。慈善信托开展的慈善活动范围广泛，根据《中华人民共和国慈善法》的规定，慈善活动包括：“（一）扶贫、济困；（二）扶老、救孤、恤病、助残、优抚；（三）救助自然灾害、事故灾难和公共卫生事件等突发事件造成的损害；（四）促进教育、科学、文化、卫生、体育等事业的发展；（五）防治污染和其他公害，保护和改善生态环境；（六）符合本法规定的其他公益活动。”通过设立慈善信

---

* 本文写于2021年4月15日。

托，围绕乡村振兴的总要求和任务目标开展慈善活动，支持农村特色产业发展，推进乡村生态建设，繁荣兴盛农村文化、提高农村民生保障水平等，全面服务乡村振兴推进中的帮扶需求。

（二）发挥信托持续优势，助力乡村振兴长期推进

与脱贫攻坚集中资源进行短期作战相比，实施乡村振兴战略是一项长期而艰巨的任务，需要继续奋斗 30 年时间实现农业农村现代化的总目标。因此，乡村振兴特别需要长期持续支持机制。而信托制度正是进行长期财产管理的最佳工具。信托机制下的委托人、受托人、受益人三方当事人的架构安排，使得信托具有稳定性，不受当事人死亡或解散而中断。信托财产也受到《信托法》的特别保护，保障信托财产按照信托文件约定的方式进行管理，防止被不当挪用甚至被恶意处分。信托公司受托人发挥专业投资管理优势，还可进一步促进慈善资金保值增值，扩大慈善财产来源。在信托制度的保障下，慈善信托可助力乡村振兴的长期支持机制的建立。

（三）发挥信托平台优势，助力乡村振兴资源汇集

推进乡村振兴，要发动社会各界力量投身乡村建设。信托公司具有广泛的客户资源，可为推进乡村振兴引入大量资金资源。当前，信托业管理着 20 万亿元信托财产，服务着工商企业、基础产业、房地产、金融机构等各领域的机构客户，服务着超过 80 余万高净值个人客户。慈善信托通过发挥信托平台优势，发动广大客户力量，可汇聚客户财产共同服务乡村振兴事业。信托公司也可以为有能力、有意愿的机构和个人定制慈善信托支持乡村振兴事业，满足其个性化公益慈善需求。慈善信托还可以接受股权、金融产品、不动产等多元化财产委托，进一步为推进乡村振兴引入多样化财产来源。

（四）发挥信托金融优势，提升乡村振兴的资源整合能力

乡村振兴目标宏大、任务复杂、涉及领域广，需要各类市场主体的广泛参与和各种金融工具的组合运用，对各类实施主体的专业能力和资源整合能力提出了更高要求。慈善信托具有“信托”金融工具优势，可以债权融资、股权投资、投贷联动、产业基金等多种灵活方式运用信托财产，为推进乡村振兴提供多角度金融服务。慈善信托还可与小额信贷、特色产业信贷、农业保险、农产品期货期权等各种金融工具合作，发挥联合优势共同探索服务模式创新，促进乡村振兴资源需求的精准对接，共同助力推进乡村振兴事业发展。

三、慈善信托助力乡村振兴的路径展望

（一）汇集社会资金，巩固拓展脱贫成果

脱贫攻坚取得全面胜利后，中央对贫困地区农村巩固拓展脱贫攻坚同乡村振兴有

效衔接做了专项部署，明确设立5年过渡期，保持主要帮扶政策总体稳定，健全防止返贫动态监测和帮扶机制。未来，慈善信托应持续发挥平台作用，汇集社会各类资源，探索精准防贫长效机制建设，持续助力巩固脱贫攻坚成果。中诚信托通过慈善信托为脱贫地区提供防贫保险，是巩固脱贫攻坚成果的一项尝试。为助力甘肃和政县巩固脱贫成果，中诚信托联合中国信托业保障基金有限责任公司设立慈善信托，与和政县人保财险合作，为全县人均收入不高不稳的脱贫户、处于贫困边缘的低收入户这两类临贫易贫人群共1.18万户提供了防贫保险，防止保障对象因重大疾病、自然灾害、意外事故而返贫。保险期间，26名因泥石流导致房屋损毁的受灾群众得到了精准补偿，有效防止了大额意外支出导致返贫发生。

（二）开拓投融资渠道，助力特色产业发展

乡村振兴，产业兴旺是重点。支持乡村特色产业发展壮大，慈善信托可从三方面提供支持。一是慈善信托的财产以投资、融资、投贷联动等方式灵活地为乡村特色产业发展提供资金支持，缓解乡村小微企业融资难融资贵的问题，以市场化机制助力乡村特色产业的长期培育。由于慈善信托兼具“慈善”和“金融”的双重属性，所以在支持乡村特色产业方面可以更加深入基层，可以对家庭农场、合作社等新型农业经营主体的培育提供有力支持。二是慈善信托资金运用创新，设计保底分红、股份合作、利润返还等多种形式，让农民合理分享乡村产业发展的增值收益。三是信托公司可以发挥资源优势，助力乡村特色产品、特色资源与外部市场对接，引入产品技术升级支持，为乡村新型经营主体的发展带来更多管理提升，增强乡村产业的市场化发展能力。

（三）整合各方资源，丰富农村金融服务

引导更多金融资源支持乡村振兴，是推进乡村振兴的重要保障。慈善信托可以作为各类金融工具参与乡村振兴的纽带，更好地发挥金融工具的联合作用。如慈善信托引入保险、期货公司合作，探索农产品期货期权和农业保险联动，可以更好地为农业生产经营提供保障支持，更加有效地进行风险对冲。中诚信托通过慈善信托与保险、期货公司合作，以大连商品交易所的猪饲料成本指数为保险标的，共同为甘肃临洮县2815户生猪养殖贫困户提供饲料成本指数保险支持，有效地帮助农户控制了养殖成本，降低了经营风险。慈善信托也可与银行、小贷公司等小额信贷发放机构合作，发挥慈善信托的杠杆撬动作用，以风险补偿合作的方式，鼓励合作机构降低授信门槛，扩大授信客户范围，为更多农户提供融资支持。

（四）创新治理机制，推进乡村生态振兴

乡村振兴，生态宜居是关键。践行“绿水青山就是金山银山”的理念，在重要生态系统保护和修复、农村突出环境污染治理等方面，慈善信托可以发挥积极作用。通过设立慈善信托，地方政府以财政配捐、税收政策优惠等方式鼓励各类慈善组织、社会志愿者参与，可集中慈善资源可持续地开展乡村生态环境保护。慈善信托还可与土地流转信托相结合，实现土地、林地治理权的集中管理，有效调动各方资源形成治理合力，按照科学规划共同推进农村生态保护和污染治理。同时，利用多种方式鼓励村民发展生态友好型产业，助力村民在推进生态环境保护的过程中获得稳定收益，提升乡村生态振兴的持续动力。

（五）开展家族慈善，助力乡风文明传承

乡村振兴，乡风文明是保障。积极发挥新乡贤带头示范作用，通过设立家族慈善信托支持乡村文化振兴，焕发乡风文明新气象。在信托目的方面，慈善信托可以支持农村优秀传统文化的传承发展为目标。慈善信托本身也将跨越委托人的生命周期，将其慈善精神以更有生命力的模式传承给后代，共同培育乡风文明、家风优良的乡村精神面貌，不断提高乡村社会文明程度。

（执笔人：沈苗妙）

股权家族信托对家族财富传承的积极意义*

近年来，随着家族信托的实践发展日趋成熟，业务规模大幅增加，股权家族信托越来越受到高净值人士，特别是超高净值人士的青睐。目前已有多家信托公司积极开展股权家族信托业务，委托人以股权作为信托财产设立家族信托或者通过家族信托直接或间接持有家族企业股权，资产不仅涉及非上市公司股权，还包含上市公司股票，操作灵活且保障全面。在整体行业实践中，股权家族信托的积极意义逐渐凸显，具体表现在以下几个方面。

一、深度财产隔离

高净值客户对家族信托的诉求，已逐步从现金类资产的简单管理传承转向多元资产的复杂安排，这对于家族信托在长期传承过程中的资产安全性和独立性提出了较高的要求。而股权家族信托能够更好地帮助这类高净值人群规划财富传承并保证资产的安全独立，因此认可度也越来越高。

一方面，通过家族信托可以完成对委托资产的有效隔离保护。家族财富的传承和规划不因委托人的健康、婚姻、经济等方面的问题而受到影响，可以实现客户安全有效资产传承的诉求。另一方面，信托项下资产的所有权与收益权相分离。通过股权家族信托直接或者间接持有公司股权，股权的所有权为家族信托持有，而股权的收益可以根据委托人的意愿及合同的约定进行管理和分配，受益人获得的收益具有较强的独立性和长期合理的规划。企业创始人若遭遇婚姻风险、债务危机或者其他意外，收益的分配仍由受托人按照约定执行，企业股权的收益权独立存在，不受影响，从而为企业创始人的股权构建了一张安全网，与其个人资产充分隔离。

二、凝聚家族利益

在我国，大多数家族企业已经开始进入代际传承的关键时刻，家族创始人正积极通过多种有效的制度安排实现家族企业顺利交接，通过股权家族信托则可以在传承发展中更好地凝聚家族的利益。

一是股权家族信托保障家族稳定。委托人通过家族信托为家族成员规划好了较为

---

* 本文写于 2021 年 4 月 22 日。

完善的收益分配体系，对较长时间内家族的财富管理、传承规划进行设计，既提供了家族长期利益的安全保障，也保证了家族成员各自股权收益的有序分配，避免了成员之间可能发生的各类财产纠纷，特别是在委托人出现婚姻、债务或其他意外时，家族成员仍将继续按照家族信托的安排享有各自收益，避免出现因争家产而导致家庭失和的现象，更有助于维护家族感情、凝聚家族利益。

二是股权家族信托明确保障机制。在股权家族信托中，信托财产能够实现权利主体和利益主体的分离，由受托人享有信托财产的管理处分权、由实际权利执行人掌握信托的决策权、由受益人按照合同约定取得利益分配的权利，这种机制保障了股权和对应收益的独立性，能够灵活进行信托利益分配，从而进一步避免了家族感情产生裂痕而可能引起的利益纠纷。

三、防止股权分散

通过将股权的所有权和收益权分离，股权家族信托能保持股权结构的稳定传承，有效防止股权分散——既不因夫妻股东的婚姻风险而分散股权，也不因多个继承人的传承问题而分割股权。

首先，将股权装入家族信托可以保障股权结构的长期稳定。无论是以股权作为委托资产，还是由家族信托直接或者间接持有公司股权，只需要在信托架构中灵活设定受益人的收益分配方案，就可以有效实现财富传承的目的，且股权的发展不受多个家族成员持有股权的限制。以龙湖地产家族信托为例，企业创始人分别利用家族信托持有股权，还设立了龙湖地产的高管信托和雇员信托，通过家族信托将企业的所有权、控制权、经营权以及收益权实现有效再配置，集中进行股权管理。当创始人婚姻解除时，用于设立家族信托的财产相互独立，未被当作夫妻共有财产进行分割，离婚并没有影响公司的股权结构，成功地隔离了婚姻风险，保证公司正常运营。与之相对，由于未曾提前布局股权家族信托，当当网创始人的婚姻问题则将不可避免地影响公司股权结构。当当网由创始人在婚后创办，其股份属于夫妻共同财产，离婚诉讼对股权的影响也是双方产生纠纷的重点之一。企业股权分散在创始人以及其他小股东手中，股权结构没有家族信托的保障，也是未来影响企业运营管理的焦点矛盾。

其次，股权家族信托的传承过程可以避免股权分散。股权的传承可以通过遗嘱、赠与、法定继承或法院判决等方式。通过这些方式将股权分配给家族成员，不仅手续较为繁杂，存在潜在的诉讼、执行、时效性等方面的风险，还往往导致一定程度的股权分割，进而出现控制权被稀释、家族纷争等容易导致企业经营混乱的问题，由于家族企业的股权通常无法集中，所以企业治理也面临着决策分散的风险。而通过设立股权家族信托方式可有效避免上述风险，防止企业股权分散，保障了股权继承人的利益，有利于企业稳定经营。例如，前面提到的龙湖地产家族信托就是典型案例，信托存续期间进行了一次重要分配，将企业创始人之一吴亚军设立的母亲信托项下公司股权成功分配给包括其女儿在内的部分家族成员，在顺利完成财富平稳传承的同时，也避免了企业股权分散对经营产生的影响。

四、完善股权治理

股权家族信托可以进一步完善企业的股权治理。一方面，可以避免股权代持风险。在我国的高净值人群中股权资产代持的现象较为普遍，设立股权家族信托可以避免股权代持所产生的诸多风险，有效避免第三方代持的道德风险、自身的婚姻变动风险、债务风险、人身意外风险对代持股权所产生的影响；同时充分保证股权治理中的合法性，避免了代持协议或者股东资格确认时所产生的纠纷，通过信托持股达到特定的股权管理目的，即如何能够在实现转移所有权的情况下保证对家族企业的控制权。

另一方面，可以丰富股权治理的内容。委托人以资金设立股权家族信托，信托通过持股公司间接持股家族企业。由于控股公司才是实际参与目标公司经营和管理的主体，所以委托人可以通过担任控股公司的大股东来管理和经营目标公司。在这种方式中，委托人拥有家族信托的决定权，还可以通过控股公司继续参股和投资其他公司，极大地丰富了股权治理的形式和内容。特别是控股公司可以是新设 SPV 有限合伙企业，由于有限合伙企业不是纳税主体，所以在目标公司进行利润分配的时候，还可以避免双重赋税，进一步优化企业治理。

此外，还可以保障股权治理在家族传承中的长期有序。家族信托管理股权，可建立现代企业制度，引入市场机制以及职业经理人机制，实现所有权与经营权分离，若后辈继承人没有经营意愿，企业仍可正常运转且保持较高效率，并实现运营与传承中的成本控制，充分完善股权治理的方式和内容，再进一步利用家族信托的长期存续保证股权收益的有效分配，确保继承人的收益安全，实现家族财富有序持久的传承。

五、合理规划税收

家族企业设立股权家族信托，不仅具备上述积极意义，还可以在有效管理股权的前提下对税收进行合理规划。

首先，可以通过股权家族信托实现税收的递延。家族企业可以通过信托方案的灵活设置完成资产管理和分配，进而通过延期分配利润实现税费的均摊和递延。由此可见，股权家族信托并不是避税工具，而是在税务筹划方面提供税务递延等更为灵活的安排，很适合在近期内没有上市计划及收购计划的有限责任公司进行税务筹划。

其次，相较于股东直接分红，股权家族信托也具备一定的税务筹划空间。虽然股权的转移无论是否发生资金交割，都涉及相应的税收问题，但家族信托不是纳税主体，在分配时可避免重复征税，进一步通过分配时间和比例的灵活设定合理优化税务结构。

此外，目前国内与信托相关的税收制度尚在完善当中，很多企业家也选择设立离岸股权家族信托，在企业治理和家族传承中进行税务筹划。由于离岸地的公司法、信托法较为灵活，并且往往具有税收优惠、注册便利等优势，所以逐渐受到家族企业的认可。

（执笔人：殷晓薇）

股权家族信托实践中的税收问题探讨*

近年来，家族信托业务在我国迅速普及和发展，随着高净值人士逐步开始选择家族信托进行财富的传承规划，其对于股权信托的需求也越来越旺盛。目前主流的业务类型包括以企业股权作为初始信托财产，以及通过家族信托的货币资金投资于企业股权两种业务模式。无论何种业务模式，都涉及股权在置入家族信托以及存续管理期间的税收问题，例如何时征税、由谁征收、纳税主体是谁、纳税义务人是谁、具体税种有哪些等。目前我国法律、税务等相关制度规定对股权家族信托的规范正在逐步完善，本文就这些问题进行初步探讨。

一、股权置入家族信托时的税务问题

在股权家族信托的设立阶段，无论是以企业股权作为初始信托财产，还是以货币资金设立信托并由家族信托直接或者间接投资于企业股权，均涉及股权转让所需缴纳的税种。

一是增值税。根据《财政部　国家税务总局关于全面推开营业税改征增值税试点的通知》，股权转让目前不属于增值税税目，个人从事金融商品转让业务免收增值税，因此转移非上市公司股份、个人转让上市公司股票不需缴纳增值税。

二是所得税。《中华人民共和国企业所得税法》（以下简称《企业所得税法》）第6条规定："企业以货币形式和非货币形式从各种来源取得的收入，为收入总额。包括：……（三）转让财产收入……"《中华人民共和国企业所得税法实施条例》（以下简称《企业所得税法实施条例》）第16条规定："企业所得税法第六条第（三）项所称转让财产收入，是指企业转让固定资产、生物资产、无形资产、股权、债权等财产取得的收入。"因此需要由转让方，也就是委托人作为纳税主体，缴纳股权/股票（针对限售股）价值与原值差额的20%作为所得税。

三是印花税。《国家税务局关于印花税若干具体问题的解释和规定的通知》第10条规定："……'财产所有权'转移书据的征税范围是：经政府管理机关登记注册的

---

* 本文写于2021年6月24日。

动产、不动产的所有权转移所立的书据，以及企业股权转让所立的书据。”因此转让公司股权需要对签订股权转让合同的双方征收 0.05% 的印花税。此时的纳税主体是转让方，以及家族信托或其下设公司，应由信托财产或用于受让目标企业股权的家族信托下设公司承担税费。

二、股权家族信托存续期间的税务问题

（一）股权家族信托存续期间股权分红的税收问题

一是股权分红的所得税。根据《企业所得税法》《企业所得税法实施条例》规定，居民企业直接投资于其他居民企业取得的股息、红利等权益性投资收益（不包括连续持有居民企业公开发行并上市流通的股票不足 12 个月取得的投资收益）为免税收入，因此家族信托直接持有股权取得的股息、红利等权益性投资收益无须缴纳所得税；而针对间接持有股权的业务模式，若有限责任公司持有目标企业股权，底层目标企业向有限责任公司分配红利，也属于免税收入，若有限合伙企业持有目标企业股权，则由于信托产品仍不具备所得税纳税主体资格而普遍采取信托财产不缴纳所得税的安排。

二是股权分红的增值税。2016 年起，我国全面营业税改征增值税试点，建筑业、房地产业、金融业、生活服务业等全部营业税纳税人，纳入试点范围，由缴纳营业税改为缴纳增值税。《财政部　国家税务总局关于明确金融　房地产开发　教育辅助服务等增值税政策的通知》第 1 条规定：“《销售服务、无形资产、不动产注释》（财税〔2016〕36 号）第一条第（五）项第 1 点所称‘保本收益、报酬、资金占用费、补偿金’，是指合同中明确承诺到期本金可全部收回的投资收益。……”家族信托取得的股息、分红等投资收益为非保本收益，所以不属于增值税征收范畴。

（二）股权家族信托存续期间股权处置的税收问题

一是处置股权应缴纳印花税。在股权家族信托中，若以转让方式处置股权，涉及股权产权的转移，与信托设立时的股权转让税收情况相似，应根据《中华人民共和国印花税暂行条例》，按照“产权转移书据”税目，按合同所载金额的 0.05% 贴花。对签订转让合同的双方均需征收，此时针对家族信托的征税主体应是信托计划，由信托财产承担，由于信托计划不具备纳税主体资格，所以具体的征收方式仍需制度规范。

二是处置股权的增值税、所得税政策不明确。根据《财政部　国家税务总局关于明确金融　房地产开发　教育辅助服务等增值税政策的通知》《财政部　国家税务总局关于资管产品增值税政策有关问题的补充通知》《财政部　税务总局关于资管产品增值税有关问题的通知》的规定，从 2018 年 1 月 1 日起，资管产品运营过程中发生的

增值税应税行为，以资管产品管理人为增值税纳税人。同时根据《财政部　国家税务总局关于全面推开营业税改征增值税试点的通知》附件 2《营业税改征增值税试点有关事项的规定》第 1 条第 3 项第 3 点的规定，金融商品转让，按照卖出价扣除买入价后的余额为销售额。转让金融商品出现的正负差，按盈亏相抵后的余额为销售额。若相抵后出现负差，可结转下一纳税期与下期转让金融商品销售额相抵，但年末时仍出现负差的，不得转入下一个会计年度。但是，根据《信托部关于加强规范资产管理业务过渡期内信托监管工作的通知》，家族信托并不属于资管产品；同时，股权是否确定属于前述规定中的金融商品尚不明确，一般认为上市股票买卖归类为金融商品转让，而非上市股权转让则不属于金融商品转让范畴。因此，家族信托处置股权是否要征增值税并未明确。不仅如此，对于实践中家族信托处置股权的所得征收所得税的具体方式和主体也尚未明确。

三、股权家族信托清算阶段的税务问题

股权家族信托在清算时的税收环境与设立时相类似，主要涉及股权的转让以及信托收益的分配清算。信托终止时，家族信托将股权、股权增值部分以及股息红利收益分配给受益人，应按规定由各纳税主体缴纳各项税费。但仍有两点值得注意：一是由于信托计划不具备纳税主体资格，在股权家族信托业务所涉及的印花税、增值税、所得税缴纳过程中，对家族信托征收相应税费的方式需要进一步明确；二是由于目前国内税法相关的规定尚未完善，家族信托清算分配时受益人获得股权是否会被税务机关认定为财产所有权转移，也尚不清楚，因此需要尽快制定和发布相应的政策规章，为股权家族信托的税收问题提供制度依据。

（执笔人：殷晓薇）

保险金信托与家族信托的主要区别*

家族信托和保险金信托都属于信托本源业务，随着近年来高净值人士的需求不断增加而发展迅速，是信托业务转型的重要方向。但从行业实践来看，目前普遍存在把家族信托业务与保险金信托业务混淆的问题，甚至认为保险金信托属于家族信托的一类。事实上，保险金信托与家族信托存在多个角度的区别，主要体现在以下五个方面。

一、信托财产不同

保险金信托的信托财产是保险金请求权。目前市面上普遍用于设立保险金信托的险种是终身寿险和大额年金险，以不同的保险金请求权设立信托，信托财产的价值及确定需要视险种不同而确定。以终身寿险设立保险金信托，由于终身寿险具有一定的储蓄性质，保单会随着时间推移产生相应的现金价值，并保持增加，因而需要将这些现金价值同时纳入信托财产范畴，因此信托财产规模应以保额计算；以大额年金险设立保险金信托，通常以保费计算信托财产规模，但在某些年金保险中存在定期领取的收益，除此而外还会有保险分红，分红也应纳入信托财产；另外，还存在一些特殊情况，例如在法定或约定情形下，保险人向投保人退还一定金额的保费，退还的保费并非属于保险收益，但可约定属于信托财产，需要做全面考虑。

家族信托的信托财产形式较为丰富，目前市场上的主流是货币资金、资管产品、保单等金融资产及相应权利。当前越来越多的高净值人士选择家族信托进行家族财富的传承规划，其需求也逐渐多样化，委托财产具备多样性。除了上述金融资产，越来越多的家族信托客户在传承非货币类财产方面的意愿也逐步加强，家族信托的委托财产类型正在不断丰富，以上市或非上市企业股权，甚至不动产、艺术品等财产设立家族信托的情形进一步增多，对家族信托受托人长期稳定的管理、运用和处分信托财产提出了更高的要求。

二、设立门槛的监管要求不同

家族信托在监管方面有明确的设立规模要求。根据中国银保监会于2018年下发的《信托部关于加强规范资产管理业务过渡期内信托监管工作的通知》，家族信托

---

* 本文写于2021年8月19日。

财产金额或价值不低于1000万元。但在信托存续期间并不要求任意时点信托财产的价值不低于1000万元，可能触发信托终止条款的关于信托财产金额或价值的限制则应根据合同双方约定的条款内容为准。

保险金信托在监管方面没有对设立规模有特殊的规定限制，但仍需符合一般信托的信托财产规模要求。目前行业实践中操作的保险金信托，其设立的信托规模门槛通常高于100万元，以满足未来财富管理以及传承的需要。此外，若在保险金信托中发生相关保险合同终止、中止、被撤销、被确认无效、被解除或者其他原因导致保额降低进而影响信托财产规模或者价值的情形，或者其他可能致使保险金受益人的保险利益遭受损失的情形，通常会在保险金信托合同中约定相应的提前终止信托条款。

三、信托当事人的设置要求不同

家族信托当事人的监管要求较为明确。一是在委托人方面，《信托部关于加强规范资产管理业务过渡期内信托监管工作的通知》对家族信托提出了明确定义，明确了家族信托的委托人可以是单一个人或者家庭；二是在委托人与受益人的关系方面，家族信托以家庭财富的保护、传承和管理为主要信托目的，其受益人是包括委托人在内的家庭成员，家庭成员以外的人作为信托受益人，则不能视作家族信托；三是在受益人的设置要求方面，委托人不得为唯一受益人，这就明确了家族信托不可能成为自益信托。

保险金信托相关当事人的设置除了满足信托相关的法律及监管要求，还需要受到保险法以及保险合同的限制。一是保险金信托当事人之间的利益关系问题，由于信托委托人即是保险合同的投保人，实践中要符合《中华人民共和国保险法》（以下简称《保险法》）中所要求的“人身保险的投保人在保险合同订立时，对被保险人应当具有保险利益”；二是受托人在保险合同中的角色问题，设立保险金信托时，受托人具有多重身份，信托公司会被指定或者变更为保险受益人，因而可以享有保险金请求权，依法对信托财产进行管理、运用和处分；三是根据保险合同约定，人身保险的受益人由被保险人或者投保人指定，保险金信托的受益人要符合此项要求，但与原保险受益人不需要完全一致；四是在以终身寿险设立的保险金信托中，其被保险人无法成为该部分信托财产所对应的受益人；五是不同于家族信托，保险金信托可以是自益信托。

四、信托财产管理运用的特点不同

保险金信托对于信托财产的管理运用阶段不同于其他信托产品，有三方面需要关注。一是信息披露。当发生保险合同约定的保险事故时，应确保受托人（即保单的新受益人）可以及时知晓相关信息，可以由信托合同约定的受益人通知受托人并积极提供理赔所需的全部证明材料，协助受托人办理理赔事宜。二是对于理赔资金进入信托专户的过程要求，应在信托文件中约定清晰，发生保险合同约定的保险事故后由受托人按照保险合同约定向保险人提交理赔申请，若由受托人以外的其他人就保险事故通知保险人，保险人应及时以书面形式告知受托人。三是理赔资金到账之后的信托财产管理要求。受托人对于信托财产的管理、运用和处分实际上并非开始于信托成立初期，而是在保险事故发生、理赔资金进入信托专户后。此时由受托人按照信托合同约定履行其管理职责，包括但不限于信托资金投资运用、账户管理、运营维护、清算分配及提供或出具必要文件以配合委托人管理信托财产等事务，这对受托人的长期稳定经营管理能力也提出了较高要求。

家族信托对信托财产的管理、运用和处分开始于信托成立、办理完毕相应资产转入信托项下的确认手续之后，但由于家族信托的自身特点对相应的管理运用提出了较高的要求。一是客户对信托财产管理风险的要求。家族信托财产的管理运用，应与事先确定的委托人的风险偏好相一致。二是对家族信托利益分配的流动性要求。由于需要为财富传承发挥重要作用，所以家族信托的定期分配、条件分配和临时分配条款通常设置全面，这就对利益分配时的流动性提出了要求，需要受托人进行合理的资产配置，以保障利益分配的流动性需求。三是家族信托对于非货币财产的管理有专业性要求。由于委托财产类型多样，受托人在信托成立生效后，即开始履行对货币资金、理财产品、保险产品等金融资产，或者公司股权、不动产、艺术品等复杂资产的管理运用，其复杂程度和专业程度较高，所以受托人的受托能力和综合实力十分重要，需要根据不同资产所处的不同阶段分别管理，以实现家族信托财富规划传承的长期目标。

五、保险金信托与家族信托的业务交叉

实践中，保险金信托业务与家族信托业务还存在业务交叉。一方面，对于信托规模在1000万元以上的保险金信托，可以设置为家族信托，也可以将保单和其他财产共同置入家族信托。对于包含保险金请求权在内的家族信托，应当注意满足法律法规和监管方面的要求：首先，在受益人安排方面和常规保险金信托不同，不得是完全自益的信托；其次，若以终身寿险保单置入信托，还应当符合终身寿险对受益人的限制。

另一方面，在家族信托成立之后，可以由家族信托受托人作为投保人进行投保，

也即保险金信托的3.0模式。这种模式下，设立家族信托的委托人不再是保险投保人，而是由信托公司作为保险的投保人和保单的受益人，直接运用信托财产支付保费并依照合同约定对保险理赔资金进行有效的管理运用，有利于保险金信托与家族信托的深度结合，可以切断保单作为委托人财产的风险，实现资产的充分隔离保护。

（执笔人：殷晓薇）

保险金信托业务实践中的信托财产问题探讨*

近年来，保险金信托业务在我国迅速发展，金融机构逐步提升对此类业务的重视程度。实践中，由保险金信托的信托财产衍生出一些有待解决的问题，行业内不同机构对此亦有不同理解。本文根据《信托法》对信托财产的要求，对保险金信托的信托财产所产生的相关问题进行初步探讨。

一、保险金信托的信托财产范围问题

根据《信托法》中关于信托财产的有关规定，设立信托“必须有确定的信托财产”，并且“信托财产必须是委托人合法所有的财产”。同时《信托法》第14条规定：“受托人因承诺信托而取得的财产是信托财产。受托人因信托财产的管理运用、处分或者其他情形而取得的财产，也归入信托财产。法律、行政法规禁止流通的财产，不得作为信托财产。法律、行政法规限制流通的财产，依法经有关主管部门批准后，可以作为信托财产。”

由此可见，具备合法性、确定性并可以处分的财产及财产权利可以作为信托财产。而针对保险金信托，其信托财产主要是委托人合法所有的保险金请求权。目前市场上用于设立保险金信托的保险险种主要为终身寿险和大额年金险，以这两类保险金请求权作为财产设立信托，具备了信托财产的上述特征。

然而在业务实践中，委托人的诉求往往不仅仅局限于将保险金请求权作为信托财产，越来越多的高净值客户希望将货币资金或者其他非货币财产一并装入保险金信托，以期通过设立信托实现对其各类资产的隔离保护和家庭财富的传承规划。因而产生了对保险金信托的信托财产范围的思考：保险金信托的信托财产是否只能是保险金请求权？是否可以将其他类型的财产纳入保险金信托？实践中信托财产含有保单的信托即可被视为保险金信托，而针对同时含有其他信托财产类型的信托，如果定义为保险金信托，是否需要明确或者限制保险金信托设立时信托财产中保险金请求权的占比或规模，使保险金信托成为真正的“以保险金为主”的信托？

二、保险金信托的信托财产确权与交付问题

目前由受托人作为保险受益人的业务模式已经大量开展，随着业务发展而产生的

---

* 本文写于2021年6月3日。

信托财产确权与交付问题也值得注意。

一方面，应当确认保险金信托相关当事人财产权利的归属。设立保险金信托时，信托公司作为信托的受托人也成为保险受益人，而保险受益人也是保险金请求权的受益对象，应当明确有权作为保险金信托委托人的是保险关系中的哪一方当事人，由此可进一步明确保单所对应的各项权利归属。实践中投保人有权以保险金请求权设立信托，被保险人和保险受益人享有保险金请求权，在原有的保险受益人基础上调整保险金信托的受益人，具体操作细节和权利归属应当在合同中明确约定。

另一方面，应当明确保险金信托的信托财产交付要求。首先是在设立信托时的要求：一般来说，委托人以夫妻共同财产设立家族信托时应由配偶签署同意函，而在投保人购买保险时一般不要求其配偶签署同意函。那么，对于委托人以保险金请求权设立保险金信托，应当制定是否需要其配偶出具同意函的标准。其次是在信托财产交付时的要求：若以新设保单设立保险金信托，则由投保人（即信托委托人）与保险公司签订保险合同，直接指定信托公司作为保险受益人，可以实现委托财产的交付；若以存续保单设立保险金信托，则由投保人向保险公司申请将保险受益人变更为信托公司，在保险公司办理完毕受益人变更相关手续并提供书面确认材料后，实现信托财产的交付。

三、保险金信托的信托财产确定性问题

《信托法》规定："设立信托，必须有确定的信托财产，并且该信托财产必须是委托人合法所有的财产"；有"信托财产不能确定"的情形时，信托无效。因此保险金信托的信托财产是否具有确定性，是保险金信托设立和长期存续的重要前提。

而从保险的立法角度，对以人的生命和健康为保险标的的人身保险有相应的顾虑，不允许与被保险人毫无关系的人使用或利用被保险人的生命和健康权益，因此《保险法》中明确规定"人身保险的投保人在保险合同订立时，对被保险人应当具有保险利益"，但同时也规定只要被保险人同意投保人为其订立合同，就视为投保人对被保险人具有保险利益，从而使得信托的受托人成为保单当事人成为可能，以保险金请求权作为信托财产成为可能。

首先，作为保险金信托的信托财产的保险金请求权应具有确定性。保险金请求权是"将来的权利"，无论是终身寿险还是大额年金险，都是在设立信托时已存在而在将来才能变现的权利，其权利的内容、范围、价值在保险金信托设立时是可以确定的，只是在将来才可以实现，同时也具备可转让性，因此目前用于设立保险金信托的保险险种主要是终身寿险和大额年金险，对应的保险金请求权可以作为确定的信托财产设

立信托。

其次，业务操作应避免信托财产不确定性可能导致信托效力瑕疵的风险。目前广泛开展的保险金信托业务模式可以避免此类风险。实践中，投保人作为委托人设立保险金信托，在信托合同中约定，将被保险人为本人的人寿保单的投保人和受益人均变更为保险金信托的受托人，信托成立并生效，投保人同时在保险公司办理相应的变更手续并经保险人确认生效，则可以解决保险公司对保险利益的顾虑，保证了保单的有效性和确定性，从而进一步保障信托财产的确定性。

四、保险金信托的信托财产稳定性问题

由于《保险法》的相关约定可能影响保单，并对作为信托财产的保险金请求权产生影响，所以保险金信托的信托财产稳定性问题也应受到关注。

首先，《保险法》规定投保人和被保险人享有变更保险受益人的权利，还规定了一定条件下保险人不承担给付保险金责任或者保单不能转让的条款，这意味着存在保险金请求权因受益人变更而受到影响的不稳定因素，也存在可能导致信托财产灭失的其他风险。对此，参考保险金信托业务较为成熟的日本和我国台湾地区的经验，可以由设立信托的投保人签署放弃变更保单受益人处分权的文件，并在开展保险金信托业务时全面考虑、充分了解可能影响信托财产稳定性的情形，熟悉法律条文和对应的法律关系，并在合同中设定相应的限制或预防性条款，充分保障信托财产稳定。

其次，投保人的多样化需求也可能影响保单价值，进而对信托财产的稳定性产生影响。实践中，投保人在设立保险金信托后往往还有减保退保、保单质押融资或者追加保单等个性化需求，上述情形在设立信托后是否可以操作、如何操作、如何进行相应的信息披露或告知义务、是否应当由受托人同意或知晓等相应的细节约定都应当在信托文件中予以明确，才能有效避免保险金信托财产可能的不稳定等问题所引发的各类风险。

不仅如此，在立法上也应当尽快明确保险金信托的法律地位，制定相应的规范性文件和行业指引，为保险金信托的信托财产提供保障，同时对业务的运作模式、保险人和受托人的权利义务关系等作出明确规定，全面保证保险金信托的稳定运行。

（执笔人：殷晓薇）

境外保险金信托业务发展特点对我国的启示*

保险金信托以家族财富的传承和管理为目的，兼具保险与信托的功能优势，受到广大客户的认可和青睐。1886 年英国推出全球首款保险金信托产品，20 世纪初美国和日本也相继推出保险金信托，发展至今较为成熟。我国台湾地区则于 2001 年推出保险金信托，并在监管机构的鼓励发展下，已成为居民财富传承的重要工具。与境外相比，我国保险金信托处于起步发展阶段，普及程度较低，制度尚未健全。境外保险金信托发展的特点给我国保险金信托推广提供了经验借鉴。

一、保险金信托对接的保险种类较为丰富

设立保险金信托，其先决条件是保险金给付。所以出险概率高、保险金额大的保险产品适合对接信托。在美国，装入信托的保险主要是人寿保险，其中终身寿险因保险金赔付具有确定性，运用最为普遍。随着保险金信托的不断发展，美国在保险金信托的基础上，衍生出残障者保险信托、最后生存者保险信托、住院保险信托、医疗保险信托、慈善保险信托等细分产品，服务公众的广泛需要。我国台湾地区的保险业高度发达，保险深度接近 20%，寿险深度长期位列全球第一，保险产品类型非常丰富。因而，我国台湾地区保险金信托对接的保险产品种类多样，覆盖人寿保险（包括祝寿保险金和身故保险金）、健康保险（包括长期照顾一次保险金和长期照顾分期保险金）、伤害保险（包括身故、残废保险金）等。

我国保险金信托发展仍处于初期，保险金信托产品类型较为单一，主要集中于终身寿险和年金保险。借鉴境外保险金信托细分业务类型，我国信托公司及保险公司也可积极开展产品创新。一方面，拓宽可设立信托的保险险种，基于现有保险品种，探索与健康险、意外保险等其他险种与信托的对接。另一方面，丰富保险金信托业务的应用场景，探索残障者保险金信托、最后生存者保险金信托、老年人保险金信托、高风险职业者保险金信托、住院保险金信托、医疗保险金信托、慈善保险金信托等产品，扩大保险金信托的覆盖范围。

二、保险金信托交易结构受税收政策影响较大

在美国的保险金信托中，受托人持有保单完全权利。美国保险金信托主要基于避

---

* 本文写于 2021 年 10 月 21 日。

税目的而设立。美国税收制度规定，被保险人死亡时其本人或其控制的任何实体持有或控制的保单保险金必须征收遗产税。为了最大限度避免被征收遗产税，美国的保险金信托主要采用信托投保模式，大量采取“不可撤销保险金信托计划”，主要通过先设立信托，再以信托财产投保的形式，受托人享有持有保单、退保、变更受益人在内的所有保单权利，从而将保单与被保险人的应税遗产进行隔离。如果投保人将已生效的保单转移至信托，则保单的现金价值、变更保单受益人、解除或转让保单等权利也一并转移给受托人，才能达到美国税法上关于死亡保险金免征遗产税的规定。

在日本的保险金信托中，受托人则仅享有保单上的保险金请求权。日本民众十分热衷于购买保险产品，对保险金有效管理及分配需求不断增长，保险金信托应运而生。与美国遗产税政策不同，日本遗产税采取“先分后税”征收法，即把应征遗产税的所得额先分配到继承人之后再分别计税，因此实际上缴纳遗产税的纳税人只占全体国民的4% ~5% 。由于大部分民众的保单无须缴纳遗产税，所以日本的保险金信托的交易结构有所简化，即投保人仅将保单上的保险金请求权转让给受托人，保单的其他权利如保单解除权、保费缴纳义务等仍由委托人享有。该模式也被认为是简化型保险带动信托模式。

从美国和日本保险金信托交易结构的区别可以看出：一方面，遗产税是推动保险金信托发展的积极因素，但并不是决定性因素，日本保险金信托发展显示居民对保险金的有效管理和传承的需求才是更大的推动力量；另一方面，遗产税的具体要求影响保险金信托的交易结构，以及受托人在保险金信托中的权利义务和责任。我国目前尚未开征遗产税，保险金信托的主要模式与日本相似，为简化型保险带动信托模式，未来应关注遗产税、信托税收等政策对保险金信托业务的影响。

三、保险金信托更多由保险公司推动且设立简便

保险金信托由于业务场景的特殊性，需要依靠保险公司的销售引导。在美国，保险金信托主要由保险公司为主导提供。购买人寿保险时，保险经纪人或专业机构往往会建议客户考虑将保单装入信托。投保并设立信托是一种司空见惯的现象。在日本，保险公司和信托银行都可以担任信托受托人提供保险金信托服务，但主要以信托银行担任受托人为主。在“简化型保险带动信托模式”下，保险公司和受托人之间做好保险金的划拨即可。得益于流程的简便，居民在信托银行的窗口即可随时办理保险金信托，有力地推动了保险金信托的普及。

与境外保险公司可以销售保险金信托产品不同，我国保险公司提供保险金信托服务还存在一定政策限制。《中国保监会关于严格规范非保险金融产品销售的通知》规

定："保险公司、保险专业中介机构及其从业人员不得销售非保险金融产品，经相关金融监管部门审批的非保险金融产品除外。"由于监管对保险金信托的产品定位尚未明确，所以保险公司对保险人员销售保险金信托产品管理较为严格，限制了保险销售人员推荐保险金信托的动力。未来，应推动监管机构明确保险金信托定位，明确允许保险公司推介保险金信托产品，促进保险金信托的推广普及。

四、保险金信托发展受到制度保障和监管鼓励

境外保险金信托业务的发展有较为完善的法律制度作为保障。美国通过建立完备的信托法律制度、税收制度、公示制度、监管制度以及投资者保护制度，为保险金信托发展提供全面完善的保障基础。特别在信托领域，一方面，通过《统一信托法》《信托公司准备法》《信托契约法》等成文法典以及《美国信托法重述》等学术著作，为各州立法提供统一的示范；另一方面，对不动产信托、遗产信托、慈善信托等均设立专门法律法规或细则，为保险金信托各类细分产品的推出提供制度保障。此外，美国证券交易委员会下属的投资者教育和宣传办公室负责统筹包括保险金信托在内的各类产品的投资者教育工作，保护保险和信托当事人权益。

我国保险和信托相关的法律法规对保险金信托尚未有明确的规定。借鉴境外保险金信托监管和制度环境，一是建议监管机构出台保险金业务鼓励政策，积极引导保险公司和信托公司提供保险金信托服务，满足居民财富传承和管理需求；二是出台保险金信托服务机构资格要求、业务规范等方面的具体规定，制定信托公司和保险公司保险金信托产品销售行为规范，保护保险当事人和保险金信托当事人的权益；三是出台保险金信托业务指引，明确保险金信托中各参与主体的权利义务与责任，对保险与信托的衔接、合同关键条款、禁止性行为等内容作出统一规范。

（执笔人：沈苗妙）

关于保险金信托风险管理的初步设想*

近年来，保险金信托业务在我国迅速发展，为委托客户的家庭财产规划提供了更丰富的选择。保险金信托业务范围快速扩大，为了充分保障信托财产安全和信托当事人的权益，对保险金信托在设立环节和管理运行中的全面风险管理提出了更高要求，相关的风险因素及其应对措施也受到更多重视，本文对此进行初步探讨。

一、设立环节中的相关风险因素及其应对建议

保险金信托的信托目的、存续周期、信托财产类型、财产交付确认等方面都有别于传统信托项目。因此，在其设立过程中应充分注意风险管理，受托人更应当做到全面勤勉尽职，对各个基本环节中可能产生风险的因素予以关注并实施有效应对措施，具体表现在以下几个方面。

（一）尽职调查

保险金信托的尽职调查环节应当充分履行勤勉职责。受托人应在确认信托方案前进行充分的客户沟通和背景调查，做好客户身份审查和反洗钱调查等相关工作，对相应的资料核实确认，做到尽职调查审慎完善，防范因尽职调查不充分或不完善而产生的项目风险，保障保险金信托的设立安全。

（二）风险分析

保险金信托的风险分析环节应当进行全面风险评估。受托人应检查并确认委托人信托目的的合法性以及信托财产的真实性，合理规划和安排信托财产的管理、运用和处分事宜，全面分析保险金信托在整个项目周期中的风险因素，并对可能产生的相关风险进行充分揭示。

（三）项目审批

保险金信托的项目审批环节应当按照规范流程执行。受托人应建立并完善保险金信托项目上会审批制度及合同审查制度。项目审批流程要做到清晰规范，保障项目审查的全面完善；合同审查过程应有合理的审查复核机制，保障信托文件的合法合规。

（四）成立生效

保险金信托的成立生效环节应当严格注意风险控制。一是签约环节，受托人在签

* 本文写于2021年12月2日。

约手续过程中应按照公司制度要求向委托人进行充分的风险揭示，并对签约过程进行录音录像，确保签约过程的真实合法；二是在信托财产交付环节，应及时按照保险公司要求配合办理保险受益人的变更和信托财产的交付手续，并对相关资料进行确认，核实审查相关信托财产交付凭证的真实性和合法性，完成信托财产的安全交付后办理信托的成立手续，以充分保障相关当事人的合法权益。

二、管理运行中的相关风险因素及其应对建议

保险金信托的存续期限长，为了实现对信托财产的长期管理、运用、处置和有序分配，保障受益人利益，对项目管理运行中的安全稳定要求也较高。因此，受托人应当做到受托管理充分尽职，同时在信托文件中对保险金信托管理运行期间可能产生的风险进行全面揭示，并在保险金信托的运行管理中特别注意可能产生风险的相关因素，具体涉及以下几个典型环节。

（一）运营维护

保险金信托对长期稳定的运营维护提出了较高要求。由于信托存续期限长，对相关资料等文件的管理要求较高，对信息的存储、处理及保护的要求也较高，信托长期存续中可能暴露的市场风险、法律与政策风险也较高，因此需要受托人特别注意信托存续期间的管理运行安排，严格按照信托文件约定执行运营维护工作，建立全面完善的运营维护机制，提供高效的系统支持，并对长期管理做出有效规划。

（二）保险理赔

保险金信托存续期间涉及保险理赔相关事宜，具有其特殊的风险管理要求。首先，应明确保险理赔前的各方职责，做好相应的事务管理工作，保障信息传递通畅和及时，确保可以根据信托文件及保险合同的约定及时办理保险理赔事项；其次，在保险事故发生后保险公司办理理赔并给付保险金至信托账户，受托人配合做好各类文件提交及资料核实等工作，保障理赔事宜的安全性和实效性；最后，还应当关注保险理赔后的管理工作，确认理赔资金到账后，受托人应根据信托合同约定妥善管理、运用和处分保险金。

（三）投资及流动性安排

保险金信托的投资及流动性安排需均衡考虑，提供相对稳健的投资选择和一定的流动性安排。投资环节应按照约定程序进行，并对投资标的的发行人、管理人及相关服务机构的资质、管理能力、相关知识和经验以及操作能力等可能产生的风险充分提示，确保投资环节的安全性；此外，还应当提供适当的流动性安排并解释相关风险，

按照信托文件要求执行，保障信托受益人的相关利益。

（四）信托变更事项

保险金信托的信托变更事项涉及保险和信托两个方面，应全面考虑可能产生风险的因素。在保险金信托的变更事项中关注变更事项对保险金信托的影响及保险公司和信托公司在其中应当承担的具体职责十分重要。对保单变化相关的保险受益人变更、保单价值变化、追加信托财产等事宜，需要在信托文件中约定清晰，控制可能导致信托财产价值发生变化或者影响信托存续而产生的相关风险；对信托发生变更相关的信托当事人变更、信托财产追加等事宜，应当在信托文件中予以明确，对变更事项充分做好过程管理、信息披露以及确认工作。

（五）信托利益分配

保险金信托应对信托利益分配的有序进行提供保障。一般而言，保险金信托的信托利益分配在信托成立之后几年甚至更长时间之后才会发生，因此要与委托人沟通，做好分配计划，在信托利益分配环节按照信托文件约定进行文件、资料及凭证的形式审核、表面一致性审查等工作，并做好剩余信托财产归属权利人的确定及剩余信托财产分配的安排工作，在信托文件中明确流程安排和相应的风险揭示，为信托利益分配时的安全有效性提供保障。

（六）信息管理及披露

保险金信托的信息管理及信息披露工作需要保证时效性和安全性。一是信息管理方面，保险理赔事宜关系到信托资金的到账安排，而理赔和保险金的给付工作应由保险公司完成。因此，保险事故发生前后的信息管理工作尤为重要，受托人应保持与委托人的有效联系，跟踪关注保险公司经营情况，保险事故发生后，投保人、被保险人或受益人有义务通知保险公司以及提供理赔相关材料，应做好定期和不定期的信息更新维护工作，并根据信托文件和保险合同的约定及时办理保险理赔等事项。二是信息披露方面，受托人应当做好信息披露工作，及时对各相关方进行信息更新和跟踪管理，并按照信托文件约定做好保密工作，保障信托当事人的合法权益，避免发生信息披露不及时或保密义务未落实而产生的风险。

（执笔人：殷晓薇）

2021 年第一季度信托公司资产证券化业务发展的主要特征 *

在监管部门压降信托通道类业务、非标融资类业务以及控制房地产信托规模的大背景下，资产证券化业务已成为信托公司扩大信托规模、推进业务转型、形成长期收入的重要业务类型。尽管我国资产证券化市场 2020 年年初受新冠肺炎疫情影响较大，但随着社会经济全面复苏，资产证券化市场也恢复活跃。2021 年第一季度，资产证券化一级市场新发行项目数量和规模均实现同比快速增长，发行机构参与度也有所提高，但市场也同时表现出了一定的结构化特征。

一、市场总体规模同比实现快速增长

根据 Wind 数据，截至 2021 年第一季度末，总体来看，资产证券化市场发行总额已达 6. 69 万亿元，发行余额达到 4. 60 万亿元（见表 1）。2021 年第一季度，资产证券化新发行规模达到 6 456. 08 亿元，同比增长 52. 29%，其中银行 CLO、企业 ABS 和 ABN 新发行规模分别为 2 209. 94 亿元、3 245. 37 亿元和 1 000. 77 亿元，季度同比增速分别达到 104. 31%、30. 04% 和 51. 15%（见表 2）。

表 1　2021 年第一季度资产证券化市场发行总额及发行余额情况

类别	截至 2021 年第一季度发行总额/亿元	截至 2021 年第一季度余额/亿元
银行 CLO	28 506. 10	16 097. 30
企业 ABS	29 328. 93	22 763. 88
ABN	9 103. 78	7 168. 22
合计	66 938. 81	46 029. 40

数据来源：Wind，中诚信托投资研究部整理。

表 2　2021 年第一季度资产证化市场新发行情况

类别	2021 年第一季度新发行数量/只	新发行数量季度同比增速	2021 年第一季度新发行规模/亿元	新发行规模季度同比增速
银行 CLO	42	90. 91%	2 209. 94	104. 31%

* 本文写于 2021 年 4 月 29 日。

续表

类别	2021 年第一季度新发行数量/只	新发行数量季度同比增速	2021 年第一季度新发行规模/亿元	新发行规模季度同比增速
企业 ABS	330	23.13%	3 245.37	30.04%
ABN	102	78.95%	1 000.77	51.15%
合计	474	36.60%	6 456.08	52.29%

数据来源：Wind，中诚信托投资研究部整理。

二、发行机构参与度有所提高

一是从数量来看，2020 年第一季度三类资产证券化业务的发行机构数量同比均有增加。根据 Wind 数据，银行 CLO 业务发行机构参与数量从 2020 年第一季度的 12 家增加至 2021 年第一季度的 13 家，企业 ABS 业务发行机构参与数量从 56 家增加至 65 家，ABN 业务则从 15 家增加至 28 家（见表 3）。

表 3　第一季度资产证券化市场发行机构数量（2019—2021 年）

类别	2021 年第一季度	2020 年第一季度	2019 年第一季度
银行 CLO	13	12	10
企业 ABS	65	56	51
ABN	28	15	22

数据来源：Wind，中诚信托投资研究部整理。

二是从发行规模来看，资产证券化业务的头部信托公司持续保持竞争优势，建信信托、华能信托、华润信托等信托公司在多个业务品种持续保持较大的新发行规模（见表 4、表 5 和表 6）。根据 Wind 数据，2020 年第一季度，建信信托共发行银行 CLO 项目 8 单合计 582.90 亿元，共发行 ABN 项目 7 单合计 88.34 亿元；华能信托发行银行 CLO 项目 5 单合计 176.20 亿元，共发行 ABN 项目 21 单合计 211.39 亿元，以及共发行 2 单企业 ABS 项目合计 13.92 亿元；华润信托共发行银行 CLO 项目 7 单合计 68.39 亿元，共发行 ABN 项目 12 单合计 108.98 亿元。

表 4　2021 年第一季度银行 CLO 发行机构情况

发行机构	发行项目总数	发行规模/亿元
建信信托	8	582.90
外贸信托	5	302.37
上海信托	6	298.41

续表

发行机构	发行项目总数	发行规模/亿元
兴业信托	2	202.99
中粮信托	2	200.00
华能信托	5	176.20
中海信托	1	134.92
交银信托	3	90.36
中信信托	2	88.51
华润信托	7	68.39
江苏信托	1	38.67
重庆信托	1	20.00
国元信托	1	18.89

数据来源：Wind，中诚信托投资研究部整理。

表 5　2021 年第一季度企业 ABS 发行机构发行规模 TOP 10

计划管理人	发行项目总数	发行总额/亿元
平安证券	57	557.71
中信证券	28	335.15
华泰资管	29	260.23
信达证券	3	214.08
平安汇通	18	171.99
国泰君安资管	13	156.60
中信建投	17	151.85
南方资本	10	109.54
中金公司	8	100.79
长城证券	16	96.89

数据来源：Wind，中诚信托投资研究部整理。

表 6　2021 年第一季度 ABN 发行机构发行规模 TOP 10

发行机构	发行项目总数	发行规模/亿元
华能信托	21	211.39
华润信托	12	108.98
建信信托	7	88.34
天津信托	6	60.00
重庆信托	2	60.00

续表

发行机构	发行项目总数	发行规模/亿元
五矿信托	7	43.49
中航信托	5	42.28
百瑞信托	2	37.84
云南信托	6	33.60
华宝信托	3	32.46

数据来源：Wind，中诚信托投资研究部整理。

三、市场机会进一步向特定基础资产集中

一是银行CLO业务中，RMBS业务持续占比较高且发行明显提速。一方面，RMBS业务持续占比较高。根据Wind数据，自2017年以来，除个别时间段外，RMBS在新发行信贷CLO中的占比整体处于过半态势。在2018年第四季度达到历史最高（占比66.42%）后，RMBS占比有所下滑，但2020年第二季度以来重拾升势，2021年第一季度个人住房抵押贷款类基础资产新发行规模约为1 352.80亿元，发行规模占比达到61.21%。值得注意的是，近年来RMBS入池抵押住房也出现了一、二线占比走高的趋势，例如“兴元2021年第一期个人住房抵押贷款资产支持证券”中入池抵押住房一、二线占比为48.28%，“杭盈2021年第一期个人住房抵押贷款资产支持证券”中入池抵押住房一、二线占比达到80.35%，“鑫宁2021年第一期个人住房抵押贷款资产支持证券”中入池抵押住房一、二线占比甚至达到87.38%。

另一方面，RMBS业务发行提速。根据Wind数据，2021年第一季度个人住房抵押贷款类基础资产的信贷CLO新发行规模远超往年第一季度，且首次超过1000亿元，与2020年第一季度相比，同比增速达到236.20%。2021年第一季度，中国农业银行作为发起机构的“农盈汇寓2021年第一期个人住房抵押贷款资产支持证券”，项目规模达到200.15亿元，位居银行CLO单项目规模历史第二。同时，“工元乐居2021年第一期个人住房抵押贷款资产支持证券”“工元乐居2021年第二期个人住房抵押贷款资产支持证券”“兴元2021年第一期个人住房抵押贷款资产支持证券”等多个项目规模也均超过了100亿元。RMBS业务的同比大增，或与此前中国人民银行、中国银保监会联合发布的《关于建立银行业金融机构房地产贷款集中度管理制度的通知》有关，市场认为RMBS将成为商业银行应对房地产贷款集中度管理的重要措施，但2021年4月以来监管方面亦有控制发行量甚至投资RMBS可能会被认为属于占用涉房额度的态度，RMBS业务的未来供给情况仍需视监管的态度而定。

二是企业 ABS 和 ABN 业务较高程度依赖保理公司、租赁公司形成的基础资产，企业 ABS 和 ABS 业务与保理公司合作十分紧密。从合作机构类型来看，根据 Wind 数据，2021 年第一季度，企业 ABS 共涉及发起机构 173 家，ABN 业务共涉及发起机构 60 家，合计涉及发起机构 213 家（刨除重复），其中保理公司共 55 家，租赁公司共 54 家，合计占比过半。

从基础资产类型来看，企业 ABS 依赖供应链账款、应收账款、租赁资产类基础资产，根据 Wind 数据，2021 年第一季度前述三类基础资产涉及的企业 ABS 新发行规模合计达到 2 043. 66 亿元，规模占比约为 62. 97%；ABN 业务依赖票据收益类基础资产，2021 年第一季度该类基础资产涉及的 ABN 业务新发行规模达到 592. 81 亿元，规模占比约为 59. 24%。从 2020 年以来的数据看，自 2020 年 5 月起，票据收益类基础资产占比跃升且整体持不断走高的态势。

从目前业务发展来看，企业 ABS 和 ABN 业务较高程度依赖保理公司、租赁公司形成的基础资产也与供应链金融保理资产证券化业务属于较为成熟的资产证券化业务且近年来快速发展有关。2020 年 9 月，中国人民银行等八部委联合发布的《关于规范发展供应链金融　支持供应链产业链稳定循环和优化升级的意见》，也对供应链金融及相关资产证券化的发展起到了进一步的促进作用。2021 年 2 月 26 日，中国证监会在官网发布《关于政协十三届全国委员会第三次会议第 4666 号提案的答复》，提出中国证监会积极推进产业链良性发展，创新推出基于优质核心企业信用的供应链金融资产证券化模式；下一步，将继续拓宽供应链金融 ABS 的行业领域，支持更多符合条件的企业利用供应链金融 ABS 融资。

四、业务开展受到债市整体调整的影响

债市调整及高等级信用主体债券违约对资产证券化产品也产生一定影响。一是票面发行利率环比有所下降。受信用债违约的影响，交易所市场等对弱资质发行主体的监管力度加大，高等级主体发行债券占比提高，相应的市场加权平均发行利率也随之下降。二是评级调低显著增加。根据 Wind 数据，2020 年全年，共 262 只资产支持证券类债券发生评级调整，其中调低的共 31 只，调高的共 231 只；2021 年第一季度，则共有 68 只债券发生评级调整，其中调低的共 67 只，调高的仅 1 只。这对信托公司下一步开展资产证券化业务也提出了挑战，尤其是作为 ABN 的特定受托机构，要充分认识并采取有效措施控制基础资产风险，并做好受托管理服务。

（执笔人：崔继培）

信托公司开展不良资产证券化业务的展望与建议*

防范化解重大风险是党的十九大确定的三大攻坚战之一，其中重点是防范化解金融风险。近年来，随着宏观经济增速放缓压力加大、产业结构深度调整，全社会不良资产规模呈上升趋势，风险资产处置需求和投资机会迅速增长。不良资产证券化作为不良资产处置的有效方式之一，因批量化、市场化、透明化的优势，数量及规模快速增长。面对当前不良资产处置机遇，信托公司可发挥资产转移与风险隔离制度优势，积极参与不良资产证券化业务，打造在不良资产证券化的市场竞争优势。

一、信托公司开展不良资产证券化业务的现状

不良资产证券化是由发起人将不良资产委托给信托公司，由信托公司设立信托计划作为 SPV 并发行以信托财产为支持的资产支持证券。相较于传统不良资产处置模式，证券化处置在实现风险转移的同时，推动资产的批量和规模化处置，成为不良资产处置的重要途径。

（一）不良资产证券化数量及规模快速增长

据 Wind 统计，自 2016 年不良资产证券化试点重启以来，截至 2021 年 11 月 16 日，16 家信托公司以计划管理人角色参与发行信贷不良资产支持证券，发行总数量为 192 单，发行总规模为 1 034. 36 亿元。其中，2020 年发行数量及规模呈大幅上升，较 2019 年规模及数量近翻倍，特别是 2020 年 12 月不良资产证券化产品发行数量为 28 单，发行规模为 139. 35 亿元，接近全年总数的一半，契合了不良资产处置市场的快速发展趋势（见图 1）。

（二）不良资产证券化的基础资产以个人住房抵押及信用卡贷款为主

目前不良资产证券化基础资产包括个人住房抵押、信用卡、企业贷款、混合贷款、个人消费、小微企业贷款、汽车等 7 类资产，其中个人住房抵押贷款不良资产证券化发行规模为 348. 03 亿元，位居首位，个人信用卡不良资产发行数量为 111 单，位居首位。企业贷款、混合贷款、汽车等基础资产发行数量及规模相对较小（见图 2）。

---

* 本文写于 2021 年 11 月 18 日。

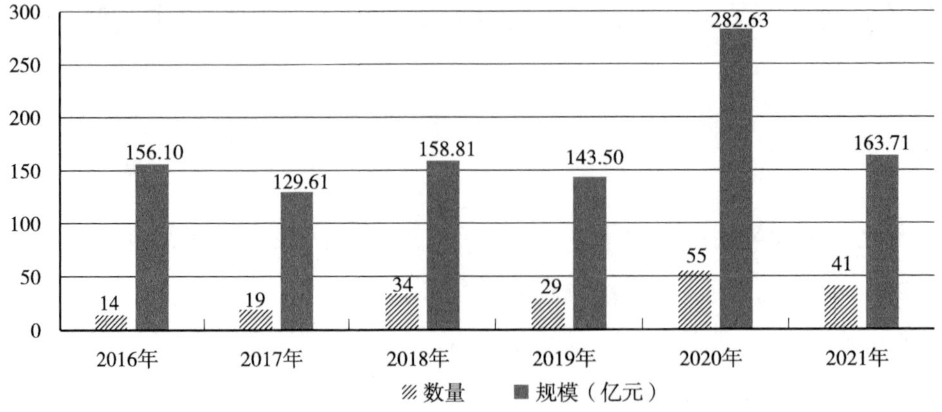

图1　2016—2021 年不良资产证券化发行数量及规模

数据来源：Wind，中诚信托投资研究部整理。

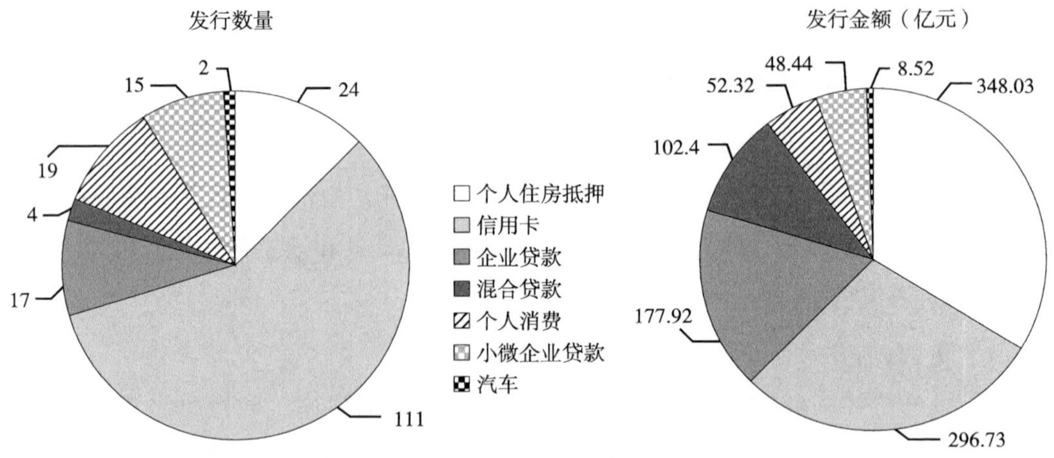

图2　2016—2021 年不良资产证券化各类基础资产发行数量及金额

数据来源：Wind，中诚信托投资研究部整理。

（三）不良资产证券化原始权益人多数为大型商业银行

截至 2021 年 11 月 16 日，已开展不良资产证券化的原始权益机构共 23 家，其中商业银行 20 家，资产管理公司 3 家。国有大型商业银行的发行规模、数量排名靠前，据统计，中国工商银行、中国建设银行 2016 年至今总计发行规模超过 200 亿元，分别为 345.19 亿元、285.74 亿元，发行数量均为 36 单（见表 1）。就基础资产类型而言，中国工商银行、招商银行、中国建设银行、中国农业银行等主体涉及范围更加多元，其中，中国工商银行发行产品基本涉及了目前 7 类资产类型，其余主体主要聚焦于信用卡及小微企业贷款，3 家资产管理公司的基础资产均为企业贷款。根据不良资产证券化试点名单，34 家试点单位中已有近 7 成成功发行产品，尚未发行不良资产证券化产品的试点单位主要为新入围试点名单的地方银行及农村商业银行。

表 1　2016—2021 年不良资产证券化原始权益人发行情况统计表

原始权益人单位名称	发行数量	发行金额/亿元
中国工商银行股份有限公司	36	345. 19
中国建设银行股份有限公司	36	285. 74
中国农业银行股份有限公司	17	66. 20
招商银行股份有限公司	25	57. 73
交通银行股份有限公司	7	55. 50
上海浦东发展银行股份有限公司	16	39. 57
中国银行股份有限公司	11	39. 35
中国信达资产管理股份有限公司	1	23. 00
中信银行股份有限公司	7	21. 26
兴业银行股份有限公司	7	16. 23
平安银行股份有限公司	5	15. 06
中国华融资产管理股份有限公司	1	13. 50
华夏银行股份有限公司	3	10. 40
中国东方资产管理股份有限公司	1	9. 00
中国民生银行股份有限公司	8	8. 41
江苏银行股份有限公司	1	7. 25
浙商银行股份有限公司	3	5. 42
广发银行股份有限公司	2	4. 90
杭州银行股份有限公司	1	4. 25
中国邮政储蓄银行股份有限公司	1	2. 30
北京银行股份有限公司	1	2. 00
中国光大银行股份有限公司	1	1. 25
贵阳银行股份有限公司	1	0. 85
总计	192	1 034. 36

数据来源：Wind，中诚信托投资研究部整理。

（四）不良资产证券化的受托机构较为集中

市场具有明显的头部效应和市场黏性。截至 2021 年 11 月 16 日，共计有 16 家信托公司参与不良资产支持证券业务，且相对集中于市场头部企业，其中，建信信托、中海信托、华润信托受托管理的信贷不良资产支持证券规模排名前三，发行规模占据市场份额的 63. 6%（见表 2）；建信信托、华润信托、上海信托成立规模数量排名前三，发行数量占据市场份额的52.1%。此外，因股东关系与战略合作伙伴关系，受托管理人与原始权益人之间具有显著的市场黏性，如建信信托与中国建设银行，外贸信托与招商银行，兴业信托与兴业银行等，详情见表2。

表2　2016—2021年不良资产证券化受托人情况统计表

受托人机构名称	发行数量/个	发行金额/亿元	主要对应原始权益人
建信信托有限责任公司	45	316.36	中国东方资产管理股份有限公司 中国建设银行股份有限公司 中国农业银行股份有限公司 中国邮政储蓄银行股份有限公司
中海信托股份有限公司	13	196.78	中国工商银行股份有限公司
华润深国投信托有限公司	30	144.97	杭州银行股份有限公司 华夏银行股份有限公司 兴业银行股份有限公司 招商银行股份有限公司 浙商银行股份有限公司 中国工商银行股份有限公司 中国银行股份有限公司
上海国际信托有限公司	25	60.3	江苏银行股份有限公司 上海浦东发展银行股份有限公司 中国农业银行股份有限公司
交银国际信托有限公司	9	59.46	交通银行股份有限公司 中国工商银行股份有限公司 中国农业银行股份有限公司
中信信托有限责任公司	9	58.05	中国农业银行股份有限公司 中国银行股份有限公司 中信银行股份有限公司
中国金谷国际信托有限责任公司	7	53.57	华夏银行股份有限公司 招商银行股份有限公司 中国信达资产管理股份有限公司 中国银行股份有限公司
中国对外经济贸易信托有限公司	16	52.28	招商银行股份有限公司 中国工商银行股份有限公司 中国银行股份有限公司

续表

受托人机构名称	发行数量/个	发行金额/亿元	主要对应原始权益人
平安信托有限责任公司	5	26.26	平安银行股份有限公司 中国华融资产管理股份有限公司
华能贵诚信托有限公司	13	25.35	北京银行股份有限公司 广发银行股份有限公司 贵阳银行股份有限公司 平安银行股份有限公司 兴业银行股份有限公司 中国工商银行股份有限公司 中国民生银行股份有限公司
兴业国际信托有限公司	7	17.77	兴业银行股份有限公司 中国银行股份有限公司
广东粤财信托有限公司	5	6.7	招商银行股份有限公司
中航信托股份有限公司	3	6.09	招商银行股份有限公司
英大国际信托有限责任公司	3	4.72	中国光大银行股份有限公司 中国民生银行股份有限公司
中铁信托有限责任公司	1	4.37	中国工商银行股份有限公司
长安国际信托股份有限公司	1	1.33	浙商银行股份有限公司
总计	192	1 034.36	

数据来源：Wind，中诚信托投资研究部整理。

二、不良资产证券化业务市场前景展望

在新冠肺炎疫情和地缘政治等多重因素的影响下，全球资本市场波动可能性加大，经济复苏仍存在一定挑战，不良资产处置需求也将随之增加，不良资产处置证券化业务领域将有更广阔的发展空间。

（一）预期市场容量将进一步提升

据中国银保监会统计，截至 2021 年 9 月末，国内商业银行不良贷款余额为 2.83 万亿元，不良贷款率为 1.8%。同时，受经济增速放缓等因素冲击，信托项目、非标债权、P2P 网贷和金融租赁款等金融领域不良资产存量风险集中释放。此外，受“三道红线”、限价政策等房企政策限制及国有大中型企业分离业务加速推进，均为不良资产证券化业务的开展提供了基础资产来源。

（二）政策导向更加积极

不良资产证券化试点主体范围与发行额度不断扩容，至2019年年末不良资产证券化试点范围新增了四大资产管理公司、城市商业银行及部分农村商业银行，目前试点单位总计34家，总发行额度增至1000亿元。资产证券化审批及备案流程进一步简化，2020年9月，中国银保监会印发《关于银行业金融机构信贷资产证券化信息登记有关事项的通知》，明确不再对信贷资产证券化产品备案登记，实施信贷资产证券化信息登记。2020年下半年，中国人民银行将不良资产证券化纳入注册制范畴。

（三）不良资产证券化业务市场运作将更加成熟

2016年4月19日，中国银行间市场交易商协会发布施行《不良贷款资产支持证券信息披露指引（试行）》，对不良贷款资产支持证券信息披露评价与反馈机制做出明确规定。经5年试点运行，不良资产证券化业务运作模式不断成熟，定价规则、信息化披露等市场机制与监管政策更加规范，不良资产证券化业务的市场认可度不断提升。

三、信托公司参与不良资产证券化业务的建议

（一）强化战略合作伙伴关系

信托公司作为唯一的不良贷款证券化的受托机构，开展不良资产证券化业务必然需要与银行、资产管理机构构建深度合作关系。鉴于现阶段不良资产证券化的基础资产多为个贷抵押及信用卡不良，因此展业策略宜选择大客户策略，未来需特别关注城市商业银行、农村商业银行市场展业机会。第三批不良资产证券化试点已将部分城市商业银行、农村商业银行纳入试点范围，因农村商业银行不良贷款率远高于大型商业银行和股份制银行，亟须通过不良资产证券化等方式推动不良资产处置。

（二）进一步探索拓展基础资产范围

房企分化与整合、国企混改、国企重组整合等为不良资产证券化业务发展提供更广阔的发展空间。信托公司应进一步拓展证券发行与存续期受托管理职责，积极发挥信托资产和破产隔离、服务托管等功能，依托在不动产领域的人才优势和专业经验，延展在房地产、基础设施等领域的资产识别、风险定价等优势，探索开展相关领域不良资产证券化业务。

（三）强化不良资产证券化资金渠道的建设

做好投资客群发现与培育。不良资产具有风险高、现金流不稳定等特征，其处置收益面临一定的不确定性，对投资人风险承受能力有较高要求。在不良资产证券化发行中，信托公司要强化资金配置管理，以专业投顾角色，做好投资客群发现与培育，

引导各类资本参与不良资产证券化业务。

（四）在不良资产证券化中持续提升专业能力

信托公司着重加强产品设计和机构客户承销推介，不断提升在不良资产证券化业务中的创设资产、承揽、承做、发行、承销等各个环节的专业水平，由单纯的通道角色，转变为发起人、计划管理人、承销商等多重角色，在不良资产证券化业务领域提供更加综合的金融服务。

（执笔人：张炜）

展望信托公司绿色资产证券化业务的发展机遇*

"3060 双碳目标"的确定和推进给绿色金融市场的发展带来新的机遇。绿色资产证券化业务在绿色金融体系中占据重要地位，随着政策环境的改善和配套制度的完善，市场发展潜力巨大。信托公司应发挥自身制度优势，把握绿色资产证券化市场的发展机遇，推进行业转型发展。

一、绿色资产证券化的概念与范围

与一般资产证券化产品相比，绿色资产证券化产品在交易结构、现金流归集、信用增级等产品设计方面并无差异，主要区别在于其基础资产、募集资金投向和融资主体符合绿色标准或属于绿色产业。

（一）绿色资产证券化的判断标准

上海证券交易所 2018 年 8 月 15 日发布的《资产证券化业务问答（二）》明确了绿色资产支持证券的判定规则：一是"资产绿"，基础资产属于绿色产业领域，并规定"绿色产业领域的基础资产占全部入池基础资产的比例应不低于 70%"；二是"投向绿"，转让基础资产所取得的资金用于绿色产业领域，要求"用于绿色项目的金额不低于转让基础资产所得资金总额的 70%"；三是"主体绿"，原始权益人主营业务属于绿色产业领域，对原始权益人绿色产业营收和利润占比做了明确要求。

（二）绿色产业范围

根据《绿色债券支持项目目录（2021 年版）》，绿色产业分为节能环保产业、清洁生产产业、清洁能源产业、生态环境产业、基础设施绿色升级、绿色服务六大领域，又进一步细分为 25 个二级目录、48 个三级目录和 204 个四级目录。四级目录已经具体到项目名称，并附带对该项目的说明和要求。

（三）绿色资产证券化的市场范围

根据监管机构的不同，绿色资产证券化产品类型主要包括中国人民银行和中国银保监会监管的绿色信贷资产证券化产品、中国证监会监管的绿色企业资产证券化

* 本文写于 2021 年 7 月 2 日。

产品（以下简称绿色企业 ABS）、中国银行间市场交易商协会管理的资产支持票据（以下简称绿色 ABN），以及少量中国银保监会监管的项目资产支持专项计划。

二、我国绿色资产证券化市场发展空间广阔

（一）绿色资产证券化业务已有一定规模

据东方金诚国际信用评估有限公司统计，截至2020年年末，共发行92单（428只）绿色资产证券化产品，发行规模累计达1 075.80亿元，同比增长40.58%。2020年新增27单，发行规模为310.54亿元，其中绿色企业 ABS 发行14单，发行规模为169.29亿元；绿色 ABN 发行共计13单，发行规模为141.24亿元。

（二）产品特点更加符合绿色产业发展需求

从基础资产类型来看，2020年发行的绿色资产证券化产品基础资产类型较为丰富，所分布的行业范围也非常广泛。在碳达峰、碳中和目标下，未来绿色资产证券化在节能减排、清洁能源、碳吸收等气候变化领域将大有可为，其基础资产类型和细分领域也有机会不断拓宽和扩容。

从原始权益人所属行业来看，2020年绿色企业 ABS 主要集中在清洁能源、绿色建筑、热力供热、污染防治以及清洁交通等领域；2020年绿色 ABN 市场的基础资产主要分布在清洁能源、清洁交通和污染防治领域。

从产品特点来看，2020年绿色资产证券化产品的发行成本明显下降，AAA 级平均发行利率为4.09%，同比下降55.67个 bp；AA+级平均发行利率为4.39%，同比大幅下降250.43个 bp。从发行期限来看，2020年发行的绿色资产证券化产品主要集中在1~3年期内，发行总量占比达到61.02%，一定程度上满足了绿色企业的中短期融资需求。

（三）配套制度和政策环境更加完善健全

一是注册制改革推动资产证券化市场发展。2015年，中国人民银行发布〔2015〕第7号公告，宣布对信贷资产支持证券发行实行注册制管理。2020年3月1日，修订后的《中华人民共和国证券法》正式施行，企业债券发行由核准制改为注册制。我国证券市场注册制改革的不断深化，利好绿色资产证券化市场的发展。

二是国内绿色债券标准更加统一、完备。2021年4月21日，中国人民银行、国家发展改革委、中国证监会联合发布《绿色债券支持项目目录（2021年版）》，统一了国内标准，强化了国际接轨，有利于促进绿色债券市场扩容，推动绿色资产证券化市场的新一轮增长。

三是加强引导金融机构的绿色投资。中国人民银行印发的《银行业金融机构绿色金融评价方案》于2021年7月1日正式生效，将境内绿色贷款和境内绿色债券业务纳入评价范围，银行业金融机构投资绿色资产证券化市场的意愿必将得到加强。

（四）“3060双碳目标”提供了更加广阔的市场空间

“3060双碳目标”下，“碳中和”债券应运而生。作为碳中和债券项下子品种的碳中和资产支持证券，可将碳中和项目中缺乏流动性但具有稳定未来现金流的资产盘活，进一步助力相关企业的低碳转型发展和融资需求。据统计，截至2021年4月末，市场已成功发行碳中和资产支持证券产品10单，累计发行规模178.21亿元。其中包含交易所ABS产品3单，涉及金额75.69亿元，银行间市场ABN及ABCP（资产抵押商业票据）产品7单，累计发行金额为102.52亿元。随着“3060双碳目标”的推进，将有越来越多的企业开启低碳转型发展战略，碳中和资产支持证券凭借其特有优势也将迎来更多的发展机遇，基础资产类别、分布领域也将不断扩容。

三、信托公司参与绿色资产证券化的思路建议

（一）顺应政策导向，把握市场机遇

中国信托业协会调研数据显示，截至2020年年末，信托参与绿色资产证券化业务的存续规模为641.84亿元，在全部绿色信托业务存续规模中的占比为17.86%，排名第二。信托公司开展绿色信托的主要业务形式依然是绿色信托贷款，其2020年年末的存续规模为1 909.12亿元，占比达到53.14%。在行业压降融资规模、回归信托本源的政策和市场导向下，在绿色债券市场进入快速发展周期的背景下，信托公司通过广泛开展绿色资产证券化业务来扩大经营规模、布局产业链条、实现转型发展的路径具有一定的可行性和合理性。

（二）发挥自身优势，提升业务能力

在理论上，信托公司在参与资产证券化业务中具有三方面优势：一是信托公司横跨CLO、ABS、ABN三类资产证券化市场，都可以作为发起机构；二是凭借制度优势充当SPV，以实现破产隔离、收益特定化和办理抵质押等功能；三是与券商相比，在债券承销时所计提的风险资本较低。然而现实情况是，CLO业务一般由银行主导，信托公司通常只作为纯通道。ABS市场目前只有华能信托和中信信托具有交易所的计划管理人资质，其他信托公司尚未能取得计划管理人资质，大部分信托公司扮演的仍然是纯通道角色，而且很多ABS项目中并不需要信托作为交易结构的一环。目前券商在ABS业务中占绝对主导地位。ABN业务的承做方面，每家信托公司

都可以担任 SPT（特殊目的信托），但在承销方面，目前仅有 12 家信托公司取得 ABN 的承销资格。如果不提供承销等其他关键环节的服务，信托仍然难免沦为纯通道。

因此，信托公司应利用自身优势，积极参与到包括绿色资产证券化在内的各类资产证券化业务中，积极申请交易所管理人资格和 ABN 承销资格。同时，信托公司应组建专业的资产证券化团队，为原始权益人和发行人提供全流程服务，形成较大规模的业务体量。并且，因为资产证券化产品对接的资金成本较低，所以信托公司应构建专业的机构销售团队，以胜任资产证券化业务的承销工作。

（三）发挥资源禀赋，布局产业链条

信托公司传统业务领域多为房地产、工商企业和基础设施等，在这些领域积累了一定的行业资源，可以深挖传统客户绿色项目通过资产证券化获得直接融资的新需求，因为这些行业当前也都面临着去杠杆的压力。另外，也有部分信托公司的股东拥有电力、煤炭等能源行业背景或工业、建筑、交通等重点节能领域背景，这些股东自身或其关联企业都有通过绿色资产证券化业务模式为项下绿色项目进行融资的需求。信托公司可充分利用股东资源优势，广泛与关联企业及其上下游企业开展合作，布局整个相关绿色产业链条。

（执笔人：韩鸣飞）

碳中和目标下信托业务的绿色转型*

“2030年实现‘碳达峰’，2060年实现‘碳中和’”是我国实践绿色转型走可持续发展道路的重要战略目标，将极大推动绿色产业、新能源产业、绿色金融等领域的蓬勃发展。红杉资本发布的《迈向零碳——基于科技创新的绿色变革》中预测，2021—2060年，我国绿色投资年均缺口约3.84万亿元。面对这一重大市场机遇，信托行业应积极响应政策号召，助力绿色产业发展，实现信托业务的绿色转型。

一、绿色产业的股权投资

“碳中和”目标的实现需要全新的低碳发展转型战略，它将倒逼中国的能源转型，使其逐步摆脱对化石燃料、火力发电的依赖。社会经济体系进行深度脱碳的过程中，低碳技术的研发、应用和推广需要大量的资金支持。电力、交通、工业、新材料、建筑、农业、负碳排放技术以及信息数字技术等多领域将出现绿色技术创新点，迎来高速发展的新机遇，相关绿色产业的创新点和发展都有可能成为未来的重要投资机遇。

信托公司往往通过开展各类模式的绿色信托业务参与到绿色产业投资领域中，且以融资类业务模式居多。但随着我国绿色发展战略的不断深化，碳税征收等绿色财政激励政策的逐步到位，绿色项目的长期回报有望显著提升，信托公司通过股权投资深度参与绿色项目的可行性大大提高。信托公司可在初期通过参与绿色产业投资基金的形式，通过与专业的绿色产业投资管理机构合作，积累相关经验；后期在具备足够的投研能力和投资管理经验后，信托公司便可开展主动管理型绿色项目股权投资业务。考虑到绿色项目的股权投资周期较长，信托公司可积极拓展资金来源渠道，引入保险、股权私募基金等长期资金。

实践中，中航信托较早通过“股+债”模式在绿色环保投资领域进行过探索。2019年1月，中航信托通过成立集合资金信托计划，以投贷联动的方式支持诺客环境发展，打造工业危废一站式处置平台。其中，股权投资金额为5000万元，用于A轮增资诺客环境；信托贷款授信规模为1.5亿元，用于诺客环境江油国大项目、乌海赛马项目、辽阳富山项目等水泥窑协同危废处置项目建设。

---

* 本文写于2021年5月20日。

二、与绿色相关的证券市场投资

“碳中和”目标的实现需要一个强大的资本市场，引导更多社会资金向低碳转型的新领域、新技术、新模式加大投资力度。2021 年 4 月，中国证监会宣布将加大对绿色低碳产业融资的支持力度，引导市场主体树立绿色投资的理念，支持绿色主题基金产品的发行，加快推进碳排放期货市场的建设，研究完善上市公司环境信息披露的相关制度，进一步拓展绿色金融的合作空间。

股票市场方面，由于政府大力布局“碳中和”目标发展规划，加之监管政策的助力，碳中和概念股的市场表现非常活跃。2021 年 3 月全国两会首次将碳达峰和碳中和写入《政府工作报告》，此后碳中和概念股受到市场追捧，如华银电力自 2021 年 3 月起至今，股价涨幅近 150%，长源电力股价涨幅更是超过 190%，深圳能源股价涨幅超过 75%，等等。信托公司在开展证券投资业务时，可重点关注和研究绿色证券。具体来说，“碳中和”目标利好四大领域：一是清洁能源领域，包括光伏、风电、储能、生物质能、新能源车、智能电网、特高压等；二是新能源上游原材料领域，包括铜、锂、镍、钴等新能源金属；三是需要深度脱碳的传统领域，包括煤及煤化工、硅、钢铁、水泥等；四是节能环保领域，包括环境监测、新能源环卫设备、节能系统、绿色建材等。信托公司应重点研究“碳中和”目标所利好的产业领域以及该领域的头部公司，把握绿色证券的投资机遇。

债券发行方面，截至 2020 年年末，绿色债券存量规模超过 8000 亿元，已涵盖金融债、中短期票据、公司债、企业债、可交换债、资产支持证券等 10 种债券。2016—2020 年，我国绿色股票累计 IPO 融资规模仅为 120 亿元，而绿色债券每年发行规模均超过 2000 亿元。可见，绿色债券融资是绿色证券融资的主力，且已初具市场规模。信托公司在绿色债券投资领域有较大的发展潜力。

三、存量绿色资产的证券化

根据发行场所和监管机构的不同，绿色资产证券化产品类型主要包括中国人民银行和中国银保监会监管的绿色信贷资产证券化产品、中国证监会监管的绿色企业资产证券化产品、中国银行间市场交易商协会管理的资产支持票据，以及少量中国银保监会监管的项目资产支持专项计划。

随着“碳中和”目标的不断推进，绿色金融进入快速发展通道，而绿色资产证券化作为创新型融资工具也迎来了快速发展。截至 2020 年年末，绿色资产证券化发行规模累计达到 1 123.05 亿元，其中 2020 年发行的绿色资产证券化规模为 329.17 亿元，在全年资产证券化总发行量中的占比为1.07%。较国外成熟市场来说，我国绿色资产证券化的发展尚处于起步阶段，但随着“碳中和”目标的明确和推动，作为绿色环保领域重要的创新融资方式之一，其未来发展前景不容小觑。同时，绿色资产证券化业务也是信托行业支持“碳中和”目标战略、深化行业转型、回归本源、服务实体经济高质量发展的必然选择。

实践中，已有部分信托公司广泛参与到绿色资产证券化产品的发行中。2021年4月，光大信托作为受托管理人、发行载体管理机构设立的“宜春市国有资本投资运营集团有限公司2021年度第一期绿色定向资产支持票据（碳中和债）”成功发行，发行规模为2.7亿元。本期资产支持票据对应资产为公交集团新能源公交运营项目，该类项目的建设运营可持续有效地减少大气污染物排放量，以达到节能减排、优化能源结构等多方面的环境效益。

四、参与碳排放权交易市场

2005年，伴随《京都议定书》生效，碳排放权成为国际商品。我国碳排放权交易市场起步较晚，2011年开始陆续在北京、天津、上海等7个试点省市建立各地区排放权交易监管体系和交易平台。2020年年底，生态环境部出台《碳排放权交易管理办法（试行）》，全国碳排放权交易市场开始搭建，将由湖北和上海分别牵头建立全国碳排放权注册登记系统和交易系统。据生态环境部披露，截至2020年8月，7个试点省市碳排放权交易市场共覆盖钢铁、电力、水泥等20多个行业，接近3000家企业，累计配额成交量约为4.06亿吨，累计配额成交额约为92.8亿元，中国碳排放权交易市场已成为全球配额成交量第二大碳市场。据测算，另一类交易资产CCER（国家核证自愿减排量）的交易需求量则有望由初期的1.65亿吨/年扩容到4亿吨/年。而随着全国碳交易系统的上线，未来我国碳排放权交易市场覆盖范围将逐步扩大，最终覆盖发电、石化、化工、建材、钢铁、有色金属、造纸和国内民用航空等行业，排放总量将超过50亿吨/年，我国碳排放权交易市场规模将进一步扩容。据测算，“十四五”时期碳排放交易需求量有望在“十三五”时期的基础上增加3~4倍，到碳达峰的2030年碳排放权现货累计交易额或将超过1000亿元，如果考虑到期货等金融衍生品，则市场规模将再提高至少一个量级，达到万亿级的规模。

在交易主体方面，《碳排放权交易管理办法（试行）》明确“重点排放单位以及符合国家有关交易规则的机构和个人，是全国碳排放权交易市场的交易主体”。在资金引入方面，2020年10月发布的《关于促进应对气候变化投融资的指导意见》提出“鼓励企业和机构在投资活动中充分考量未来市场碳价格带来的影响”，并提出支持开发碳金融活动，探索碳期货等衍生产品和业务，设立碳市场有关基金，在资本市场上及信贷支持上或引导资本市场投资践行 ESG 的投资理念，发挥龙头企业的环境治理作用。碳市场交易主体不单单局限于重点排放单位，而是拓展到各种机构和个人；同时，将积极引导企业和机构资金以各种形式进入碳排放权交易市场。由此可见，碳交易市场将愈发活跃和规范。

碳排放权交易市场将发挥对碳资产的“价格发现”功能，为创设各类碳金融产品提供了基础。目前市场上的碳金融产品主要包括碳资产抵/质押贷款、碳资产回购、碳资产拆借、碳基金、碳金融衍生品以及碳资产托管等。信托公司可开展的碳信托业务模式包括：碳资产抵/质押信托贷款、碳资产买入返售信托、碳资产投资信托（可参与碳资产拆借、碳资产交易、碳金融衍生品等）和碳资产托管服务信托等。在信托行业转型发展的关键时期，碳金融业务可为信托公司开辟新的业务领域，使信托行业更好地服务实体经济和国家战略，为我国实现碳达峰、碳中和战略目标提供有力支持。同时，信托公司也可以从碳金融业务中获得受托管理报酬、投资收益等信托业务收入。

（执笔人：韩鸣飞）

国内碳排放权交易市场发展特征与碳信托业务展望*

相较于传统的实物资产及金融资产，碳资产的本质是围绕碳排放权形成的新型资产。碳信托是信托公司围绕碳资产开展的金融受托服务，是绿色信托的重要组成部分。我国碳排放权交易市场发展仍处于初级阶段，业内部分公司已探索开展了碳信托业务的实践。虽然现阶段碳信托业务开展会遇到一些困境，但未来市场潜力巨大，或成为信托公司转型发展的重要方向。

一、国内碳排放权交易市场处于发展的初级阶段

我国的碳交易自 2011 年开始，陆续在北京、天津、上海等 7 个省市推进试点相关工作。2020 年年底，生态环境部出台《碳排放权交易管理办法（试行）》，全国性碳排放权交易市场开始筹建并于 2021 年 7 月 16 日正式开市。相较于国际上较为成熟的碳市场，无论是制度设计还是实践经验，国内碳排放权交易市场现阶段仍处于发展的初级阶段。

（一）碳排放权交易立法正在积极推进

我国碳排放权交易市场从地方试点到全国碳排放权交易市场的建立，政策文件均为指导意见、通知、规划等，相关法律法规依然缺失，没有在法律层面形成对碳排放权交易市场的规范和保护。而国际上较为成熟的碳排放权交易市场均有相关立法方面的支持，如美国加利福尼亚州《全球变暖解决方案法》、欧盟《气候变化法》、新西兰《零碳法案》、韩国《低碳绿色增长基本法》和《温室气体排放配额分配与交易法》等。据悉，目前生态环境部正积极配合司法部，全面推进“碳排放权交易管理暂行条例”的立法进程，建立全国碳排放权交易市场法制基础。

（二）国内碳排放权交易市场覆盖范围、参与主体和资产类型亟须拓展

目前全国碳排放权交易市场仅纳入了电力行业，且仅允许控排企业开户，可交易的碳资产也仅覆盖了碳配额。为充分发挥市场机制作用，实现全社会低成本减碳目标，生态环境部正积极致力于扩大碳市场的行业覆盖范围和参与主体，增加碳交易品种。覆盖范围方面，石化、化工、建材、钢铁、有色、造纸、航空等高排放行业的数据核

---

* 本文写于 2021 年 12 月 30 日。

算、报送和核查工作已有较为扎实的基础，待行业标准和技术规范完善后，有望被纳入全国碳排放权交易市场交易范围。参与主体方面，将从控排企业为主转向控排企业、非控排企业、金融机构、中介机构、个人等多元化主体，提升市场活力，充分发挥市场“价格发现”功能。碳交易标的方面，目前监管正积极筹备重启 CCER 项目的备案和减排量的签发，全国 CCER 市场有望于 2022 年重启；此外，随着市场参与主体的扩展，市场可交易品种除现货外，还将新增期货、期权、远期、互换等衍生品。

（三）当前碳排放权交易市场的流动性相对不足

目前我国碳排放权交易市场的碳排放交易价格偏低，但造成的社会成本偏高。美国政府自 2010 年开始计算碳排放造成的社会成本在 170～270 元人民币/吨，中金公司基于绿色溢价测算的中国平价碳成本约为 377 元人民币/吨，而全国碳排放权交易市场自开市以来碳配额成交价格仅维持在 40～50 元人民币/吨，明显偏低。从地方和全国碳排放权交易市场交易情况来看，交易活动集中在履约期间，而平时的交易量明显不足。偏低的碳价导致控排企业在市场上活跃度不高，而流动性不足也会影响碳价的抬升。据国内机构估算，中短期内国内碳价至少达到 300 元以上，企业才有动力推动低碳技术改造，实现市场对碳排放的调节治理功能。未来随着全国碳排放权交易市场在多行业、多主体、多品种、多交易模式等方面的不断扩展，市场活跃程度有望进一步提升。

二、信托公司碳信托业务的创新实践

碳信托业务主要分为碳融资类信托、碳投资类信托和碳资产服务类信托。据不完全统计，截至目前行业内已有 9 家公司设立了 10 单碳信托产品，包括融资类、投资类、服务类等业务类型。

（一）碳融资类信托

碳融资类信托是信托公司设立信托，以碳资产（碳配额、CCER 等）为抵质押物，向融资人发放贷款，或设立信托，买入返售融资人的碳资产。例如，兴业信托设立“利丰 A016 碳权 1 号集合资金信托计划”，该信托计划以海峡股权交易中心碳排放权公开交易价格作为估价标准，通过受让福建三钢闽光股份有限公司 100 万碳排放权收益权的方式，向其提供绿色融资。

（二）碳投资类信托

碳投资类信托类似碳基金模式，信托资金主要用于参与碳市场的碳资产交易，在为碳资产提供流动性的同时，通过把握碳资产价格波动趋势获取收益。此类业务模式目前实践的最多，爱建信托、中建投信托、中航信托、华宝信托和中融信托5家信托公司均落地了相关信托产品。以华宝信托“ESG系列－碳中和集合资金信托计划”为例，信托资金主要投资于国内碳排放权交易所上市交易的碳排放配额及CCER。

（三）碳资产服务类信托

碳资产服务信托一般是指委托人将其碳资产作为信托财产设立财产权信托，信托公司主要行使资产管理、账户管理等服务性职责。例如，中海信托作为受托人设立的“中海蔚蓝CCER碳中和服务信托”，是以CCER为基础资产的碳中和服务信托。受托人通过转让信托受益权份额的形式为委托人募集资金，同时提供碳资产的管理、交易等服务。又如2021年12月刚刚由交银信托设立的外资机构非资金募集型CCER碳资产服务信托，同样是以CCER为信托基础资产，受托人主要负责信托财产专户的开立、管理、销户以及上海环境能源交易所账户、CCER账户的开立、管理等工作。

三、对未来碳信托业务的初步展望

（一）碳信托发展潜力巨大

据国务院发布的《中国应对气候变化的政策与行动》白皮书介绍，全国碳市场目前纳入发电行业重点排放单位2162家，覆盖约45亿吨二氧化碳排放量，是全球规模最大的碳市场。随着后续碳市场在立法和制度层面的不断完善，市场覆盖行业范围、参与主体、交易品种和交易模式等方面将不断拓展，市场成交有望进入活跃期，我国碳排放权交易市场发展潜力巨大。因此，信托公司应针对当前市场发展窗口期，提前布局相关产业链条，响应国家政策，发挥行业优势，助力碳达峰、碳中和目标的实现。具体而言，信托公司在开展碳信托业务中可重点把握三个方面：一是引导更多的社会资金参与碳资产投资交易，提升市场活力，发挥市场调节功能；二是基于碳资产向控排企业提供多元化的金融服务，助力企业实现绿色转型和持续发展；三是提升相关资产管理服务能力，包括碳资产的价格发现、交易管理、账户托管等。

（二）碳信托业务发展需要解决的主要问题

信托公司开展碳信托业务虽然已迎来良好市场机遇，但是限于创新业务的开拓难度、自身能力储备不足、配套政策制度尚待完善，碳信托发展仍然面临现实困境。

外部原因方面，一是目前全国碳排放权交易市场还不能以信托产品名义开设登记和交易账户；二是碳投资类信托产品是否被认定为投向标准化市场有待监管机构的进一步明确，这一点对目前融资额度紧张的信托行业而言尤为重要；三是目前碳市场发展仍处于初级阶段，碳资产交易活跃性不足，利用碳资产进行投融资的配套制度也并不完善，导致大部分信托公司仍持观望态度。

内部原因方面，主要是信托公司对碳资产相关领域的投研能力不足，专业团队欠缺。首先，信托公司对绿色产业和碳市场领域的了解和认可程度还不够，绿色产业范围广，细分领域多，需要信托公司深耕产业，探索可持续的业务模式；其次，碳信托业务逻辑和管理方式与传统信托业务相差较大，信托公司需要转变展业思路，提升碳信托业务的数字化管理能力（因为碳资产本身是一种数字资产），积极践行 ESG 发展理念，提升基于碳资产的账户管理能力和权益投资能力；最后，碳信托业务的开展对信托公司风控管理提出了更高的要求，环境风险将成为整个项目风险研判中的重要一环，然而目前多数信托公司缺乏对相关因素的考量。

（执笔人：韩鸣飞）

服务信托对信托公司的战略意义*

服务信托是信托重要的本源业务，也是信托公司转型的重要方向。在监管持续推进信托业务“两压一降”的环境下，大力发展服务信托业务，对信托公司扩大业务规模、稳定经营收入、提升品牌形象均具有重要意义。

一、服务信托的内涵与特征

（一）服务信托的基本内涵

2018 年中国信托业年会，中国银保监会首次提出“服务信托”概念，鼓励信托公司坚持“发展以受托管理为特点的服务信托”。服务信托至今没有正式的监管定义。资金信托新规第 29 条将“服务信托业务”解释为“是指信托公司运用其在账户管理、财产独立、风险隔离等方面的制度优势和服务能力，为委托人提供除资产管理服务以外的资产流转，资金结算，财产监督、保障、传承、分配等受托服务的信托业务”。

（二）服务信托的主要特征

1. 信托公司职责以受托管理为主

在资产管理业务中，管理人积极地管理受托资产，承担管理资产的投资决策职责。其他国家将管理人承担投资决策职责的管理资产列示为 Asset under Management。而在服务信托业务中，受托人并不提供资产管理服务，不承担投资决策职能，仅承担受托管理职责，不具有金融投资功能。其他国家将这类管理人仅承担事务管理职责的管理资产列示为 Asset under Administration。

2. 具有一定的规模效应

一方面，部分服务信托业务本身规模较大。2021 年前三季度发行的信贷资产支持证券平均每单发行规模为 45 亿元，远高于普通投融资项目规模。另一方面，服务信托具有分工专业化、流程标准化、业务信息化等特征。因此，信托公司服务信托管理资产规模越大，边际管理成本也将越低，规模效应也就越明显。

---

* 本文写于 2021 年 11 月 4 日。

3. 信托期限普遍较长

传统信托投融资业务的信托期限一般在1～3年，长的很少超过5年。但是服务信托期限普遍较长。信贷资产证券化平均期限超过10年，长的可超过30年；家族信托的期限更长甚至可以永续。

4. 信托报酬率通常不高

与传统投融资业务相比，服务信托的信托报酬率通常较低，从万分之几到千分之几，原因主要有两个方面：一方面，服务信托主要基于专业分工提供的事务管理服务，因此往往报酬率较低，需要做到一定规模后才能产生可观收益；另一方面，部分服务信托业务由合作机构主导，信托公司未能充分发挥专业能力和价值，因此议价能力不高，未来需要提升业务附加值。

二、服务信托的发展现状及面临问题

（一）服务信托的主要类型

实务中，信托公司开展的服务信托业务可分为两类。一类是运用信托制度本身在财产独立、风险隔离方面的优势而提供的财产保管等受托服务，典型代表是资产证券化、家族信托、企业年金信托。另一类是以投资业务的专业分工为基础，信托公司凭借在账户管理、交易执行、结算清算、估值分配、信息披露、业绩归因等方面的专业优势和效率优势而提供的运营管理服务，典型代表是信托公司不承担投资决策职能的受托管理型标品信托业务。此外，信托公司不断探索服务信托的应用范围，包括以特殊资产重整为目的的特殊资产服务信托，以预付款使用监督为目的的预付款信托，以心智障碍人士监护为目的的特殊需要信托等。

（二）服务信托的市场规模

在各类服务信托中，业务规模较大的主要是资产证券化、受托型标品信托、家族信托等三类。

资产证券化业务方面，Wind数据统计显示，截至2021年10月底的存量规模为4.8万亿元，包括信贷资产证券化1.6万亿元，资产支持票据0.8万亿元，企业资产证券化2.4万亿元。其中信贷资产证券化、资产支持票据业务为信托公司专属受托业务；企业资产证券化主要由证券公司担任管理人，但信托公司可以通过构建信托受益权作为基础资产的方式（双SPV模式）参与。

受托型标品信托业务方面，中国信托业协会公布数据显示，2021年第二季度末信托业标品信托业务规模余额为2.8万亿元，预计其中约90%为受托型标品信托业务。

家族信托业务方面，《中国信托业发展报告（2020—2021）》统计，2020 年年底全行业管理的家族信托规模余额约为 2700 亿元，在全部信托资产规模中的占比约为 1.3%，整体规模仍然较小。

（三）服务信托发展面临的问题

1. 信托公司受托服务能力有待提升

一方面，信托公司的人才储备还无法满足服务信托的专业需要。在资产证券化业务中，信托公司在搭建结构、交易安排、监管沟通等方面的作用有待提升；在家族信托业务中，信托公司在法律服务、税收筹划、交易安排、家族治理等方面的专业能力也有待提升。另一方面，大部分信托公司的信息系统建设较为落后，无法满足服务信托业务对信托事务管理的标准化、流程化、自动化开展需要。

2. 缺乏统一的服务信托管理规范和配套政策支持

一方面，“服务信托”概念提出后，至今没有正式的监管定义，也尚未出台服务信托业务管理规范。除慈善信托有专门的《慈善信托管理办法》规定以外，家族信托、资产证券化以及其他服务信托业务均未有明确的受托管理规范。另一方面，信托财产登记、税收优惠等基础性制度长期缺失，也在一定程度上限制了家族信托等部分服务信托业务的发展。

3. 部分公司尚未充分意识到服务信托的战略意义

由于服务信托报酬率普遍偏低，短期无法产生可观收益，而对专业能力建设和信息系统投入等方面的要求较高，需要一定时间的培育，所以短期经济效益不高。部分信托公司尚未充分意识到服务信托的战略意义，对将服务信托发展为规模化、专业化的品牌业务缺乏战略耐心。

三、服务信托是信托公司战略转型的重要选择

（一）短期可快速提升信托资产规模

一方面，服务信托是监管鼓励的业务转型方向。在监管持续坚定要求信托公司压降通道业务、房地产信托、融资类业务的环境下，服务信托业务可有效拉动信托资产规模增长，对冲“两压一降”政策的不利影响。另一方面，服务信托特别是资产证券化业务具有较大规模，能够在短期内迅速提升信托公司管理资产规模。

（二）长期可持续提供稳定信托收入

服务信托的费率较低，且在前期需要一定的投入，因此其对信托公司的收入贡献主要体现在长期。一方面，服务信托具有规模效应，业务达到一定规模后，便能够产

生较为可观的收益。另一方面，服务信托业务期限较长，信贷资产证券化平均期限超过10年，长的可超过30年，家族信托的期限更长甚至永续，均可以在较长时间内持续为信托公司带来稳定收益。

（三）具有显著的品牌效应和协同效应

服务信托业务是监管大力倡导的转型方向，是信托公司专业能力、协同能力、资源支持能力的综合体现，能够有力提升信托公司的品牌形象。服务信托也是信托公司与银行、券商等同业合作的基础内容，可衍生许多其他业务合作机会，因而具有重要战略价值。信托公司可应充分挖掘与合作机构在融资业务、投资业务、资本中介业务等方面的合作机会，提高服务信托业务综合收益。

（四）可有效规避融资业务的风险

服务信托中，信托公司开展该项业务面临的主要风险是合规风险和操作风险，信托公司不承担投资决策职能，因而不承担信用风险和市场风险。因此，信托公司开展服务信托可以有效规避传统融资业务的刚性兑付压力。

四、发展服务信托的措施建议

（一）明确服务信托的战略定位

将坚定不移发展服务信托业务纳入信托公司战略规划，明确其重要的规模贡献业务和品牌提升业务定位，加强对服务信托业务的持续培育。在业务方向上，资产证券化业务市场规模最大，对提升信托资产规模的作用也较为显著，可作为服务信托业务发展的重点，努力实现规模化发展。家族信托等高端财富管理业务对信托公司提升长期受托服务能力、提高品牌影响力和市场竞争力具有重要意义，在客户财富管理需求升级的市场机遇下大有可为，也是信托公司应当大力培育的服务信托业务方向。

（二）加强对服务信托的系统支持

服务信托以专业分工为基础，以标准化、自动化、智能化运营为支撑。没有信息系统的支持，不仅难以满足客户对信托服务响应的及时性与准确性要求，也容易产生操作风险。为保障服务信托提升受托管理水平，有效防范业务风险，信托公司必须加强信息技术和金融科技能力建设，打造支持业务发展、风险控制、管理运营的统一信息平台，确保受托管理准确高效，有效提升客户体验。

（三）加大对服务信托的资源倾斜

一是流程效率支持。服务信托信用风险低、标准化程度高、时效性要求强，信托公司可在风险可控的前提下，根据服务信托的风险特征和市场需求，建立单独的业务审批流程，提高业务效率，提升市场竞争力。二是考核激励支持。服务信托业务需要一段时期的培育，应建立区别于传统融资业务的考核激励机制。可采用规模考核，以做大规模、提升市场份额为目标；或者采用收入系数调整，对服务信托业务产生的收入给予一定系数激励。此外，还可以采用战略考核的方式，对服务信托重点任务完成情况给予特殊激励。

（执笔人：沈苗妙）

破产重整信托中的信托功能运用*

近年来，信托业在特殊资产领域中不断寻找业务机会。我国法院在企业破产重整中也开始引入信托架构，并演化出多种信托服务模式，破产重整信托逐步开展起来，信托在破产重整中突出体现的他益功能、隔离功能、管理功能和金融功能得到了运用。

一、他益功能

在破产重整中引入信托架构，仍以维护债权人利益为根本目的。因此，破产重整信托无论是自益模式还是他益模式，根本上是为了推进和促进破产重整的开展，提高对债权人的清偿率，以便更好地保障债权人的权益。

在破产重整信托中，以债务人财产或其收益权作为委托财产委托给受托人设立信托计划，受托人通过管理运用和处分信托财产，通过向原债权人分配信托利益或原债权人将信托受益权转让的方式实现债权清偿。这是信托的他益功能在破产重整中的典型运用。例如，平安信托参与的北大方正破产重整采取的“出售式重整＋服务类他益财产权信托”方案，首先采用“资产出售式重整”模式向重整投资人出售保留资产，再将保留资产以外的待处置资产留在重整主体，并将待处置资产作为委托财产设立他益财产权信托，未来将待处置资产处置后再向成为信托受益人的债权人进行补充分配。又如，渤钢系企业破产重整案例中，将破产财产分别重组为钢铁资产平台和非钢铁资产平台。其中，非钢铁资产平台承接未纳入钢铁资产平台的全部剩余资产后，委托给建信信托设立他益财产权信托，最终通过向成为信托受益人的债权人分配信托利益的方式实现债权清偿。

二、隔离功能

发挥信托制度的隔离功能，是破产重整中引入信托的重要原因。财产转移是信托制度的基本功能，在破产重整他益财产权信托中，通过引入信托架构，利用信托的财产转移功能将破产财产或其收益权装入信托后，债务人的财产或其收益权将转移给受托人，在法律上成为受托人的信托财产，从而与破产主体的其他财产相隔离。成为信托财产后，这部分财产独立于委托人、受益人的固有财产和受托人未设立信托的其他

---

* 本文写于2021年12月23日。

财产，将有效避免风险传染。例如，北大方正和渤钢系企业破产重整中，均涉及仅将部分破产财产装入信托，有效避免了保留资产和钢铁资产平台的资产后期运营管理风险向装入信托的破产财产传导。

发挥隔离功能，还有利于在破产重整信托中重构各方权利义务，有利于推动破产重整工作的有序开展。在信托架构中，由于隔离作用，信托财产的权利主体和利益主体相分离，原破产重整中涉及的债务人、破产管理人、破产企业职工、债权人等各方及债权债务关系将在信托架构上进行重构。尤其是在主流的他益财产权信托模式中，债务人在信托架构中成为委托人，破产清偿顺序中的利益相关方成为信托受益人，其中债权重构为信托架构中的信托受益权，债权的实现方式转变为信托利益分配和信托受益权转让，而对债权的保护也通过信托架构中的系列设计来实现，例如债委会转化为信托受益人大会、对信托受益权进行分类以区别原有优先债权和普通债权的顺位差异等，以保障各方权利义务在信托治理中进一步明确和规范。

三、管理功能

破产重整信托通过受托人构建资产管理平台，可以有效发挥信托的财产管理功能，对置入信托的财产进行专业管理和处置。在破产重整财产权信托模式中，可以受托管理破产重整中涉及的债务人财产、债权人的债权及相应的收益权，体现了统一托管、权力集中等管理优势。例如，引入信托计划作为留债平台集中承接债权人的债权，信托计划成为重整投资人为收购破产财产新设主体的债权人，从而集中体现和明确债权人的权利。又如，破产重整中涉及债转股，可引入信托计划作为转股平台承接数量众多的债权人的转股股权，解决部分债权人不便持股或债转股后股东数量超出法律限制的问题。

信托多元化、灵活的管理手段，有利于提高破产重整工作的效率。一方面，与设立专门的实体承接破产财产或收益权相比，设立信托不但程序较为简便，而且由于破产财产转化为信托财产后，相应的债权灭失，信托财产的价值将为正值，因此能够有效破解破产财产估值为零或负值情况下难以设立实体 SPV 集中承接破产财产的难题。另一方面，破产重整信托模式，有利于加快推进破产重整的进程。破产重整中涉及的重整资产，往往存在较多历史遗留问题，相关的前期清产核资、摸清资产底数工作需要相当长的工作时间。同时，大中型企业破产重整的传统方式，由于债务体量极大，往往需要重整投资人短期内提供巨额资金，因而寻找具有相当实力的重整投资人的难度极大，或因重整投资人报价过低导致清偿率过低。而在破产重整中引入财产权服务信托，则可换取更多寻找重整投资人或解决估值分歧的时间，如后期引入资金信托，则可以同时为有参与意愿的重整投资人提供重整资金支持，加快重整投资人盘活资产的进程。

四、金融功能

发挥信托在金融方面的投融资功能，可以为破产重整提供资金和资源支持。一方面，在破产重整资金信托模式中，信托公司利用为实体企业提供融资支持的传统业务优势，通过为重整投资人提供资金支持，期待重整投资人盘活破产企业后，顺利实现信托本金和利息的回收。例如，大业信托设立的大业信托·华瀚科技破产重整项目集合资金信托计划，向华瀚科技的重整投资人发放信托贷款，助力华瀚科技复工复产。又如，中信信托设立结构化集合资金信托计划，通过参与“战略投资＋信托贷款”的方式参与广东省国际信托投资公司不良资产包，信托资金最终用于该不良资产包竞得方万溪企业管理有限公司的经营和偿还不良资产包中存量债务和清理资产债务。另一方面，信托公司还可充分发挥专业能力和资源整合能力，进一步助力信托财产的盘活和保值增值，提高破产重整的清偿率。

（执笔人：崔继培）

第五部分

集合资金信托市场月度分析

集合资金信托市场月度分析报告——2021 年 1 月

一、集合资金信托市场动态

（一）集合资金信托规模：发行规模和成立规模大幅回落

用益信托网统计数据显示，2021 年 1 月集合资金信托产品发行规模为 2 067.37 亿元，环同比分别下滑 24.50% 和 1.45%；1 月集合资金信托产品成立规模为 1 585.96 亿元，环同比分别减少 32.81% 和 26.27%（见图 1）。

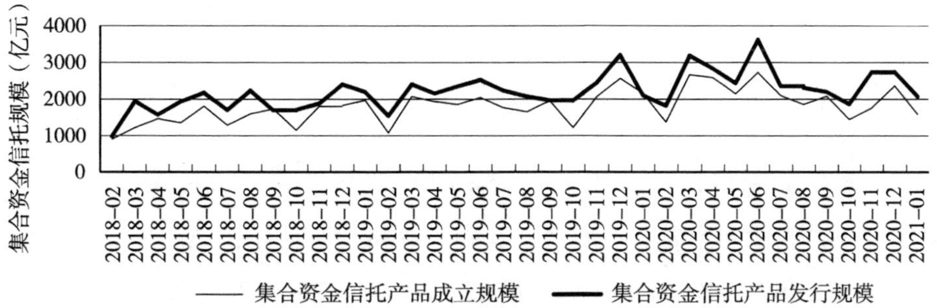

图 1　集合资金信托产品发行规模与成立规模（2018 年 2 月—2021 年 1 月）

数据来源：用益信托网，中诚信托投资研究部整理。

（二）集合资金信托收益率：市场收益率回暖

2021 年 1 月集合资金信托产品发行平均收益率和成立平均收益率分别为 6.84% 和 6.86%，环比分别提升 0.09 和 0.08 个百分点，同比则分别降低 0.97 个百分点和 1.04 个百分点（见图 2）。

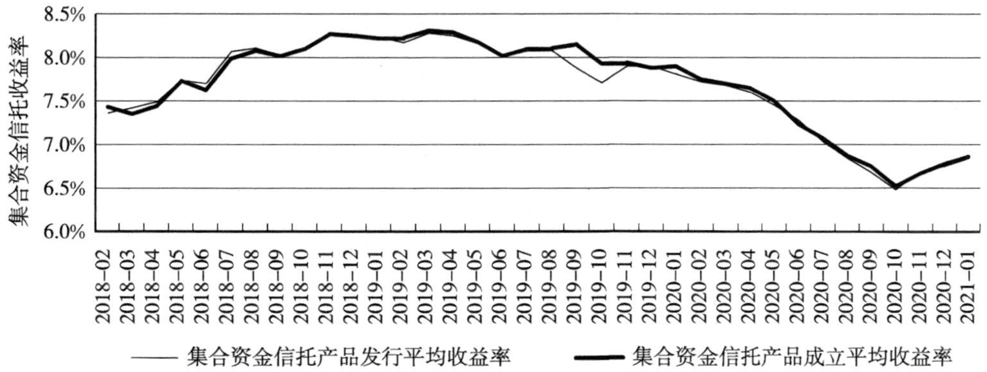

图 2　集合资金信托产品发行平均收益率和成立平均收益率（2018 年 2 月—2021 年 1 月）

数据来源：用益信托网，中诚信托投资研究部整理。

从各投向领域来看，金融、房地产、基础产业和工商企业投向的集合资金信托产品平均收益率同比分别降低0.70个百分点、0.97个百分点、1.20个百分点、0.66个百分点；环比来看，金融和基础产业投向的集合资金信托产品平均收益率分别增加0.20个百分点和0.09个百分点，房地产和工商企业投向的集合资金信托产品平均收益率分别降低0.06个百分点和0.08个百分点（见表1）。

表1　集合资金信托产品各投向平均收益率环同比变化

投资领域	2021年1月平均收益率	2020年12月平均收益率	2020年1月平均收益率	环比变化/个百分点	同比变化/个百分点
金融	6.15%	5.95%	6.85%	+0.20	-0.70
房地产	7.33%	7.39%	8.30%	-0.06	-0.97
基础产业	6.98%	6.89%	8.18%	+0.09	-1.20
工商企业	7.54%	7.62%	8.20%	-0.08	-0.66

数据来源：用益信托网，中诚信托投资研究部整理。

（三）集合资金信托资金投向：金融投向规模及占比大幅提升

2021年1月，投向金融、房地产、基础产业和工商企业领域的集合资金信托产品成立规模分别为549.47亿元、464.18亿元、242.55亿元和263.52亿元，环比分别减少31.01%、35.44%、21.52%和33.95%，同比分别减少19.43%、18.09%、63.41%和11.75%（见表2）。

从各投向规模占比情况来看，2021年1月，投向金融和基础产业领域的集合资金信托产品成立规模占比环比分别下滑13.78个百分点和0.18个百分点；投向房地产和工商企业领域的集合资金信托产品成立规模占比分别提升7.03个百分点和4.70个百分点。同比来看，投向基础产业领域的集合资金信托产品成立规模占比大幅回落16.45个百分点，投向金融、房地产和工商企业领域的集合资金信托产品成立规模占比分别提升1.51个百分点、7.13个百分点和4.25个百分点（见表3）。

表2　集合资金信托产品各投向成立规模变化

投资领域	2021年1月成立规模/亿元	2020年12月成立规模/亿元	2020年1月成立规模/亿元	环比变化	同比变化
金融	549.47	796.46	681.94	-31.01%	-19.43%
房地产	464.18	719.02	566.67	-35.44%	-18.09%
基础产业	242.55	309.04	662.88	-21.52%	-63.41%
工商企业	263.52	398.99	298.61	-33.95%	-11.75%

数据来源：用益信托网，中诚信托投资研究部整理。

表3　集合资金信托产品各投向规模占比变化

投资领域	2021年1月规模占比	2020年12月规模占比	2020年1月规模占比	环比变化/个百分点	同比变化/个百分点
金融	34.65%	48.43%	33.14%	-13.78	+1.51
房地产	29.27%	22.24%	22.14%	+7.03	+7.13
基础产业	15.29%	15.47%	31.74%	-0.18	-16.45
工商企业	16.62%	11.92%	12.37%	+4.70	+4.25

数据来源：用益信托网，中诚信托投资研究部整理。

二、重点公司分析

（一）成立规模前八信托公司

根据用益信托网统计，2021年1月集合资金信托产品成立规模最大的8家信托公司依次为五矿信托、光大信托、外贸信托、建信信托、中航信托、财信投信托、国民信托和华鑫信托（见表4）。

表4　2021年1月集合资金信托产品成立规模前八名

序号	公司名称	成立数量	成立规模/亿元	平均期限/年	预期收益率
1	五矿信托	169	286.35	4.08	7.19%
2	光大信托	181	220.68	1.46	7.40%
3	外贸信托	365	138.45	3.74	6.76%
4	建信信托	48	71.42	1.90	6.11%
5	中航信托	85	63.23	1.96	7.75%
6	财信信托	29	62.47	2.56	7.50%
7	国民信托	22	60.23	10.91	6.44%
8	华鑫信托	91	53.35	1.97	6.86%

数据来源：用益信托网，中诚信托投资研究部整理。

（二）重点公司及业务分析

1. 外贸信托、建信信托和国民信托重点投向金融领域

2021年1月信托产品成立规模前八名中，外贸信托、建信信托和国民信托重点投向金融领域，其单月金融投向规模占比分别为88.94%、69.14%和77.54%，其近一年金融投向规模占比分别为89.01%、39.22%和70.14%（见表5）。

表 5　重点投向金融领域的信托公司

序号	公司名称	1 月金融投向成立规模/亿元	1 月金融投向规模占比	近一年金融投向成立规模/亿元	近一年成立规模总计/亿元	近一年金融投向规模占比
1	外贸信托	119. 58	88. 94%	1 371. 36	1 540. 67	89. 01%
2	建信信托	49. 38	69. 14%	397. 48	1 013. 54	39. 22%
3	国民信托	46. 70	77. 54%	122. 80	175. 09	70. 14%

数据来源：用益信托网，中诚信托投资研究部整理。

2. 光大信托、五矿信托和中航信托重点投向房地产领域

2021 年 1 月信托产品成立规模前八名中，光大信托、五矿信托和中航信托重点投向房地产领域，其单月房地产投向规模占比分别为 35. 32% 、35. 08% 和 63. 36% ，其近一年房地产投向规模占比分别为 31. 61% 、33. 17% 和 24. 01% （见表 6）。

表 6　重点投向房地产领域的信托公司

序号	公司名称	1 月房地产投向成立规模/亿元	1 月房地产投向规模占比	近一年房地产投向成立规模/亿元	近一年成立规模总计/亿元	近一年房地产投向规模占比
1	光大信托	77. 94	35. 32%	1 467. 41	4 642. 31	31. 61%
2	五矿信托	100. 46	35. 08%	844. 68	2 546. 55	33. 17%
3	中航信托	40. 06	63. 36%	365. 21	1 521. 16	24. 01%

数据来源：用益信托网，中诚信托投资研究部整理。

3. 华鑫信托重点投向基础产业领域

2021 年 1 月信托产品成立规模前八名中，华鑫信托重点投向基础产业领域，其单月基础产业投向规模占比为 74. 36% ，其近一年房地产投向规模占比为 75. 19% （见表 7）。

表 7　重点投向基础产业领域的信托公司

序号	公司名称	1 月基础产业投向成立规模/亿元	1 月基础产业投向规模占比	近一年基础产业投向成立规模/亿元	近一年成立规模总计/亿元	近一年基础产业投向规模占比
1	华鑫信托	39. 67	74. 36%	395. 01	525. 36	75. 19%

数据来源：用益信托网，中诚信托投资研究部整理。

集合资金信托市场月度分析报告——2021 年 2 月

一、集合资金信托市场动态

（一）集合资金信托规模：发行规模和成立规模继续回落态势

用益信托网统计数据显示，2021 年 2 月集合资金信托产品发行规模为 1 327.63 亿元，环同比分别下滑 42.06% 和 26.77%；2 月集合资金信托产品成立规模为 846.91 亿元，环同比分别减少 47.24% 和 37.98%（见图 1）。

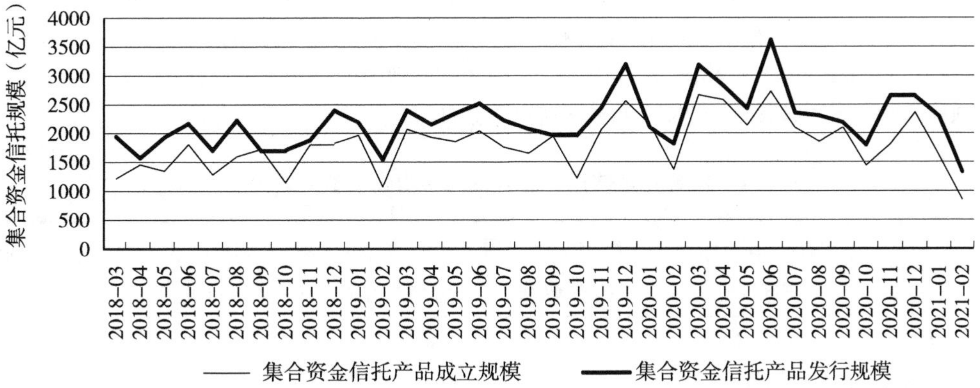

图 1　集合资金信托产品发行规模与成立规模（2018 年 3 月—2021 年 2 月）

数据来源：用益信托网，中诚信托投资研究部整理。

（二）集合资金信托收益率：市场收益率持续回暖

2021 年 2 月集合资金信托产品发行平均收益率为 6.82%，环同比分别降低 0.01 个百分点和 0.09 个百分点；2 月集合资金信托产品成立平均收益率为 6.93%，环比提升 0.09 个百分点，同比降低 0.82 个百分点，同比降幅持续回升，市场持续回暖（见图 2）。

从各投向领域来看，金融、房地产、基础产业和工商企业投向的集合资金信托产品平均收益率同比分别降低 0.38 个百分点、0.99 个百分点、1.29 个百分点、0.46 个百分点；环比来看，金融、房地产和工商企业投向的集合资金信托产品平均收益率分别增加 0.08 个百分点、0.02 个百分点和 0.14 个百分点，基础产业投向的集合资金信托产品平均收益率保持不变（见表 1）。

（三）集合资金信托资金投向：基础产业投向规模占比提升

2021 年 2 月，投向金融、房地产、基础产业和工商企业领域的集合资金信托产品成立规模分别为272.84亿元、236.45亿元、207.08亿元和99.91亿元，环比分别减少52.07%、51.16%、15.79%和58.98%，同比分别减少50.86%、14.61%、34.55%和61.58%（见表2）。

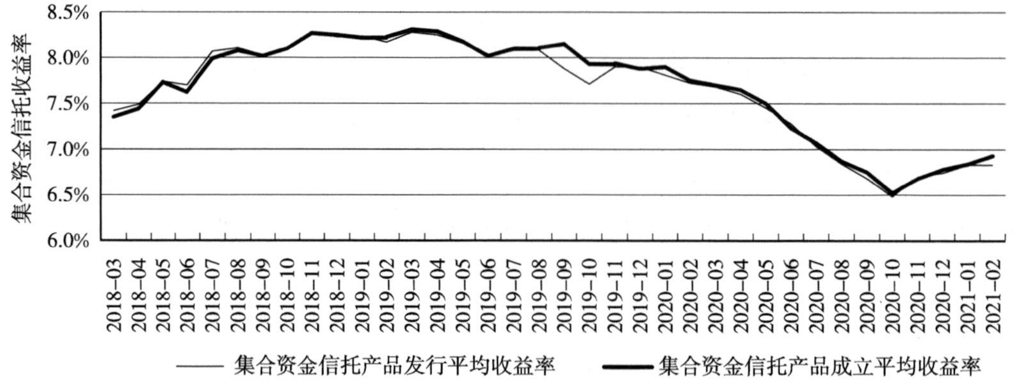

图2　集合资金信托产品发行平均收益率和成立平均收益率（2018年3月—2021年2月）

数据来源：用益信托网，中诚信托投资研究部整理。

表1　集合资金信托产品各投向平均收益率环同比变化

投资领域	2021年2月平均收益率	2021年1月平均收益率	2020年2月平均收益率	环比变化/个百分点	同比变化/个百分点
金融	6.23%	6.15%	6.61%	+0.08	-0.38
房地产	7.36%	7.34%	8.35%	+0.02	-0.99
基础产业	6.95%	6.95%	8.24%	+0.00	-1.29
工商企业	7.66%	7.52%	8.12%	+0.14	-0.46

数据来源：用益信托网，中诚信托投资研究部整理。

表2　集合资金信托产品各投向成立规模变化

投资领域	2021年2月成立规模/亿元	2021年1月成立规模/亿元	2020年2月成立规模/亿元	环比变化	同比变化
金融	272.84	569.27	555.22	-52.07%	-50.86%
房地产	236.45	484.16	276.90	-51.16%	-14.61%
基础产业	207.08	245.92	316.38	-15.79%	-34.55%
工商企业	99.91	243.58	260.06	-58.98%	-61.58%

数据来源：用益信托网，中诚信托投资研究部整理。

从各投向规模占比情况来看，2021年2月，投向基础产业领域的集合资金信托产品成立规模占比环比提升9.13个百分点；投向金融、房地产和工商企业领域的集合资金信托产品成立规模占比分别降低 3.24 个百分点、2.24 个百分点和 3.37 个百分点。同比来看，投向房地产和基础产业领域的集合资金信托产品成立规模占比分别提升 8.68 个百分点和 2.47 个百分点，投向金融和工商企业领域的集合资金信托产品成立规模占比分别减少 6.35 个百分点和 6.27 个百分点（见表3）。

表 3　集合资金信托产品各投向规模占比变化

投资领域	2021 年 2 月规模占比	2021 年 1 月规模占比	2020 年 2 月规模占比	环比变化/个百分点	同比变化/个百分点
金融	32.22%	35.46%	38.57%	-3.24	-6.35
房地产	27.92%	30.16%	19.24%	-2.24	+8.68
基础产业	24.45%	15.32%	21.98%	+9.13	+2.47
工商企业	11.80%	15.17%	18.07%	-3.37	-6.27

数据来源：用益信托网，中诚信托投资研究部整理。

二、重点公司分析

（一）成立规模前八信托公司

根据用益信托网统计，2021 年 2 月集合资金信托产品成立规模最大的 8 家信托公司依次为外贸信托、光大信托、五矿信托、华鑫信托、中原信托、兴业信托、中融信托和建信信托（见表4）。

表 4　2021 年 2 月集合资金信托产品成立规模前八名

序号	公司名称	成立数量	成立规模/亿元	平均期限/年	预期收益率
1	外贸信托	187	102.86	4.65	6.51%
2	光大信托	95	98.03	1.41	7.27%
3	五矿信托	113	82.76	3.51	7.19%
4	华鑫信托	100	62.93	2.60	6.83%
5	中原信托	11	50.59	1.72	—
6	兴业信托	9	50.32	2.07	6.80%
7	中融信托	18	35.06	2.87	6.33%
8	建信信托	25	29.63	0.84	6.50%

数据来源：用益信托网，中诚信托投资研究部整理。

（二）重点公司及业务分析

1. 外贸信托和建信信托重点投向金融领域

2021 年 2 月信托产品成立规模前八名中，外贸信托和建信信托重点投向金融领域，其单月金融投向规模占比分别为94.94%和66.59%，其近一年金融投向规模占比分别为89.20%和40.02%（见表5）。

表5　重点投向金融领域的信托公司

序号	公司名称	2月金融投向成立规模/亿元	2月金融投向规模占比	近一年金融投向成立规模/亿元	近一年成立规模总计/亿元	近一年金融投向规模占比
1	外贸信托	97.66	94.94%	1 412.70	1 583.71	89.20%
2	建信信托	19.73	66.59%	397.51	993.39	40.02%

数据来源：用益信托网，中诚信托投资研究部整理。

2. 五矿信托、兴业信托和中融信托重点投向房地产领域

2021年2月信托产品成立规模前八名中，五矿信托、兴业信托和中融信托重点投向房地产领域，其单月房地产投向规模占比分别为34.65%、66.16%和66.46%，其近一年房地产投向规模占比分别为34.47%、64.70%和72.82%（见表6）。

表6　重点投向房地产领域的信托公司

序号	公司名称	2月房地产投向成立规模/亿元	2月房地产投向规模占比	近一年房地产投向成立规模/亿元	近一年成立规模总计/亿元	近一年房地产投向规模占比
1	五矿信托	28.68	34.65%	869.97	2 524.13	34.47%
2	兴业信托	33.29	66.16%	282.60	436.77	64.70%
3	中融信托	23.30	66.46%	566.31	777.72	72.82%

数据来源：用益信托网，中诚信托投资研究部整理。

3. 光大信托和华鑫信托重点投向基础产业领域

2021年2月信托产品成立规模前八名中，光大信托和华鑫信托重点投向基础产业领域，其单月基础产业投向规模占比分别为34.40%和42.89%，其近一年基础产业投向规模占比分别为22.70%和73.15%（见表7）。

表7　重点投向基础产业领域的信托公司

序号	公司名称	2月基础产业投向成立规模/亿元	2月基础产业投向规模占比	近一年基础产业投向成立规模/亿元	近一年成立规模总计/亿元	近一年基础产业投向规模占比
1	光大信托	33.72	34.40%	1 016.07	4 475.19	22.70%
2	华鑫信托	26.99	42.89%	411.82	563.01	73.15%

数据来源：用益信托网，中诚信托投资研究部整理。

4. 中原信托重点投向工商企业领域

2021 年 2 月信托产品成立规模前八名中，中原信托重点投向工商企业领域，其单月工商企业投向规模占比为 92. 45%，其近一年工商企业投向规模占比为 32. 19%（见表 8）。

表 8　重点投向工商企业领域的信托公司

序号	公司名称	2 月工商企业投向成立规模/亿元	2 月工商企业投向规模占比	近一年工商企业投向成立规模/亿元	近一年成立规模总计/亿元	近一年工商企业投向规模占比
1	中原信托	46. 77	92. 45%	84. 04	261. 08	32. 19%

数据来源：用益信托网，中诚信托投资研究部整理。

集合资金信托市场月度分析报告——2021 年 3 月

一、集合资金信托市场动态

（一）集合资金信托规模：发行规模和成立规模大幅回升

用益信托网统计数据显示，2021 年 3 月集合资金信托产品发行规模为 2 720. 15 亿元，环比大幅提升 67. 24%，同比则减少 14. 57%；3 月集合资金信托产品成立规模为 1 640. 88 亿元，环比增幅达 50. 21%，同比降幅 38. 78%（见图 1）。

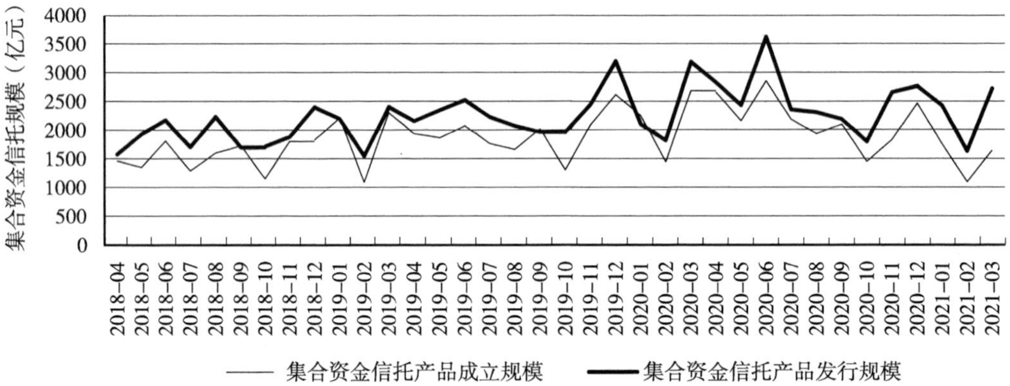

图 1　集合资金信托产品发行规模与成立规模（2018 年 4 月—2021 年 3 月）

数据来源：用益信托网，中诚信托投资研究部整理。

（二）集合资金信托收益率：基础产业投向收益率略有回升

2021 年 3 月集合资金信托产品发行平均收益率为 6. 81%，环同比分别降低 0. 05 个百分点和 0. 87 个百分点；3 月集合资金信托产品成立平均收益率为 6. 88%，环同比分别下降 0. 05 个百分点和 0. 82 个百分点（见图 2）。

从各投向领域来看，金融、房地产和工商企业投向的集合资金信托产品平均收益率环比分别降低 0. 01 个百分点、0. 07 个百分点和 0. 18 个百分点，基础产业投向的集合资金信托产品平均收益率环比提升 0. 05 个百分点；同比来看，金融、房地产、基础产业和工商企业投向的集合资金信托产品平均收益率分别降低 0. 39 个百分点、0. 68 个百分点、1. 10 个百分点和 0. 50 个百分点（见表 1）。

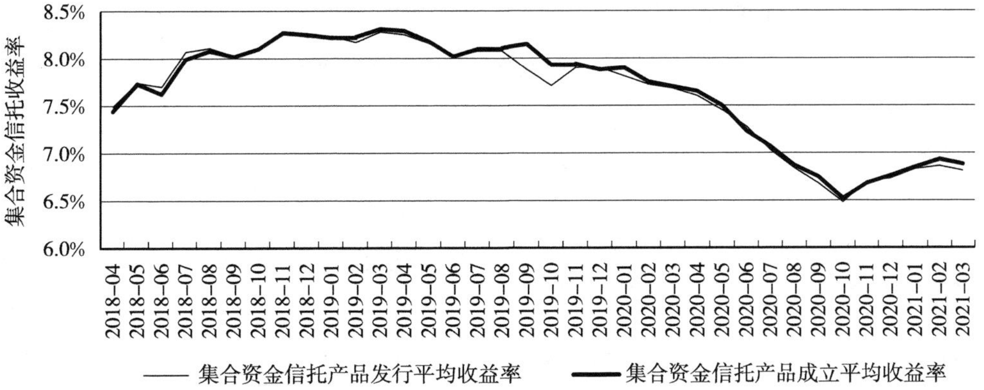

图2　集合资金信托产品发行平均收益率和成立平均收益率（2018年4月—2021年3月）

数据来源：用益信托网，中诚信托投资研究部整理。

表1　集合资金信托产品各投向平均收益率环同比变化

投资领域	2021年3月平均收益率	2021年2月平均收益率	2020年3月平均收益率	环比变化/个百分点	同比变化/个百分点
金融	6.27%	6.28%	6.66%	-0.01	-0.39
房地产	7.29%	7.36%	7.97%	-0.07	-0.68
基础产业	7.00%	6.95%	8.10%	+0.05	-1.10
工商企业	7.37%	7.55%	7.87%	-0.18	-0.50

数据来源：用益信托网，中诚信托投资研究部整理。

（三）集合资金信托资金投向：金融投向规模占比提升，房地产、基础产业投向规模占比下滑

2021年3月，投向金融、房地产和工商企业领域的集合资金信托产品成立规模分别为709.17亿元、424.62亿元和174.54亿元，环比分别增长68.21%、38.04%和67.84%，投向基础产业领域的集合资金信托产品成立规模为219.22亿元，环比减少7.73%。同比来看，金融、房地产、基础产业和工商企业领域投向的集合资金信托产品成立规模分别减少11.61%、39.88%、64.55%和67.18%（见表2）。

从各投向规模占比情况来看，2021年3月，投向金融和工商企业领域的集合资金信托产品成立规模占比分别为43.22%和10.64%，环比分别提升4.63个百分点和1.12个百分点；投向房地产和基础产业领域的集合资金信托产品成立规模占比分别为25.88%和13.36%，环比分别降低2.28个百分点和8.39个百分点。同比来看，投向金融领域的集合资金信托产品成立规模占比大幅提升13.28个百分点，投向房地产、基础产业和工商企业领域的集合资金信托产品成立规模占比分别减少0.47个百分点、9.72

个百分点和9.20个百分点（见表3）。

表2　集合资金信托产品各投向成立规模变化

投资领域	2021年3月成立规模/亿元	2021年2月成立规模/亿元	2020年3月成立规模/亿元	环比变化	同比变化
金融	709.17	421.59	802.30	+68.21%	-11.61%
房地产	424.62	307.60	706.26	+38.04%	-39.88%
基础产业	219.22	237.59	618.44	-7.73%	-64.55%
工商企业	174.54	103.99	531.76	+67.84%	-67.18%

数据来源：用益信托网，中诚信托投资研究部整理。

表3　集合资金信托产品各投向规模占比变化

投资领域	2021年3月规模占比	2021年2月规模占比	2020年3月规模占比	环比变化/个百分点	同比变化/个百分点
金融	43.22%	38.59%	29.94%	+4.63	+13.28
房地产	25.88%	28.16%	26.35%	-2.28	-0.47
基础产业	13.36%	21.75%	23.08%	-8.39	-9.72
工商企业	10.64%	9.52%	19.84%	+1.12	-9.20

数据来源：用益信托网，中诚信托投资研究部整理。

二、重点公司分析

（一）成立规模前八信托公司

根据用益信托网统计，2021年3月集合资金信托产品成立规模最大的8家信托公司依次为光大信托、外贸信托、中融信托、建信信托、五矿信托、中原信托、中航信托和平安信托（见表4）。

表4　2021年3月集合资金信托产品成立规模前八名

序号	公司名称	成立数量	成立规模/亿元	平均期限/年	预期收益率
1	光大信托	216	253.97	1.57	6.98%
2	外贸信托	415	217.44	5.31	6.79%
3	中融信托	43	186.00	2.14	6.78%
4	建信信托	42	171.89	2.20	6.65%
5	五矿信托	169	138.12	3.99	7.05%
6	中原信托	35	74.34	2.67	—

续表

序号	公司名称	成立数量	成立规模/亿元	平均期限/年	预期收益率
7	中航信托	141	73.81	1.89	7.11%
8	平安信托	78	53.47	5.59	6.37%

数据来源：用益信托网，中诚信托投资研究部整理。

（二）重点公司及业务分析

1. 光大信托、外贸信托、五矿信托、中原信托和平安信托重点投向金融领域

2021 年 3 月信托产品成立规模前八名中，光大信托、外贸信托、五矿信托、中原信托和平安信托重点投向金融领域，其单月金融投向规模占比分别为 32.66%、87.07%、43.98%、85.80% 和 88.86%，其近一年金融投向规模占比分别为 33.22%、90.67%、40.26%、39.74% 和 70.25%（见表 5）。

表 5　重点投向金融领域的信托公司

序号	公司名称	3 月金融投向成立规模/亿元	3 月金融投向规模占比	近一年金融投向成立规模/亿元	近一年成立规模总计/亿元	近一年金融投向规模占比
1	光大信托	82.95	32.66%	1 419.09	4 271.98	33.22%
2	外贸信托	189.32	87.07%	1 519.45	1 675.89	90.67%
3	五矿信托	53.14	43.98%	1 006.12	2 498.80	40.26%
4	中原信托	63.78	85.80%	126.85	319.23	39.74%
5	平安信托	43.09	88.86%	219.52	312.48	70.25%

数据来源：用益信托网，中诚信托投资研究部整理。

2. 中航信托和中融信托重点投向房地产领域

2021 年 3 月信托产品成立规模前八名中，中航信托和中融信托重点投向房地产领域，其单月房地产投向规模占比分别为 53.69% 和 56.26%，其近一年房地产投向规模占比分别为 27.44% 和 71.25%（见表 6）。

表 6　重点投向房地产领域的信托公司

序号	公司名称	3 月房地产投向成立规模/亿元	3 月房地产投向规模占比	近一年房地产投向成立规模/亿元	近一年成立规模总计/亿元	近一年房地产投向规模占比
1	中航信托	39.63	53.69%	357.90	1 304.44	27.44%
2	中融信托	66.10	56.26%	602.71	845.92	71.25%

数据来源：用益信托网，中诚信托投资研究部整理。

3. 建信信托重点投向工商企业领域

2021 年 3 月信托产品成立规模前八名中，建信信托重点投向工商企业领域，其单月工商企业投向规模占比为 73.03%，其近一年工商企业投向规模占比为 20.98%（见表 7）。

表 7　重点投向工商企业领域的信托公司

序号	公司名称	3 月工商企业投向成立规模/亿元	3 月工商企业投向规模占比	近一年工商企业投向成立规模/亿元	近一年成立规模总计/亿元	近一年工商企业投向规模占比
1	建信信托	125.53	73.03%	219.42	1 045.85	20.98%

数据来源：用益信托网，中诚信托投资研究部整理。

集合资金信托市场月度分析报告——2021 年 4 月

一、集合资金信托市场动态

（一）集合资金信托规模：发行规模和成立规模环比下滑

用益信托网统计数据显示，2021 年 4 月集合资金信托产品发行规模为 2 007.69 亿元，环同比分别减少 29.77% 和 30.29%；4 月集合资金信托产品成立规模为 1 520.37 亿元，环同比分别减少 16.52% 和 42.70%（见图 1）。

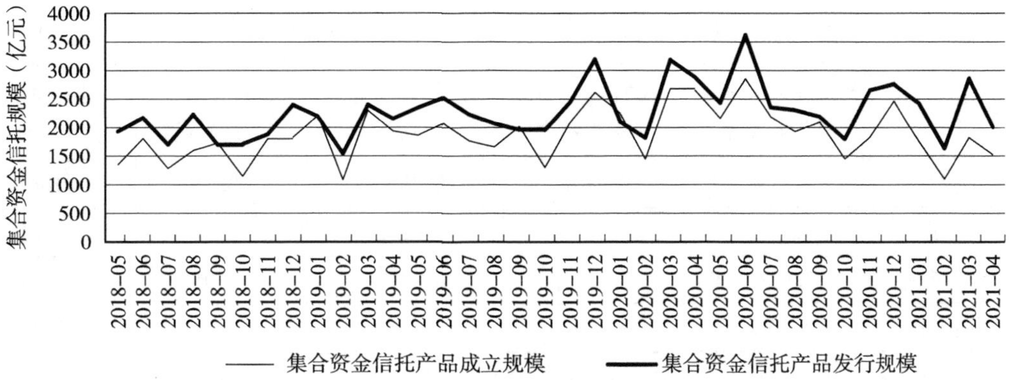

图 1　集合资金信托产品发行规模与成立规模（2018 年 5 月—2021 年 4 月）

数据来源：用益信托网，中诚信托投资研究部整理。

（二）集合资金信托收益率：房地产投向收益率有所回落

2021 年 4 月集合资金信托产品发行平均收益率为 6.76%，环同比分别降低 0.05 个百分点和 0.84 个百分点；4 月集合资金信托产品成立平均收益率为 6.87%，环比维持不变，同比下降 0.77 个百分点（见图 2）。

从各投向领域来看，金融和基础产业投向的集合资金信托产品平均收益率环比分别提升 0.05 个百分点和 0.01 个百分点，房地产和工商企业投向的集合资金信托产品平均收益率环比分别降低 0.07 个百分点和 0.19 个百分点；同比来看，金融、房地产、基础产业和工商企业投向的集合资金信托产品平均收益率分别降低 0.44 个百分点、0.72 个百分点、0.98 个百分点和 0.94 个百分点（见表 1）。

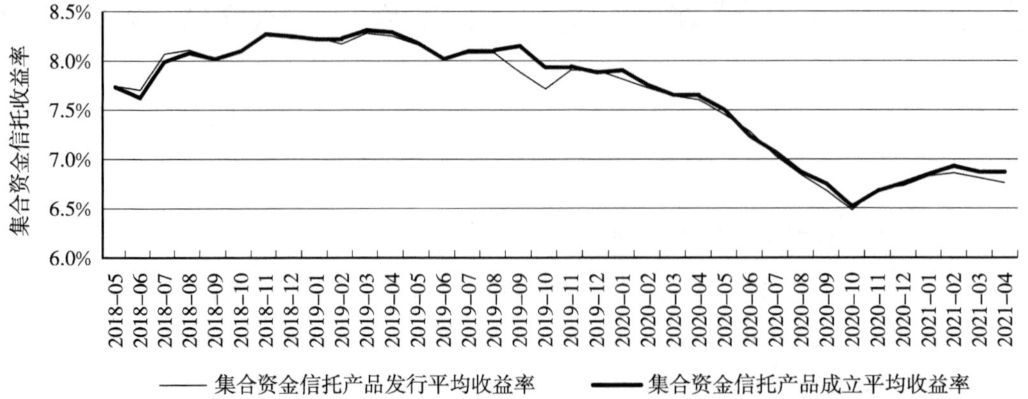

图 2　集合资金信托产品发行平均收益率和成立平均收益率（2018 年 5 月—2021 年 4 月）

数据来源：用益信托网，中诚信托投资研究部整理。

表 1　集合资金信托产品各投向平均收益率环同比变化

投资领域	2021 年 4 月平均收益率	2021 年 3 月平均收益率	2020 年 4 月平均收益率	环比变化/个百分点	同比变化/个百分点
金融	6. 32%	6. 27%	6. 76%	+0. 05	-0. 44
房地产	7. 19%	7. 26%	7. 91%	-0. 07	-0. 72
基础产业	7. 02%	7. 01%	8. 00%	+0. 01	-0. 98
工商企业	7. 19%	7. 38%	8. 13%	-0. 19	-0. 94

数据来源：用益信托网，中诚信托投资研究部整理。

（三）集合资金信托资金投向：房地产、基础产业投向规模占比有所提升

2021 年 4 月，投向金融、房地产和工商企业领域的集合资金信托产品成立规模分别为 638. 97 亿元、429. 64 亿元和 107. 94 亿元，环比分别下滑 17. 57%、5. 39% 和 60. 38%，投向基础产业领域的集合资金信托产品成立规模为 253. 08 亿元，环比增长 10. 00%。同比来看，金融、房地产、基础产业和工商企业领域投向的集合资金信托产品成立规模分别减少 17. 89%、42. 97%、66. 44% 和 69. 75%（见表 2）。

从各投向规模占比情况来看，2021 年 4 月，投向房地产和基础产业领域的集合资金信托产品成立规模占比分别为 28. 26% 和 16. 65%，环比分别提升 3. 33 个百分点和 4. 02 个百分点；投向金融和工商企业领域的集合资金信托产品成立规模占比分别为 42. 03% 和 7. 10%，环比分别降低 0. 53 个百分点和 7. 86 个百分点。同比来看，投向金融领域的集合资金信托产品成立规模占比大幅提升 12. 70 个百分点，投向房地产、基础产业和工商企业领域的集合资金信托产品成立规模占比分别减少 0. 13 个百分点、11. 78 个百分点和 6. 35 个百分点（见表 3）。

表 2　集合资金信托产品各投向成立规模变化

投资领域	2021 年 4 月成立规模/亿元	2021 年 3 月成立规模/亿元	2020 年 4 月成立规模/亿元	环比变化	同比变化
金融	638.97	775.13	778.18	-17.57%	-17.89%
房地产	429.64	454.11	753.34	-5.39%	-42.97%
基础产业	253.08	230.07	754.16	+10.00%	-66.44%
工商企业	107.94	272.46	356.81	-60.38%	-69.75%

数据来源：用益信托网，中诚信托投资研究部整理。

表 3　集合资金信托产品各投向规模占比变化

投资领域	2021 年 4 月规模占比	2021 年 3 月规模占比	2020 年 4 月规模占比	环比变化/个百分点	同比变化/个百分点
金融	42.03%	42.56%	29.33%	-0.53	+12.70
房地产	28.26%	24.93%	28.39%	+3.33	-0.13
基础产业	16.65%	12.63%	28.43%	+4.02	-11.78
工商企业	7.10%	14.96%	13.45%	-7.86	-6.35

数据来源：用益信托网，中诚信托投资研究部整理。

二、重点公司分析

（一）成立规模前八信托公司

根据用益信托网统计，2021 年 4 月集合资金信托产品成立规模最大的 8 家信托公司依次为光大信托、外贸信托、中原信托、中航信托、中融信托、五矿信托、建信信托和金谷信托（见表 4）。

表 4　2021 年 4 月集合资金信托产品成立规模前八名

序号	公司名称	成立数量	成立规模/亿元	平均期限/年	预期收益率
1	光大信托	280	275.53	1.38	7.08%
2	外贸信托	338	138.15	5.24	6.68%
3	中原信托	45	124.67	2.46	—
4	中航信托	196	111.63	1.63	7.00%
5	中融信托	29	95.94	2.34	6.56%
6	五矿信托	157	88.56	3.83	6.92%

续表

序号	公司名称	成立数量	成立规模/亿元	平均期限/年	预期收益率
7	建信信托	44	87.62	3.67	6.68%
8	金谷信托	40	66.81	1.90	7.10%

数据来源：用益信托网，中诚信托投资研究部整理。

（二）重点公司及业务分析

1. 光大信托、外贸信托、中融信托、五矿信托和建信信托重点投向金融领域

2021 年 4 月信托产品成立规模前八名中，光大信托、外贸信托、中融信托、五矿信托和建信信托重点投向金融领域，其单月金融投向规模占比分别为 57.18%、86.10%、47.22%、52.28% 和 85.27%，其近一年金融投向规模占比分别为 35.10%、91.20%、22.18%、41.96% 和 44.57%（见表 5）。

表 5　重点投向金融领域的信托公司

序号	公司名称	4 月金融投向成立规模/亿元	4 月金融投向规模占比	近一年金融投向成立规模/亿元	近一年成立规模总计/亿元	近一年金融投向规模占比
1	光大信托	157.56	57.18%	1 429.64	4 072.56	35.10%
2	外贸信托	118.95	86.10%	1 560.97	1 711.66	91.20%
3	中融信托	45.30	47.22%	189.85	855.96	22.18%
4	五矿信托	44.28	52.28%	974.07	2 321.34	41.96%
5	建信信托	74.71	85.27%	463.32	1 039.54	44.57%

数据来源：用益信托网，中诚信托投资研究部整理。

2. 中航信托和金谷信托重点投向房地产领域

2021 年 4 月信托产品成立规模前八名中，中航信托和金谷信托重点投向房地产领域，其单月房地产投向规模占比分别为 51.90% 和 78.12%，其近一年房地产投向规模占比分别为 30.44% 和 45.89%（见表 6）。

表 6　重点投向房地产领域的信托公司

序号	公司名称	4 月房地产投向成立规模/亿元	4 月房地产投向规模占比	近一年房地产投向成立规模/亿元	近一年成立规模总计/亿元	近一年房地产投向规模占比
1	中航信托	57.94	51.90%	412.77	1 355.86	30.44%
2	金谷信托	52.19	78.12%	110.68	241.17	45.89%

数据来源：用益信托网，中诚信托投资研究部整理。

3. 中原信托重点投向基础产业领域

2021 年 4 月信托产品成立规模前八名中，中原信托重点投向基础产业领域，其单月基础产业投向规模占比为 24. 06%，其近一年基础产业投向规模占比为 20. 22%（见表 7）。

表 7　重点投向基础产业领域的信托公司

序号	公司名称	4 月基础产业投向成立规模/亿元	4 月基础产业投向规模占比	近一年基础产业投向成立规模/亿元	近一年成立规模总计/亿元	近一年基础产业投向规模占比
1	中原信托	30	24. 06%	86. 27	426. 70	20. 22%

数据来源：用益信托网，中诚信托投资研究部整理。

集合资金信托市场月度分析报告——2021 年 5 月

一、集合资金信托市场动态

（一）集合资金信托规模：发行规模和成立规模环比下滑

用益信托网统计数据显示，2021 年 5 月集合资金信托产品发行规模为 1 964.41 亿元，环同比分别减少 6.35% 和 19.12%；5 月集合资金信托产品成立规模为 1 253.66 亿元，环同比分别减少 23.20% 和 41.91%（见图 1）。

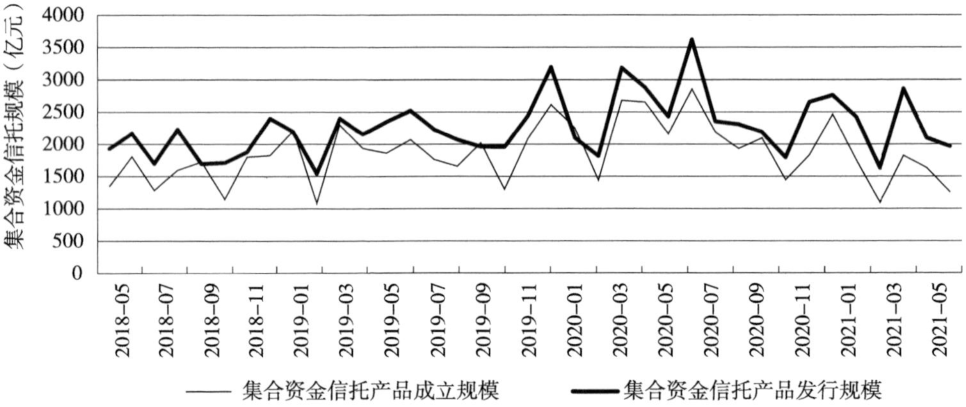

图 1　集合资金信托产品发行规模与成立规模（2018 年 6 月—2021 年 5 月）

数据来源：用益信托网，中诚信托投资研究部整理。

（二）集合资金信托收益率：金融投向收益率有所回落

2021 年 5 月集合资金信托产品发行平均收益率为 6.77%，环同比分别降低 0.01 个百分点和 0.68 个百分点；5 月集合资金信托产品成立平均收益率为 6.85%，环同比分别下降 0.02 个百分点和 0.65 个百分点（见图 2）。

从各投向领域来看，金融和工商企业投向的集合资金信托产品平均收益率环比分别降低 0.09 个百分点和 0.01 个百分点，房地产投向的集合资金信托产品平均收益率环比提升 0.16 个百分点，基础产业投向的集合资金信托产品平均收益率环比保持不变；同比来看，金融、房地产、基础产业和工商企业投向的集合资金信托产品平均收益率分别降低 0.21 个百分点、0.55 个百分点、0.94 个百分点和 0.93 个百分点（见表 1）。

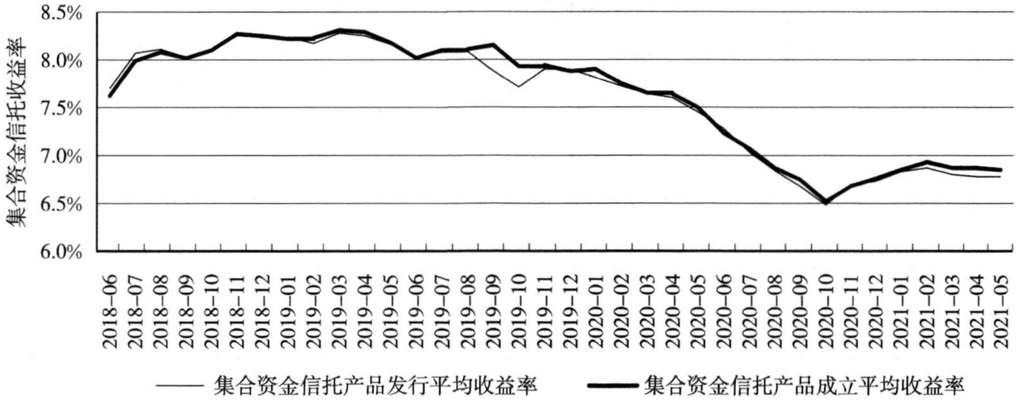

图2　集合资金信托产品发行平均收益率和成立平均收益率（2018年6月—2021年5月）

数据来源：用益信托网，中诚信托投资研究部整理。

表1　集合资金信托产品各投向平均收益率环同比变化

投资领域	2021年5月平均收益率	2021年4月平均收益率	2020年5月平均收益率	环比变化/个百分点	同比变化/个百分点
金融	6. 30%	6. 39%	6. 51%	-0. 09	-0. 21
房地产	7. 33%	7. 17%	7. 88%	+0. 16	-0. 55
基础产业	7. 01%	7. 01%	7. 95%	+0. 00	-0. 94
工商企业	7. 13%	7. 14%	8. 06%	-0. 01	-0. 93

数据来源：用益信托网，中诚信托投资研究部整理。

（三）集合资金信托资金投向：金融投向规模占比有所回落

2021年5月，投向金融、房地产和基础产业领域的集合资金信托产品成立规模分别为452. 69亿元、380. 68亿元和226. 78亿元，环比分别下滑32. 34%、20. 89%和16. 32%，投向工商企业领域的集合资金信托产品成立规模为167. 56亿元，环比增长30. 54%。同比来看，金融、房地产、基础产业和工商企业领域投向的集合资金信托产品成立规模分别减少38. 43%、48. 58%、49. 25%和22. 49%（见表2）。

从各投向规模占比情况来看，2021年5月，投向房地产、基础产业和工商企业领域的集合资金信托产品成立规模占比分别为30. 37%、18. 09%和13. 37%，环比分别提升0. 89个百分点、1. 49个百分点和5. 51个百分点；投向金融领域的集合资金信托产品成立规模占比为36. 11%，环比降低4. 87个百分点。同比来看，投向金融和工商企业领域的集合资金信托产品成立规模占比分别提升2. 05个百分点和3. 36个百分点，投向房地产和基础产业领域的集合资金信托产品成立规模占比分别减少3. 92个百分点和2. 61个百分点（见表3）。

表 2　集合资金信托产品各投向成立规模变化

投资领域	2021 年 5 月成立规模/亿元	2021 年 4 月成立规模/亿元	2020 年 5 月成立规模/亿元	环比变化	同比变化
金融	452.69	669.03	735.24	-32.34%	-38.43%
房地产	380.68	481.19	740.29	-20.89%	-48.58%
基础产业	226.78	271.00	446.85	-16.32%	-49.25%
工商企业	167.56	128.36	216.17	+30.54%	-22.49%

数据来源：用益信托网，中诚信托投资研究部整理。

表 3　集合资金信托产品各投向规模占比变化

投资领域	2021 年 5 月规模占比	2021 年 4 月规模占比	2020 年 5 月规模占比	环比变化/个百分点	同比变化/个百分点
金融	36.11%	40.98%	34.06%	-4.87	+2.05
房地产	30.37%	29.48%	34.29%	+0.89	-3.92
基础产业	18.09%	16.60%	20.70%	+1.49	-2.61
工商企业	13.37%	7.86%	10.01%	+5.51	+3.36

数据来源：用益信托网，中诚信托投资研究部整理。

二、重点公司分析

（一）成立规模前八信托公司

根据用益信托网统计，2021 年 5 月集合资金信托产品成立规模最大的 8 家信托公司依次为光大信托、中融信托、外贸信托、建信信托、中诚信托、五矿信托、爱建信托和中航信托（见表 4）。

表 4　2021 年 5 月集合资金信托产品成立规模前八名

序号	公司名称	成立数量	成立规模/亿元	平均期限/年	预期收益率
1	光大信托	238	294.57	1.54	7.18%
2	中融信托	29	111.97	2.67	6.57%
3	外贸信托	298	105.65	5.52	6.53%
4	建信信托	41	82.36	4.04	6.25%
5	中诚信托	31	72.88	1.54	6.94%
6	五矿信托	121	68.13	1.87	6.70%
7	爱建信托	30	53.01	0.90	6.14%
8	中航信托	177	52.43	1.61	7.30%

数据来源：用益信托网，中诚信托投资研究部整理。

（二）重点公司及业务分析

1. 外贸信托、五矿信托和中航信托重点投向金融领域

2021 年 5 月信托产品成立规模前八名中，外贸信托、五矿信托和中航信托重点投向金融领域，其单月金融投向规模占比分别为 91. 36% 、40. 05% 和 36. 75% ，其近一年金融投向规模占比分别为 91. 12% 、44. 17% 和 44. 94% （见表 5）。

表 5　重点投向金融领域的信托公司

序号	公司名称	5 月金融投向成立规模 /亿元	5 月金融投向规模占比	近一年金融投向成立规模 /亿元	近一年成立规模总计 /亿元	近一年金融投向规模占比
1	外贸信托	96. 52	91. 36%	1 568. 47	1 721. 26	91. 12%
2	五矿信托	20. 15	40. 05%	975. 97	2 209. 36	44. 17%
3	中航信托	19. 27	36. 75%	540. 44	1 202. 54	44. 94%

数据来源：用益信托网，中诚信托投资研究部整理。

2. 光大信托、中融信托、建信信托和爱建信托重点投向房地产领域

2021 年 5 月信托产品成立规模前八名中，光大信托、中融信托、建信信托和爱建信托重点投向房地产领域，其单月房地产投向规模占比分别为 27. 64% 、42. 89% 、55. 43% 和 77. 44% ，其近一年房地产投向规模占比分别为 21. 86% 、62. 71% 、14. 18% 和 89. 66% （见表 6）。

表 6　重点投向房地产领域的信托公司

序号	公司名称	5 月房地产投向成立规模 /亿元	5 月房地产投向规模占比	近一年房地产投向成立规模 /亿元	近一年成立规模总计 /亿元	近一年房地产投向规模占比
1	光大信托	81. 42	27. 64%	873. 24	3 993. 82	21. 86%
2	中融信托	18. 00	42. 89%	511. 01	814. 93	62. 71%
3	建信信托	45. 65	55. 43%	149. 04	1 051. 21	14. 18%
4	爱建信托	41. 05	77. 44%	251. 72	280. 75	89. 66%

数据来源：用益信托网，中诚信托投资研究部整理。

集合资金信托市场月度分析报告——2021 年 6 月

一、集合资金信托市场动态

（一）集合资金信托规模：发行规模和成立规模环比保持稳定

用益信托网统计数据显示，2021 年 6 月集合资金信托产品发行规模为 2 028.69 亿元，环比微增 0.81%，同比则减少 43.95%；6 月集合资金信托产品成立规模为 1 454.61 亿元，环比增长 5.30%，同比降幅达到 49.04%（见图 1）。

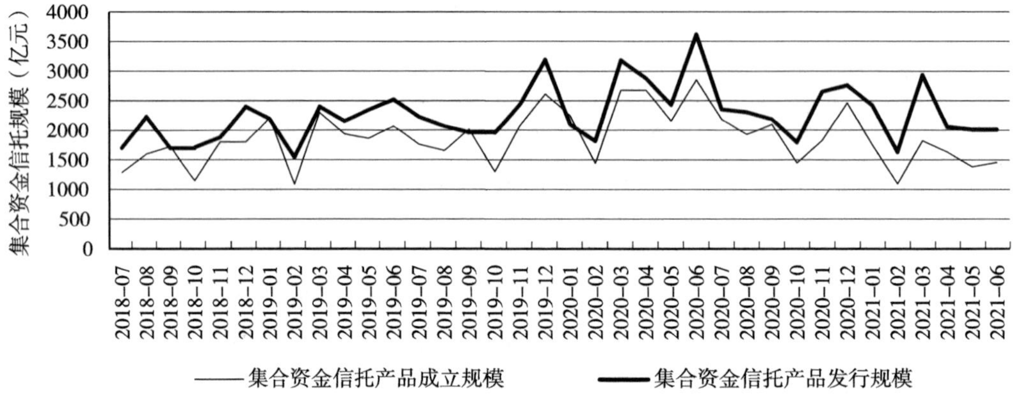

图 1 集合资金信托产品发行规模与成立规模（2018 年 7 月—2021 年 6 月）

数据来源：用益信托网，中诚信托投资研究部整理。

（二）集合资金信托收益率：各投向收益率环比均下行

2021 年 6 月集合资金信托产品发行平均收益率为 6.69%，环同比分别降低 0.11 个百分点和 0.59 个百分点；6 月集合资金信托产品成立平均收益率为 6.74%，环同比分别下降 0.01 个百分点和 0.49 个百分点（见图 2）。

从各投向领域来看，金融、房地产、基础产业和工商企业投向的集合资金信托产品平均收益率环比分别降低 0.17 个百分点、0.08 个百分点、0.02 个百分点和 0.12 个百分点，同比则分别降低 0.11 个百分点、0.19 个百分点、0.74 个百分点和 0.73 个百分点（见表 1）。

（三）集合资金信托资金投向：金融投向集合资金信托规模及占比有所回落

2021 年 6 月，投向房地产、基础产业和工商企业领域的集合资金信托产品成立规模分别为 515.86 亿元、246.73 亿元和 217.86 亿元，环比分别提升 19.27%、4.92% 和

24.96%，投向金融领域的集合资金信托产品成立规模为459.77亿元，环比减少11.05%。同比来看，金融、房地产、基础产业和工商企业领域投向的集合资金信托产品成立规模分别减少49.43%、48.37%、60.51%和23.32%（见表2）。

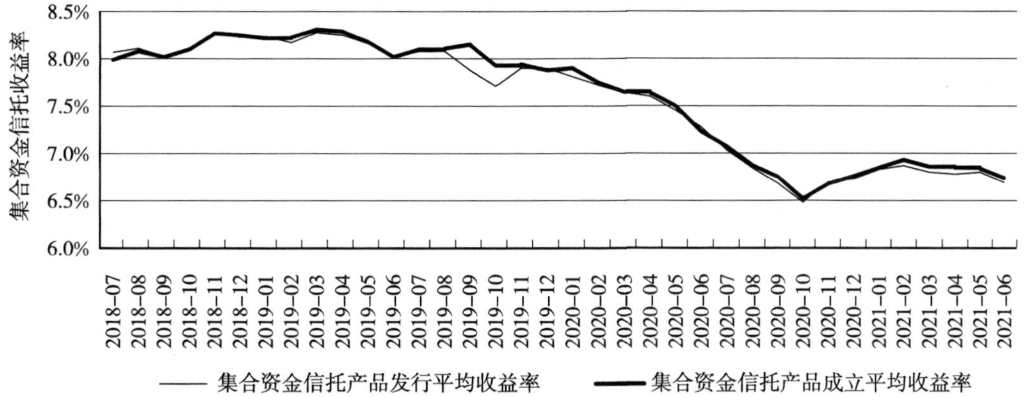

图2　集合资金信托产品发行平均收益率和成立平均收益率（2018年7月—2021年6月）

数据来源：用益信托网，中诚信托投资研究部整理。

表1　集合资金信托产品各投向平均收益率环同比变化

投资领域	2021年6月平均收益率	2021年5月平均收益率	2020年6月平均收益率	环比变化/个百分点	同比变化/个百分点
金融	6.12%	6.29%	6.23%	-0.17	-0.11
房地产	7.24%	7.32%	7.43%	-0.08	-0.19
基础产业	6.99%	7.01%	7.73%	-0.02	-0.74
工商企业	7.02%	7.14%	7.75%	-0.12	-0.73

数据来源：用益信托网，中诚信托投资研究部整理。

表2　集合资金信托产品各投向成立规模变化

投资领域	2021年6月成立规模/亿元	2021年5月成立规模/亿元	2020年6月成立规模/亿元	环比变化	同比变化
金融	459.77	516.9	909.24	-11.05%	-49.43%
房地产	515.86	432.5	999.23	+19.27%	-48.37%
基础产业	246.73	235.16	624.8	+4.92%	-60.51%
工商企业	217.86	174.35	284.13	+24.96%	-23.32%

数据来源：用益信托网，中诚信托投资研究部整理。

从各投向规模占比情况来看，2021年6月，投向金融和基础产业领域的集合资金信托产品成立规模占比分别为31.61%和16.96%，环比分别降低5.81个百分点和

0.06 个百分点，同比分别降低 0.25 个百分点和 4.93 个百分点；投向房地产和工商企业领域的集合资金信托产品成立规模占比分别为 35.46% 和 14.98%，环比分别提升 4.15 个百分点和 2.36 个百分点，同比分别提升 0.45 个百分点和 5.02 个百分点（见表 3）。

表 3　集合资金信托产品各投向规模占比变化

投资领域	2021 年 6 月规模占比	2021 年 5 月规模占比	2020 年 6 月规模占比	环比变化/个百分点	同比变化/个百分点
金融	31.61%	37.42%	31.86%	-5.81	-0.25
房地产	35.46%	31.31%	35.01%	+4.15	+0.45
基础产业	16.96%	17.02%	21.89%	-0.06	-4.93
工商企业	14.98%	12.62%	9.96%	+2.36	+5.02

数据来源：用益信托网，中诚信托投资研究部整理。

二、重点公司分析

（一）成立规模前八信托公司

根据用益信托网统计，2021 年 6 月集合资金信托产品成立规模最大的 8 家信托公司依次为光大信托、外贸信托、中融信托、中航信托、中原信托、五矿信托、建信信托和爱建信托（见表 4）。

表 4　2021 年 6 月集合资金信托产品成立规模前八名

序号	公司名称	成立数量	成立规模/亿元	平均期限/年	预期收益率
1	光大信托	334	320.62	1.80	6.95%
2	外贸信托	436	140.29	6.07	6.52%
3	中融信托	32	126.77	3.04	6.78%
4	中航信托	277	91.74	1.80	7.30%
5	中原信托	43	90.97	2.70	—
6	五矿信托	201	80.53	4.05	6.83%
7	建信信托	47	60.33	3.95	—
8	爱建信托	33	57.02	0.77	5.78%

数据来源：用益信托网，中诚信托投资研究部整理。

（二）重点公司及业务分析

1. 外贸信托和建信信托重点投向金融领域

2021 年 6 月信托产品成立规模前八名中，外贸信托和建信信托重点投向金融领域，其单月金融投向规模占比分别为81.88%和94.83%，其近一年金融投向规模占比分别为91.35%和47.24%（见表5）。

表5　重点投向金融领域的信托公司

序号	公司名称	6月金融投向成立规模/亿元	6月金融投向规模占比	近一年金融投向成立规模/亿元	近一年成立规模总计/亿元	近一年金融投向规模占比
1	外贸信托	114.87	81.88%	1 578.53	1 728.03	91.35%
2	建信信托	57.21	94.83%	497.33	1 052.69	47.24%

数据来源：用益信托网，中诚信托投资研究部整理。

2. 光大信托、中航信托、中融信托和爱建信托重点投向房地产领域

2021年6月信托产品成立规模前八名中，光大信托、中航信托、中融信托和爱建信托重点投向房地产领域，其单月房地产投向规模占比分别为37.16%、53.82%、66.03%和88.65%，其近一年房地产投向规模占比分别为26.12%、37.02%、65.56%和89.44%（见表6）。

表6　重点投向房地产领域的信托公司

序号	公司名称	6月房地产投向成立规模/亿元	6月房地产投向规模占比	近一年房地产投向成立规模/亿元	近一年成立规模总计/亿元	近一年房地产投向规模占比
1	光大信托	119.14	37.16%	962.30	3 683.84	26.12%
2	中航信托	49.37	53.82%	419.16	1 132.16	37.02%
3	中融信托	83.70	66.03%	665.16	1 014.65	65.56%
4	爱建信托	50.55	88.65%	299.83	335.23	89.44%

数据来源：用益信托网，中诚信托投资研究部整理。

集合资金信托市场月度分析报告——2021 年 7 月

一、集合资金信托市场动态

（一）集合资金信托规模：发行规模和成立规模环比下滑

用益信托网统计数据显示，2021 年 7 月集合资金信托产品发行规模为 1 919.59 亿元，环同比分别下滑 9.20% 和 18.42%；7 月集合资金信托产品成立规模为 1 299.38 亿元，环同比降幅分别为 19.10% 和 40.49%（见图 1）。

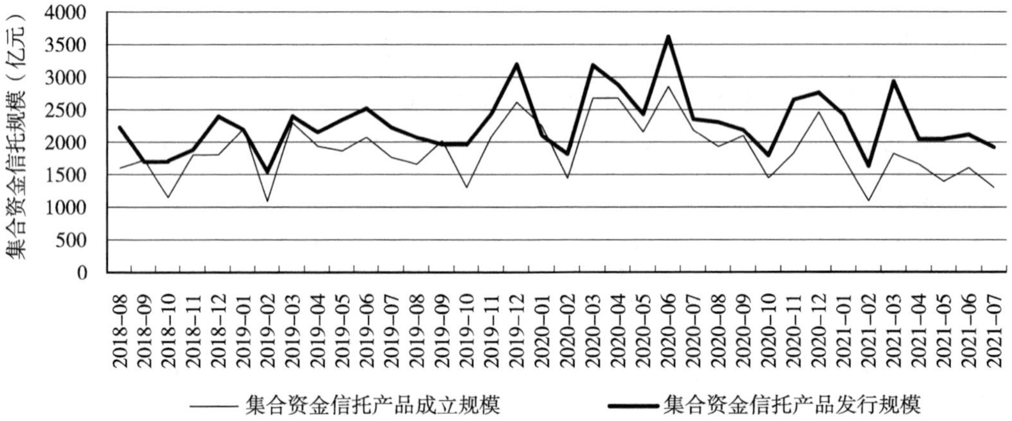

图 1　集合资金信托产品发行规模与成立规模（2018 年 8 月—2021 年 7 月）

数据来源：用益信托网，中诚信托投资研究部整理。

（二）集合资金信托收益率：各投向收益率环比回升

2021 年 7 月集合资金信托产品发行平均收益率为 6.76%，环比提升 0.03 个百分点，同比则下降 0.27 个百分点；7 月集合资金信托产品成立平均收益率为 6.81%，环比增长 0.06 个百分点，同比下降 0.26 个百分点（见图 2）。

从各投向领域来看，金融、房地产、基础产业和工商企业投向的集合资金信托产品平均收益率环比分别提升 0.04 个百分点、0.08 个百分点、0.07 个百分点和 0.23 个百分点，同比则分别降低 0.13 个百分点、0.20 个百分点、0.56 个百分点和 0.52 个百分点（见表 1）。

（三）集合资金信托资金投向：金融投向集合资金信托规模及占比有所提升

2021 年 7 月，投向房地产、基础产业和工商企业领域的集合资金信托产品成立规模分别为 386.31 亿元、183.02 亿元和 164.10 亿元，环比分别减少 33.92%、28.84%

和45.34%，投向金融领域的集合资金信托产品成立规模为556.97亿元，环比增长22.05%。同比来看，金融、房地产、基础产业和工商企业领域投向的集合资金信托产品成立规模分别减少33.86%、45.41%、51.03%和28.48%（见表2）。

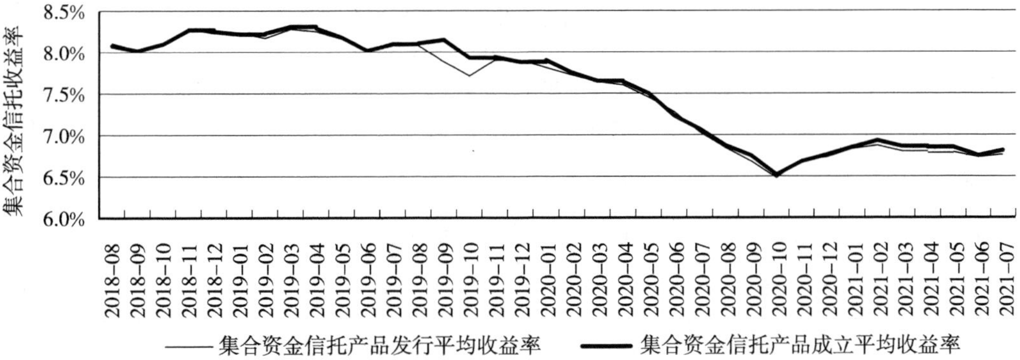

图2　集合资金信托产品发行平均收益率和成立平均收益率（2018年8月—2021年7月）

数据来源：用益信托网，中诚信托投资研究部整理。

表1　集合资金信托产品各投向平均收益率环同比变化

投资领域	2021年7月平均收益率	2021年6月平均收益率	2020年7月平均收益率	环比变化/个百分点	同比变化/个百分点
金融	5.97%	5.93%	6.10%	+0.04	-0.13
房地产	7.35%	7.27%	7.55%	+0.08	-0.20
基础产业	7.08%	7.01%	7.64%	+0.07	-0.56
工商企业	7.22%	6.99%	7.74%	+0.23	-0.52

数据来源：用益信托网，中诚信托投资研究部整理。

表2　集合资金信托产品各投向成立规模变化

投资领域	2021年7月成立规模/亿元	2021年6月成立规模/亿元	2020年7月成立规模/亿元	环比变化	同比变化
金融	556.97	456.36	842.12	+22.05%	-33.86%
房地产	386.31	584.65	707.60	-33.92%	-45.41%
基础产业	183.02	257.21	373.73	-28.84%	-51.03%
工商企业	164.10	300.20	229.44	-45.34%	-28.48%

数据来源：用益信托网，中诚信托投资研究部整理。

从各投向规模占比情况来看，2021年7月，投向金融领域的集合资金信托产品成立规模占比为42.86%，环同比分别提升14.45个百分点和4.32个百分点；投向房地产和基础产业领域的集合资金信托产品成立规模占比分别为29.73%和14.08%，环比分别降低6.67个百分点和1.93个百分点；投向工商企业领域的集合资金信托产品成立规模占比12.63%，环比降低6.06个百分点，同比则提升2.13个百分点（见表3）。

表3　集合资金信托产品各投向规模占比变化

投资领域	2021年7月规模占比	2021年6月规模占比	2020年7月规模占比	环比变化/个百分点	同比变化/个百分点
金融	42.86%	28.41%	38.54%	+14.45	+4.32
房地产	29.73%	36.40%	32.38%	-6.67	-2.65
基础产业	14.08%	16.01%	17.10%	-1.93	-3.02
工商企业	12.63%	18.69%	10.50%	-6.06	+2.13

数据来源：用益信托网，中诚信托投资研究部整理。

二、重点公司分析

（一）成立规模前八信托公司

根据用益信托网统计，2021年7月集合资金信托产品成立规模最大的8家信托公司依次为光大信托、中航信托、中融信托、外贸信托、五矿信托、建信信托、爱建信托和华能信托（见表4）。

表4　2021年7月集合资金信托产品成立规模前八名

序号	公司名称	成立数量	成立规模/亿元	平均期限/年	预期收益率
1	光大信托	406	323.58	1.53	6.95%
2	中航信托	308	155.16	1.64	7.19%
3	中融信托	44	98.60	2.56	6.63%
4	外贸信托	412	89.60	6.99	6.63%
5	五矿信托	203	89.33	3.05	6.84%
6	建信信托	49	86.40	4.27	—
7	爱建信托	43	39.10	0.89	5.93%
8	华能信托	16	38.80	2.35	5.68%

数据来源：用益信托网，中诚信托投资研究部整理。

（二）重点公司及业务分析

1. 光大信托、中融信托、外贸信托、五矿信托、建信信托和华能信托重点投向金融领域

2021 年 7 月信托产品成立规模前八名中，光大信托、中融信托、外贸信托、五矿信托、建信信托和华能信托重点投向金融领域，其单月金融投向规模占比分别为 41.52%、63.34%、92.14%、46.87%、95.91% 和 100.00%，其近一年金融投向规模占比分别为 31.48%、28.48%、91.42%、42.48%、49.87% 和 94.15%（见表 5）。

表 5　重点投向金融领域的信托公司

序号	公司名称	7 月金融投向成立规模/亿元	7 月金融投向规模占比	近一年金融投向成立规模/亿元	近一年成立规模总计/亿元	近一年金融投向规模占比
1	光大信托	134.35	41.52%	1 114.49	3 540.54	31.48%
2	中融信托	48.20	63.34%	290.65	1 020.55	28.48%
3	外贸信托	82.31	92.14%	1 564.51	1 711.37	91.42%
4	五矿信托	28.29	46.87%	714.22	1 681.22	42.48%
5	建信信托	68.27	95.91%	524.46	1 051.63	49.87%
6	华能信托	38.80	100.00%	441.61	469.06	94.15%

数据来源：用益信托网，中诚信托投资研究部整理。

2. 中航信托和爱建信托重点投向房地产领域

2021 年 7 月信托产品成立规模前八名中，中航信托和爱建信托重点投向房地产领域，其单月房地产投向规模占比分别为 55.23% 和 77.47%，其近一年房地产投向规模占比分别为 41.78% 和 88.01%（见表 6）。

表 6　重点投向房地产领域的信托公司

序号	公司名称	7 月房地产投向成立规模/亿元	7 月房地产投向规模占比	近一年房地产投向成立规模/亿元	近一年成立规模总计/亿元	近一年房地产投向规模占比
1	中航信托	81.83	55.23%	463.69	1 109.72	41.78%
2	爱建信托	30.29	77.47%	329.03	373.86	88.01%

数据来源：用益信托网，中诚信托投资研究部整理。

集合资金信托市场月度分析报告——2021 年 8 月

一、集合资金信托市场动态

（一）集合资金信托规模：发行规模和成立规模持续下滑

用益信托网统计数据显示，2021 年 8 月集合资金信托产品发行规模为 1 764.23 亿元，环同比分别下滑 15.66% 和 23.55%，已连续两个月下滑；8 月集合资金信托产品成立规模为 1 168.3 亿元，环同比降幅分别为 17.58% 和 39.46%（见图 1）。

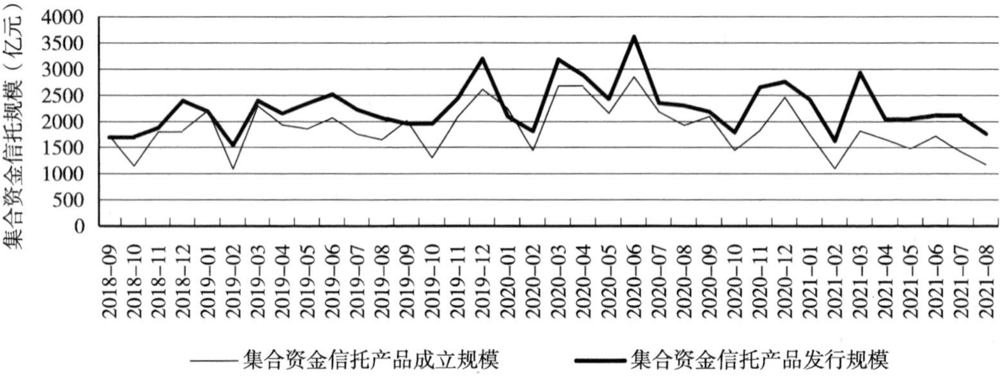

图 1　集合资金信托产品发行规模与成立规模（2018 年 9 月—2021 年 8 月）

数据来源：用益信托网，中诚信托投资研究部整理。

（二）集合资金信托收益率：各投向收益率基本保持稳定

2021 年 8 月集合资金信托产品发行平均收益率为 6.80%，环比保持不变，同比则下降 0.04 个百分点；8 月集合资金信托产品成立平均收益率为 6.83%，环比微降 0.01 个百分点，同比下降 0.04 个百分点（见图 2）。

从各投向领域来看，金融和基础产业投向的集合资金信托产品平均收益率环比均提升 0.03 个百分点，房地产和工商企业投向的集合资金信托产品平均收益率环比分别降低 0.10 个百分点和 0.14 个百分点（见表 1）。

（三）集合资金信托资金投向：房地产投向集合资金信托规模及占比大幅下滑

2021 年 8 月，投向金融领域的集合资金信托产品成立规模为 585.75 亿元，环比增长 2.38%，投向房地产、基础产业和工商企业领域的集合资金信托产品成立规模分别为 299.42 亿元、180.97 亿元和 98.40 亿元，环比分别下滑 29.68%、9.81% 和 52.73%。同比来看，金融、房地产、基础产业和工商企业领域投向的集合资金信托产品成立规模分别减少 28.31%、58.90%、1.52%和47.57%（见表2）。

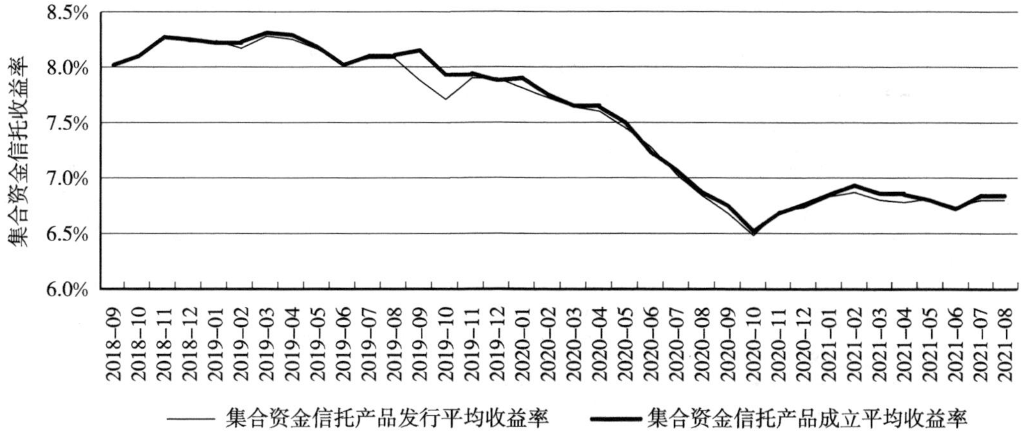

图2 集合资金信托产品发行平均收益率和成立平均收益率（2018年9月—2021年8月）

数据来源：用益信托网，中诚信托投资研究部整理。

表1 集合资金信托产品各投向平均收益率环同比变化

投资领域	2021年8月平均收益率	2021年7月平均收益率	2020年8月平均收益率	环比变化/个百分点	同比变化/个百分点
金融	6.00%	5.97%	6.00%	+0.03	+0.00
房地产	7.22%	7.32%	7.50%	-0.10	-0.28
基础产业	7.12%	7.09%	7.43%	+0.03	-0.31
工商企业	7.14%	7.28%	7.63%	-0.14	-0.49

数据来源：用益信托网，中诚信托投资研究部整理。

表2 集合资金信托产品各投向成立规模变化

投资领域	2021年8月成立规模/亿元	2021年7月成立规模/亿元	2020年8月成立规模/亿元	环比变化	同比变化
金融	585.75	572.16	817.01	+2.38%	-28.31%
房地产	299.42	425.79	728.58	-29.68%	-58.90%
基础产业	180.97	200.65	183.76	-9.81%	-1.52%
工商企业	98.40	208.17	187.68	-52.73%	-47.57%

数据来源：用益信托网，中诚信托投资研究部整理。

从各投向规模占比情况来看，2021年8月，投向金融和基础产业领域的集合资金信托产品成立规模占比环比分别提升9.77个百分点和1.33个百分点，投向房地产和工商企业领域的集合资金信托产品成立规模占比环比分别降低4.41个百分点和6.27个百分点。同比来看，投向金融和工商企业领域的集合资金信托产品成立规模占比分别降低 1.21 个百分点和 4.47 个百分点，投向房地产和基础产业领域的集合资金信托产品成立规模占比分别提升 4.90 个百分点和 1.35 个百分点（见表 3）。

表 3　集合资金信托产品各投向规模占比变化

投资领域	2021 年 8 月规模占比	2021 年 7 月规模占比	2020 年 8 月规模占比	环比变化/个百分点	同比变化/个百分点
金融	50.14%	40.37%	51.35%	+9.77	-1.21
房地产	25.63%	30.04%	20.73%	-4.41	+4.90
基础产业	15.49%	14.16%	14.14%	+1.33	+1.35
工商企业	8.42%	14.69%	12.89%	-6.27	-4.47

数据来源：用益信托网，中诚信托投资研究部整理。

二、重点公司分析

（一）成立规模前八信托公司

根据用益信托网统计，2021 年 8 月集合资金信托产品成立规模最大的 8 家信托公司依次为光大信托、外贸信托、中诚信托、五矿信托、爱建信托、建信信托、陆家嘴信托和中融信托（见表 4）。

表 4　2021 年 8 月集合资金信托产品成立规模前八名

序号	公司名称	成立数量	成立规模/亿元	平均期限/年	预期收益率
1	光大信托	352	249.80	1.61	7.05%
2	外贸信托	427	128.16	3.32	6.52%
3	中诚信托	41	72.68	2.25	6.91%
4	五矿信托	180	72.16	2.33	6.94%
5	爱建信托	37	64.43	1.10	6.48%
6	建信信托	44	58.27	7.13	—
7	陆家嘴信托	24	51.11	1.40	6.40%
8	中融信托	38	46.41	1.82	6.84%

数据来源：用益信托网，中诚信托投资研究部整理。

（二）重点公司及业务分析

1. 光大信托、外贸信托、建信信托和中融信托重点投向金融领域

2021 年 8 月信托产品成立规模前八名中，光大信托、外贸信托、建信信托和中融信托重点投向金融领域，其单月金融投向规模占比分别为 55.12%、97.66%、97.51% 和 48.48%，其近一年金融投向规模占比分别为 32.39%、91.63%、52.27% 和

35.93%（见表5）。

表5　重点投向金融领域的信托公司

序号	公司名称	8月金融投向成立规模/亿元	8月金融投向规模占比	近一年金融投向成立规模/亿元	近一年成立规模总计/亿元	近一年金融投向规模占比
1	光大信托	137.68	55.12%	1 157.89	3 574.57	32.39%
2	外贸信托	125.16	97.66%	1 586.69	1 731.68	91.63%
3	建信信托	56.82	97.51%	564.88	1 080.61	52.27%
4	中融信托	18.62	48.48%	427.42	1 189.68	35.93%

数据来源：用益信托网，中诚信托投资研究部整理。

2. 爱建信托重点投向房地产领域

2021年8月信托产品成立规模前八名中，爱建信托重点投向房地产领域，其单月房地产投向规模占比为83.08%，其近一年房地产投向规模占比为87.35%（见表6）。

表6　重点投向房地产领域的信托公司

序号	公司名称	8月房地产投向成立规模/亿元	8月房地产投向规模占比	近一年房地产投向成立规模/亿元	近一年成立规模总计/亿元	近一年房地产投向规模占比
1	爱建信托	53.53	83.08%	382.56	437.95	87.35%

数据来源：用益信托网，中诚信托投资研究部整理。

集合资金信托市场月度分析报告——2021 年 9 月

一、集合资金信托市场动态

（一）集合资金信托规模：发行规模和成立规模继续大幅下滑

用益信托网统计数据显示，2021 年 9 月集合资金信托产品发行规模为 1 472.48 亿元，环同比分别下滑 19.84% 和 32.73%，已连续三个月下滑；9 月集合资金信托产品成立规模为 966.51 亿元，环同比降幅分别为 20.05% 和 53.88%（见图 1）。

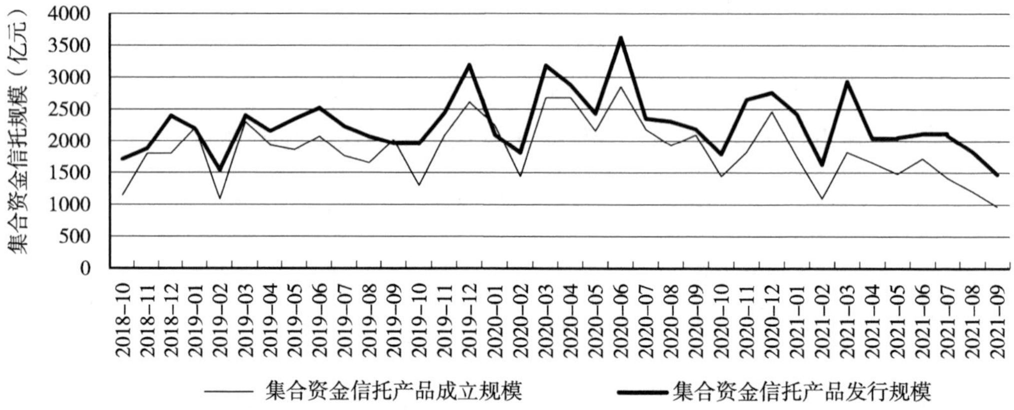

图 1　集合资金信托产品发行规模与成立规模（2018 年 10 月—2021 年 9 月）

数据来源：用益信托网，中诚信托投资研究部整理。

（二）集合资金信托收益率：房地产投向收益率有所回升

2021 年 9 月集合资金信托产品发行平均收益率为 6.76%，环比下滑 0.05 个百分点，同比则提升 0.08 个百分点；9 月集合资金信托产品成立平均收益率为 6.81%，环比下降 0.03 个百分点，同比提升 0.06 个百分点（见图 2）。

从各投向领域来看，9 月金融、基础产业和工商企业投向的集合资金信托产品平均收益率环比分别降低 0.01 个百分点、0.06 个百分点和 0.13 个百分点，同比分别降低 0.09 个百分点、0.11 个百分点和 0.53 个百分点；房地产投向的集合资金信托产品平均收益率环同比分别提升 0.17 个百分点和 0.11 个百分点（见表 1）。

（三）集合资金信托资金投向：房地产投向集合资金信托规模及占比大幅下滑

2021 年 9 月，投向金融、房地产、基础产业和工商企业领域的集合资金信托产品成立规模同比均有所下滑，降幅分别为 47.60%、73.79%、49.23% 和 34.65%，环比则只有工商企业领域投向的集合资金信托产品成立规模有所提升，升幅为28.64%（见表2）。

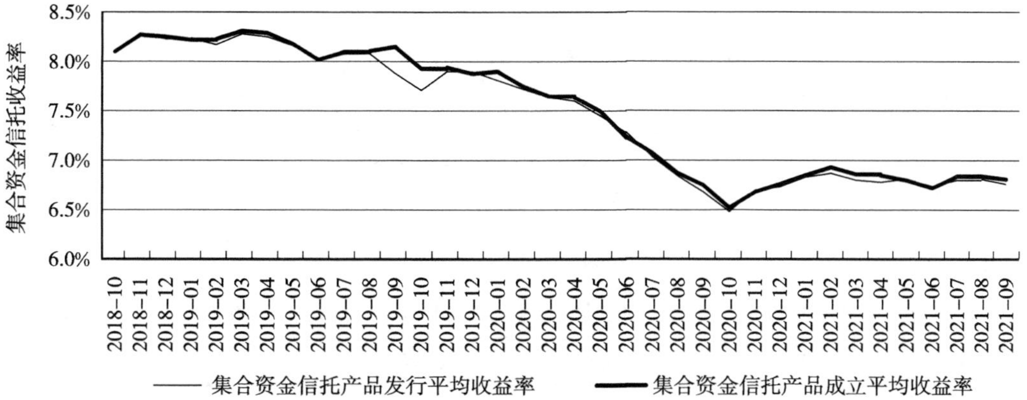

图2　集合资金信托产品发行平均收益率和成立平均收益率（2018年10月—2021年9月）

数据来源：用益信托网，中诚信托投资研究部整理。

表1　集合资金信托产品各投向平均收益率环同比变化

投资领域	2021年9月平均收益率	2021年8月平均收益率	2020年9月平均收益率	环比变化/个百分点	同比变化/个百分点
金融	5.99%	6.00%	6.08%	-0.01	-0.09
房地产	7.39%	7.22%	7.28%	+0.17	+0.11
基础产业	7.05%	7.11%	7.16%	-0.06	-0.11
工商企业	7.00%	7.13%	7.53%	-0.13	-0.53

数据来源：用益信托网，中诚信托投资研究部整理。

表2　集合资金信托产品各投向成立规模变化

投资领域	2021年9月成立规模/亿元	2021年8月成立规模/亿元	2020年9月成立规模/亿元	环比变化	同比变化
金融	490.22	600.88	935.61	-18.42%	-47.60%
房地产	162.13	305.65	618.62	-46.96%	-73.79%
基础产业	153.35	188.41	302.03	-18.61%	-49.23%
工商企业	140.38	109.13	214.80	+28.64%	-34.65%

数据来源：用益信托网，中诚信托投资研究部整理。

从各投向规模占比情况来看，2021年9月，投向房地产领域的集合资金信托产品成立规模占比环同比分别下降8.51个百分点和12.60个百分点；投向金融、基础产业和工商企业领域的集合资金信托产品成立规模占比环比分别增长 1.01 个百分点、0.28 个百分点和 5.49 个百分点，同比分别提升 6.30 个百分点、1.53 个百分点和 4.32 个百分点（见表 3）。

表 3　集合资金信托产品各投向规模占比变化

投资领域	2021 年 9 月规模占比	2021 年 8 月规模占比	2020 年 9 月规模占比	环比变化/个百分点	同比变化/个百分点
金融	50.72%	49.71%	44.42%	+1.01	+6.30
房地产	16.77%	25.28%	29.37%	-8.51	-12.60
基础产业	15.87%	15.59%	14.34%	+0.28	+1.53
工商企业	14.52%	9.03%	10.20%	+5.49	+4.32

数据来源：用益信托网，中诚信托投资研究部整理。

二、重点公司分析

（一）成立规模前八信托公司

根据用益信托网统计，2021 年 9 月集合资金信托产品成立规模最大的 8 家信托公司依次为光大信托、外贸信托、五矿信托、中融信托、建信信托、华鑫信托、交银信托和中建投信托（见表 4）。

表 4　2021 年 9 月集合资金信托产品成立规模前八名

序号	公司名称	成立数量	成立规模/亿元	平均期限/年	预期收益率
1	光大信托	322	215.55	1.57	7.16%
2	外贸信托	442	113.18	2.22	6.23%
3	五矿信托	228	88.96	1.59	6.91%
4	中融信托	41	69.71	1.34	6.78%
5	建信信托	42	57.62	5.74	—
6	华鑫信托	127	55.95	1.75	6.89%
7	交银信托	32	46.17	1.30	—
8	中建投信托	35	45.25	1.68	7.04%

数据来源：用益信托网，中诚信托投资研究部整理。

（二）重点公司及业务分析

1. 光大信托、外贸信托、建信信托、交银信托和中融信托重点投向金融领域

2021 年 9 月信托产品成立规模前八名中，光大信托、外贸信托、建信信托、交银

信托和中融信托重点投向金融领域，其单月金融投向规模占比分别为60.47%、99.12%、88.98%、79.27%和81.76%，其近一年金融投向规模占比分别为33.50%、91.86%、52.37%、18.77%和37.47%（见表5）。

表5　重点投向金融领域的信托公司

序号	公司名称	9月金融投向成立规模/亿元	9月金融投向规模占比	近一年金融投向成立规模/亿元	近一年成立规模总计/亿元	近一年金融投向规模占比
1	光大信托	130.35	60.47%	1 145.50	3 419.57	33.50%
2	外贸信托	112.18	99.12%	1 556.27	1 694.15	91.86%
3	建信信托	51.27	88.98%	559.81	1 069.02	52.37%
4	交银信托	36.60	79.27%	60.43	321.97	18.77%
5	中融信托	26.76	81.76%	440.38	1 175.26	37.47%

数据来源：用益信托网，中诚信托投资研究部整理。

2. 华鑫信托、五矿信托和中建投信托重点投向基础产业领域

2021年9月信托产品成立规模前八名中，华鑫信托、五矿信托和中建投信托重点投向基础产业领域，其单月基础产业投向规模占比分别为70.05%、43.08%和53.17%，其近一年基础产业投向规模占比分别为64.02%、20.00%和20.51%（见表6）。

表6　重点投向基础产业领域的信托公司

序号	公司名称	9月基础产业投向成立规模/亿元	9月基础产业投向规模占比	近一年基础产业投向成立规模/亿元	近一年成立规模总计/亿元	近一年基础产业投向规模占比
1	华鑫信托	33.59	70.05%	351.34	548.80	64.02%
2	五矿信托	18.44	43.08%	233.78	1 169.17	20.00%
3	中建投信托	21.40	53.17%	62.48	304.64	20.51%

数据来源：用益信托网，中诚信托投资研究部整理。

集合资金信托市场月度分析报告——2021 年 10 月

一、集合资金信托市场动态

（一）集合资金信托规模：发行规模和成立规模持续回落

用益信托网统计数据显示，2021 年 10 月集合资金信托产品发行规模为 1 049. 35 亿元，环同比分别下滑 32. 88% 和 41. 42% ，已连续四个月环比下滑；10 月集合资金信托产品成立规模为 735. 58 亿元，环同比降幅分别为 34. 69% 和 49. 10% （见图 1）。

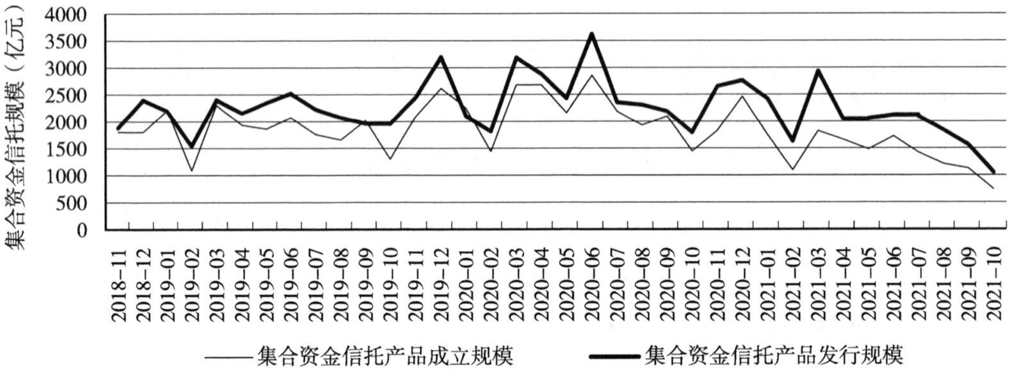

图 1　集合资金信托产品发行规模与成立规模（2018 年 11 月—2021 年 10 月）

数据来源：用益信托网，中诚信托投资研究部整理。

（二）集合资金信托收益率：房地产投向收益率有所回升

2021 年 10 月集合资金信托产品发行平均收益率为 6. 82% ，环同比分别提升 0. 01 个百分点和 0. 34 个百分点；10 月集合资金信托产品成立平均收益率为 6. 82% ，环比下降 0. 02 个百分点，同比则提升 0. 30 个百分点（见图 2）。

从各投向领域来看，10 月金融、房地产和工商企业投向的集合资金信托产品平均收益率环比分别提升 0. 01 个百分点、0. 12 个百分点和 0. 11 个百分点，基础产业投向的集合资金信托产品平均收益率环比降低 0. 04 个百分点；同比来看，金融和房地产投向的集合资金信托产品平均收益率分别提升 0. 14 个百分点和 0. 47 个百分点，基础产业和工商企业投向的集合资金信托产品平均收益率分别下滑 0. 05 个百分点和 0. 55 个百分点（见表 1）。

（三）集合资金信托资金投向：房地产投向集合资金信托规模及占比大幅下滑

2021年10月，投向金融、房地产、基础产业和工商企业领域的集合资金信托产品成立规模环同比均有所下滑，环比降幅分别为26.37%、54.75%、30.69%和57.17%，同比降幅分别为34.46%、73.90%、38.47%和75.35%（见表2）。

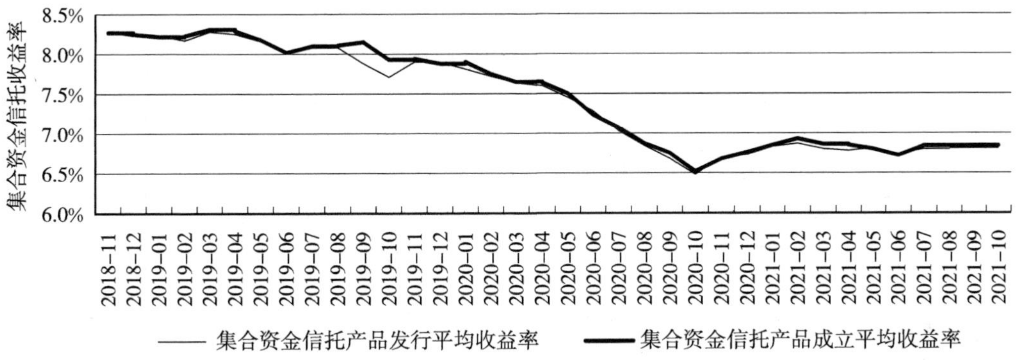

图2 集合资金信托产品发行平均收益率和成立平均收益率（2018年11月—2021年10月）

数据来源：用益信托网，中诚信托投资研究部整理。

表1 集合资金信托产品各投向平均收益率环同比变化

投资领域	2021年10月平均收益率	2021年9月平均收益率	2020年10月平均收益率	环比变化/个百分点	同比变化/个百分点
金融	6.03%	6.02%	5.89%	+0.01	+0.14
房地产	7.53%	7.41%	7.06%	+0.12	+0.47
基础产业	7.01%	7.05%	7.06%	-0.04	-0.05
工商企业	7.10%	6.99%	7.65%	+0.11	-0.55

数据来源：用益信托网，中诚信托投资研究部整理。

表2 集合资金信托产品各投向成立规模变化

投资领域	2021年10月成立规模/亿元	2021年9月成立规模/亿元	2020年10月成立规模/亿元	环比变化	同比变化
金融	413.94	562.16	631.59	-26.37%	-34.46%
房地产	87.25	192.80	334.28	-54.75%	-73.90%
基础产业	133.32	192.35	216.67	-30.69%	-38.47%
工商企业	67.95	158.66	275.63	-57.17%	-75.35%

数据来源：用益信托网，中诚信托投资研究部整理。

从各投向规模占比情况来看，2021 年 10 月，投向房地产和工商企业领域的集合资金信托产品成立规模占比环比分别下降 5.26 个百分点和 4.85 个百分点，同比分别下滑 10.75 个百分点和 9.40 个百分点；投向金融和基础产业领域的集合资金信托产品成立规模占比环比分别增长 6.36 个百分点和 1.04 个百分点，环比分别提升 13.56 个百分点和 3.47 个百分点（见表 3）。

表 3　集合资金信托产品各投向规模占比变化

投资领域	2021 年 10 月规模占比	2021 年 9 月规模占比	2020 年 10 月规模占比	环比变化/个百分点	同比变化/个百分点
金融	56.27%	49.91%	42.71%	+6.36	+13.56
房地产	11.86%	17.12%	22.61%	-5.26	-10.75
基础产业	18.12%	17.08%	14.65%	+1.04	+3.47
工商企业	9.24%	14.09%	18.64%	-4.85	-9.40

数据来源：用益信托网，中诚信托投资研究部整理。

二、重点公司分析

（一）成立规模前八信托公司

根据用益信托网统计，2021 年 10 月集合资金信托产品成立规模最大的 8 家信托公司依次为光大信托、中融信托、建信信托、外贸信托、五矿信托、华鑫信托、中航信托和交银信托（见表 4）。

表 4　2021 年 10 月集合资金信托产品成立规模前八名

序号	公司名称	成立数量	成立规模/亿元	平均期限/年	预期收益率
1	光大信托	239	180.91	2.07	7.08%
2	中融信托	21	86.08	2.28	7.03%
3	建信信托	49	79.78	4.03	6.37%
4	外贸信托	278	69.18	2.08	6.00%
5	五矿信托	150	46.79	1.40	6.87%
6	华鑫信托	117	34.68	1.80	6.99%
7	中航信托	208	34.34	1.35	7.40%
8	交银信托	23	29.57	1.36	—

数据来源：用益信托网，中诚信托投资研究部整理。

（二）重点公司及业务分析

1. 光大信托、建信信托、外贸信托、五矿信托和交银信托重点投向金融领域

2021 年 10 月信托产品成立规模前八名中，光大信托、建信信托、外贸信托、五矿信托和交银信托重点投向金融领域，其单月金融投向规模占比分别为 68.24%、88.72%、100.00%、46.87% 和 72.34%，其近一年金融投向规模占比分别为 37.38%、55.00%、91.36%、42.27% 和 23.00%（见表 5）。

表 5　重点投向金融领域的信托公司

序号	公司名称	10 月金融投向成立规模/亿元	10 月金融投向规模占比	近一年金融投向成立规模/亿元	近一年成立规模总计/亿元	近一年金融投向规模占比
1	光大信托	123.46	68.24%	1 231.52	3 294.58	37.38%
2	建信信托	70.78	88.72%	604.41	1 098.97	55.00%
3	外贸信托	69.18	100.00%	1 486.65	1 627.16	91.36%
4	五矿信托	21.93	46.87%	477.96	1 130.75	42.27%
5	交银信托	21.39	72.34%	81.83	355.85	23.00%

数据来源：用益信托网，中诚信托投资研究部整理。

2. 华鑫信托重点投向基础产业领域

2021 年 10 月信托产品成立规模前八名中，华鑫信托重点投向基础产业领域，其单月基础产业投向规模占比为 71.86%，其近一年基础产业投向规模占比为 66.77%（见表 6）。

表 6　重点投向基础产业领域的信托公司

序号	公司名称	10 月基础产业投向成立规模/亿元	10 月基础产业投向规模占比	近一年基础产业投向成立规模/亿元	近一年成立规模总计/亿元	近一年基础产业投向规模占比
1	华鑫信托	24.92	71.86%	379.42	568.29	66.77%

数据来源：用益信托网，中诚信托投资研究部整理。

3. 中融信托重点投向房地产领域

2021 年 10 月信托产品成立规模前八名中，中融信托重点投向房地产领域，其单月房地产投向规模占比为 68.74%，其近一年房地产投向规模占比为 49.64%（见表 7）。

表 7　重点投向房地产领域的信托公司

序号	公司名称	10 月房地产投向成立规模/亿元	10 月房地产投向规模占比	近一年房地产投向成立规模/亿元	近一年成立规模总计/亿元	近一年房地产投向规模占比
1	中融信托	22.21	68.74%	590.74	1 189.97	49.64%

数据来源：用益信托网，中诚信托投资研究部整理。

4. 中航信托重点投向工商企业领域

2021 年 10 月信托产品成立规模前八名中，中航信托重点投向工商企业领域，其单月工商企业投向规模占比为 58.82%，其近一年工商企业投向规模占比为 21.99%（见表 8）。

表 8　重点投向工商企业领域的信托公司

序号	公司名称	10 月工商企业投向成立规模/亿元	10 月工商企业投向规模占比	近一年工商企业投向成立规模/亿元	近一年成立规模总计/亿元	近一年工商企业投向规模占比
1	中航信托	20.20	58.82%	204.71	930.99	21.99%

数据来源：用益信托网，中诚信托投资研究部整理。

集合资金信托市场月度分析报告——2021 年 11 月

一、集合资金信托市场动态

（一）集合资金信托规模：发行规模和成立规模有所回升

用益信托网统计数据显示，2021 年 11 月集合资金信托产品发行规模为 1 266.74 亿元，环比增长 5.29%，止跌回升，同比减少 52.27%；11 月集合资金信托产品成立规模为 947.39 亿元，环比提升 19.75%，同比则下滑 48.09%（见图 1）。

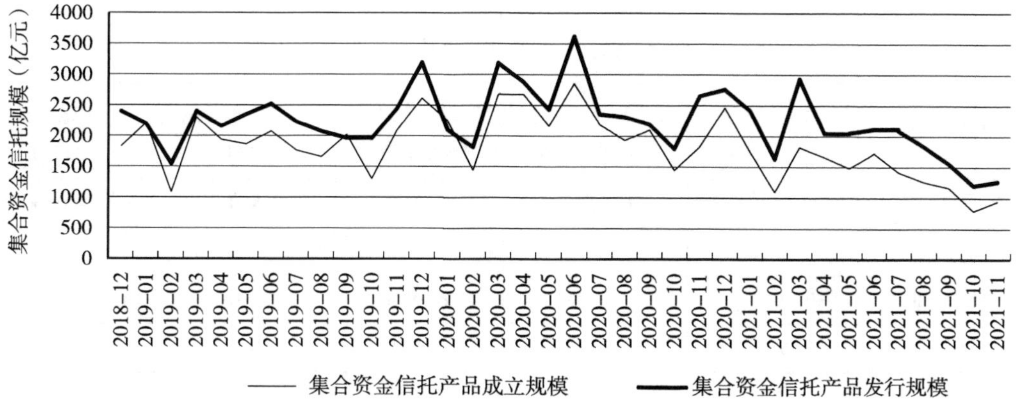

图 1　集合资金信托产品发行规模与成立规模（2018 年 12 月—2021 年 11 月）

数据来源：用益信托网，中诚信托投资研究部整理。

（二）集合资金信托收益率：金融投向集合资金信托平均收益率有所回升

2021 年 11 月集合资金信托产品发行平均收益率为 7.10%，环同比分别提升 0.23 个百分点和 0.40 个百分点；11 月集合资金信托产品成立平均收益率为 7.06%，环同比分别增长 0.23 个百分点和 0.38 个百分点（见图 2）。

从各投向领域来看，11 月金融、基础产业和工商企业投向的集合资金信托产品平均收益率环比分别提升 0.50 个百分点、0.04 个百分点和 0.22 个百分点，房地产投向的集合资金信托产品平均收益率环比降低 0.08 个百分点；同比来看，金融、房地产和基础产业投向的集合资金信托产品平均收益率分别提升 0.60 个百分点、0.24 个百分点和 0.14 个百分点，工商企业投向的集合资金信托产品平均收益率下滑 0.38 个百分点（见表 1）。

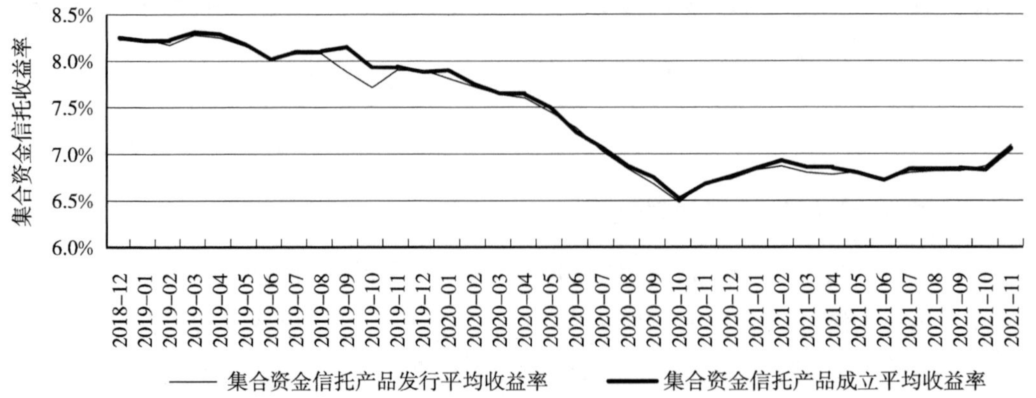

图2　集合资金信托产品发行平均收益率和成立平均收益率（2018年12月—2021年11月）

数据来源：用益信托网，中诚信托投资研究部整理。

表1　集合资金信托产品各投向平均收益率环同比变化

投资领域	2021年11月平均收益率	2021年10月平均收益率	2020年11月平均收益率	环比变化/个百分点	同比变化/个百分点
金融	6.51%	6.01%	5.91%	+0.50	+0.60
房地产	7.45%	7.53%	7.21%	-0.08	+0.24
基础产业	7.06%	7.02%	6.92%	+0.04	+0.14
工商企业	7.30%	7.08%	7.68%	+0.22	-0.38

数据来源：用益信托网，中诚信托投资研究部整理。

（三）集合资金信托资金投向：基础产业投向集合资金信托规模及占比有所回升

2021年11月，投向金融、房地产、基础产业和工商企业领域的集合资金信托产品成立规模环比分别增长11.91%、41.73%、55.51%和7.80%；同比来看，金融、房地产和工商企业投向集合资金信托规模有所下滑，降幅分别为41.20%、77.11%和44.64%，基础产业投向集合资金信托规模增长13.54%（见表2）。

从各投向规模占比情况来看，2021年11月，投向房地产和基础产业领域的集合资金信托产品成立规模占比环比分别提升2.26个百分点和5.04个百分点，投向金融和工商企业领域的集合资金信托产品成立规模占比环比分别减少3.49个百分点和1.24个百分点；同比来看，投向金融、基础产业和工商企业领域的集合资金信托产品成立规模占比分别提升6.21个百分点、11.91个百分点和0.78个百分点，投向房地产领域的集合资金信托产品成立规模占比减少18.13个百分点（见表3）。

表 2　集合资金信托产品各投向成立规模变化

投资领域	2021 年 11 月成立规模/亿元	2021 年 10 月成立规模/亿元	2020 年 11 月成立规模/亿元	环比变化	同比变化
金融	479.90	428.84	816.14	+11.91%	-41.20%
房地产	137.01	96.67	598.56	+41.73%	-77.11%
基础产业	206.83	133.00	182.16	+55.51%	+13.54%
工商企业	107.86	100.06	194.82	+7.80%	-44.64%

数据来源：用益信托网，中诚信托投资研究部整理。

表 3　集合资金信托产品各投向规模占比变化

投资领域	2021 年 11 月规模占比	2021 年 10 月规模占比	2020 年 11 月规模占比	环比变化/个百分点	同比变化/个百分点
金融	50.65%	54.14%	44.44%	-3.49	+6.21
房地产	14.46%	12.20%	32.59%	+2.26	-18.13
基础产业	21.83%	16.79%	9.92%	+5.04	+11.91
工商企业	11.39%	12.63%	10.61%	-1.24	+0.78

数据来源：用益信托网，中诚信托投资研究部整理。

二、重点公司分析

（一）成立规模前八信托公司

根据用益信托网统计，2021 年 11 月集合资金信托产品成立规模最大的 8 家信托公司依次为光大信托、外贸信托、五矿信托、建信信托、上海信托、华鑫信托、中航信托和交银信托（见表 4）。

表 4　2021 年 11 月集合资金信托产品成立规模前八名

序号	公司名称	成立数量	成立规模/亿元	平均期限/年	预期收益率
1	光大信托	265	148.12	2.00	7.21%
2	外贸信托	384	99.70	2.06	6.06%
3	五矿信托	217	90.15	1.54	6.86%
4	建信信托	53	87.75	3.69	6.90%
5	上海信托	83	72.40	0.55	4.32%
6	华鑫信托	183	54.05	1.81	7.14%
7	中航信托	242	38.52	1.43	7.68%
8	交银信托	27	24.48	1.54	—

数据来源：用益信托网，中诚信托投资研究部整理。

（二）重点公司及业务分析

1. 光大信托、建信信托、外贸信托、上海信托、五矿信托、中航信托和交银信托重点投向金融领域

2021 年 11 月信托产品成立规模前八名中，光大信托、建信信托、外贸信托、上海信托、五矿信托、中航信托和交银信托重点投向金融领域，其单月金融投向规模占比分别为 58.12%、80.66%、100.00%、100.00%、53.93%、35.70% 和 47.67%，其近一年金融投向规模占比分别为 38.35%、57.02%、91.46%、84.09%、44.37%、28.64% 和 25.72%（见表 5）。

表 5　重点投向金融领域的信托公司

序号	公司名称	11 月金融投向成立规模/亿元	11 月金融投向规模占比	近一年金融投向成立规模/亿元	近一年成立规模总计/亿元	近一年金融投向规模占比
1	光大信托	86.09	58.12%	1 209.53	3 153.80	38.35%
2	建信信托	70.78	80.66%	646.66	1 134.02	57.02%
3	外贸信托	99.70	100.00%	1 398.77	1 529.38	91.46%
4	上海信托	63.77	100.00%	328.73	390.91	84.09%
5	五矿信托	31.96	53.93%	505.47	1 139.22	44.37%
6	中航信托	11.11	35.70%	257.35	898.6	28.64%
7	交银信托	11.67	47.67%	93.48	363.43	25.72%

数据来源：用益信托网，中诚信托投资研究部整理。

2. 华鑫信托重点投向基础产业领域

2021 年 11 月信托产品成立规模前八名中，华鑫信托重点投向基础产业领域，其单月基础产业投向规模占比为 92.02%，其近一年基础产业投向规模占比为 69.79%（见表 6）。

表 6　重点投向基础产业领域的信托公司

序号	公司名称	11 月基础产业投向成立规模/亿元	11 月基础产业投向规模占比	近一年基础产业投向成立规模/亿元	近一年成立规模总计/亿元	近一年基础产业投向规模占比
1	华鑫信托	48.91	92.02%	413.97	593.15	69.79%

数据来源：用益信托网，中诚信托投资研究部整理。

集合资金信托市场月度分析报告——2021 年 12 月

一、集合资金信托市场动态

（一）集合资金信托规模：发行规模和成立规模继续回升

用益信托网统计数据显示，2021 年 12 月集合资金信托产品发行规模为 1 492.07 亿元，环比增长 15.08%，连续两个月保持回升态势，同比减少 45.97%；12 月集合资金信托产品成立规模为 1 258.65 亿元，环比提升 31.22%，同比则下滑 48.92%（见图 1）。

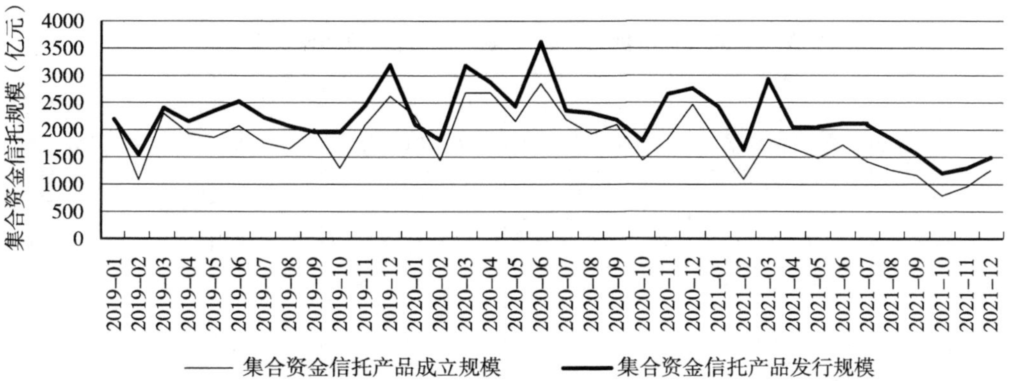

图 1　集合资金信托产品发行规模与成立规模（2019 年 1 月—2021 年 12 月）

数据来源：用益信托网，中诚信托投资研究部整理。

（二）集合资金信托收益率：工商企业投向集合资金信托平均收益率下滑

2021 年 12 月集合资金信托产品发行平均收益率为 7.08%，环比减少 0.03 个百分点，同比则提升 0.35 个百分点；12 月集合资金信托产品成立平均收益率为 7.12%，环同比分别增长 0.06 和 0.36 个百分点（见图 2）。

从各投向领域来看，12 月金融、房地产和基础产业投向的集合资金信托产品平均收益率环比分别提升 0.25 个百分点、0.15 个百分点和 0.03 个百分点，同比分别提升 0.83 个百分点、0.24 个百分点和 0.20 个百分点；12 月工商企业投向的集合资金信托产品平均收益率环同比分别下滑 0.09 个百分点和 0.36 个百分点（见表 1）。

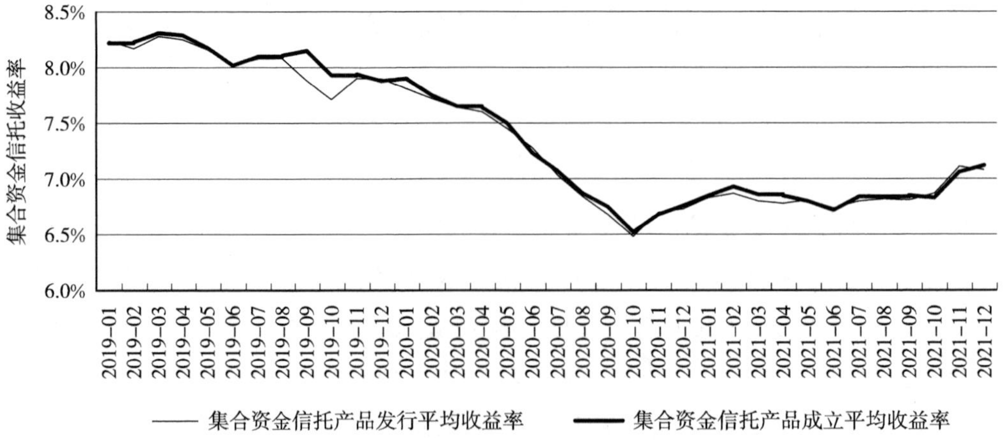

图 2　集合资金信托产品发行平均收益率和成立平均收益率（2019 年 1 月—2021 年 12 月）

数据来源：用益信托网，中诚信托投资研究部整理。

表 1　集合资金信托产品各投向平均收益率环同比变化

投资领域	2021 年 12 月平均收益率	2021 年 11 月平均收益率	2020 年 12 月平均收益率	环比变化/个百分点	同比变化/个百分点
金融	6.77%	6.52%	5.94%	+0.25	+0.83
房地产	7.60%	7.45%	7.36%	+0.15	+0.24
基础产业	7.09%	7.06%	6.89%	+0.03	+0.20
工商企业	7.21%	7.30%	7.57%	-0.09	-0.36

数据来源：用益信托网，中诚信托投资研究部整理。

（三）集合资金信托资金投向：金融投向集合资金信托规模占比大幅回落

2021 年 12 月，投向房地产、基础产业和工商企业领域的集合资金信托产品成立规模环比分别增长 81.91%、34.77% 和 86.22%；投向金融领域的集合资金信托产品成立规模环比减少 6.86%；同比来看，金融、房地产、基础产业和工商企业投向集合资金信托规模均有所下滑，降幅分别为 46.44%、67.66%、13.21% 和 49.33%（见表 2）。

从各投向规模占比情况来看，2021 年 12 月，投向金融领域的集合资金信托产品成立规模占比环比大幅下滑 14.56 个百分点，投向房地产、基础产业和工商企业领域的集合资金信托产品成立规模占比环比分别提升 5.64 个百分点、0.59 个百分点和 4.97 个百分点；同比来看，投向金融、基础产业和工商企业领域的集合资金信托产品成立规模占比分别提升 2.10 个百分点、9.37 个百分点和 0.09 个百分点，投向房地产领域的集合资金信托产品成立规模占比减少 11.30 个百分点（见表 3）。

表 2　集合资金信托产品各投向成立规模变化

投资领域	2021 年 12 月成立规模/亿元	2021 年 11 月成立规模/亿元	2020 年 12 月成立规模/亿元	环比变化	同比变化
金融	448.23	481.22	836.90	-6.86%	-46.44%
房地产	254.76	140.05	787.64	+81.91%	-67.66%
基础产业	281.04	208.53	323.80	+34.77%	-13.21%
工商企业	211.56	113.61	417.53	+86.22%	-49.33%

数据来源：用益信托网，中诚信托投资研究部整理。

表 3　集合资金信托产品各投向规模占比变化

投资领域	2021 年 12 月规模占比	2021 年 11 月规模占比	2020 年 12 月规模占比	环比变化/个百分点	同比变化/个百分点
金融	35.61%	50.17%	33.51%	-14.56	+2.10
房地产	20.24%	14.60%	31.54%	+5.64	-11.30
基础产业	22.33%	21.74%	12.96%	+0.59	+9.37
工商企业	16.81%	11.84%	16.72%	+4.97	+0.09

数据来源：用益信托网，中诚信托投资研究部整理。

二、重点公司分析

（一）成立规模前八信托公司

根据用益信托网统计，2021 年 12 月集合资金信托产品成立规模最大的 8 家信托公司依次为光大信托、建信信托、五矿信托、中航信托、华鑫信托、外贸信托、上海信托和山东信托（见表 4）。

表 4　2021 年 12 月集合资金信托产品成立规模前八名

序号	公司名称	成立数量	成立规模/亿元	平均期限/年	预期收益率
1	光大信托	282	188.40	1.73	7.19%
2	建信信托	52	138.37	1.85	7.03%
3	五矿信托	277	111.58	1.64	6.84%
4	中航信托	265	98.85	1.63	7.70%
5	华鑫信托	266	97.21	1.67	7.25%
6	外贸信托	381	80.45	2.21	6.34%
7	上海信托	83	70.15	0.51	—
8	山东信托	36	58.58	1.77	7.38%

数据来源：用益信托网，中诚信托投资研究部整理。

（二）重点公司及业务分析

1. 光大信托、外贸信托和上海信托重点投向金融领域

2021 年 12 月信托产品成立规模前八名中，光大信托、外贸信托和上海信托重点投向金融领域，其单月金融投向规模占比分别为 33.69%、97.34% 和 100.00%，其近一年金融投向规模占比分别为 39.26%、91.74% 和 85.87%（见表 5）。

表 5　重点投向金融领域的信托公司

序号	公司名称	12 月金融投向成立规模/亿元	12 月金融投向规模占比	近一年金融投向成立规模/亿元	近一年成立规模总计/亿元	近一年金融投向规模占比
1	光大信托	63.47	33.69%	1 192.70	3 038.13	39.26%
2	外贸信托	78.31	97.34%	1 360.23	1 482.65	91.74%
3	上海信托	70.15	100.00%	377.88	440.06	85.87%

数据来源：用益信托网，中诚信托投资研究部整理。

2. 五矿信托和华鑫信托重点投向基础产业领域

2021 年 12 月信托产品成立规模前八名中，五矿信托和华鑫信托重点投向基础产业领域，其单月基础产业投向规模占比分别为 52.86% 和 83.19%，其近一年基础产业投向规模占比分别为 22.09% 和 78.33%（见表 6）。

表 6　重点投向基础产业领域的信托公司

序号	公司名称	12 月基础产业投向成立规模/亿元	12 月基础产业投向规模占比	近一年基础产业投向成立规模/亿元	近一年成立规模总计/亿元	近一年基础产业投向规模占比
1	五矿信托	27.65	52.86%	234.22	1 060.20	22.09%
2	华鑫信托	77.54	83.19%	446.47	570.01	78.33%

数据来源：用益信托网，中诚信托投资研究部整理。

3. 建信信托重点投向房地产领域

2021 年 12 月信托产品成立规模前八名中，建信信托重点投向房地产领域，其单月房地产投向规模占比为 44.20%，其近一年房地产投向规模占比为 12.47%（见表 7）。

表 7 重点投向房地产领域的信托公司

序号	公司名称	12 月房地产投向成立规模/亿元	12 月房地产投向规模占比	近一年房地产投向成立规模/亿元	近一年成立规模总计/亿元	近一年房地产投向规模占比
1	建信信托	61.16	44.20%	128.66	1 031.42	12.47%

数据来源：用益信托网，中诚信托投资研究部整理。

4. 中航信托和山东信托重点投向工商企业领域

2021 年 12 月信托产品成立规模前八名中，中航信托和山东信托重点投向工商企业领域，其单月工商企业投向规模占比分别为 40.51% 和 34.14%，其近一年工商企业投向规模占比分别为 21.54% 和 9.54%（见表 8）。

表 8 重点投向工商企业领域的信托公司

序号	公司名称	12 月工商企业投向成立规模/亿元	12 月工商企业投向规模占比	近一年工商企业投向成立规模/亿元	近一年成立规模总计/亿元	近一年工商企业投向规模占比
1	中航信托	40.04	40.51%	201.85	936.95	21.54%
2	山东信托	20.00	34.14%	29.36	307.82	9.54%

数据来源：用益信托网，中诚信托投资研究部整理。

后　记

《信托市场热点研究（2021）》收录了中诚信托投资研究部2021年信托市场研究的成果，持续展现对当年信托行业重要发展动态的长期跟踪研究与深入思考分析。中诚信托投资研究部设立二十多年来，为公司发展持续提供创新研究和智力支持，充分体现了中诚信托的专业品牌形象。投资研究部建立了每周、月、季度研究报告工作体系，报告内容覆盖宏观形势、金融市场、信托热点、创新业务、监管政策等多个方面，研究成果具有较强的理论性和应用性。此外，投资研究部积极参与信托行业研究，多年来承担监管部门、信托业协会等重点研究课题二十余项，在主流媒体发表专业文章数十篇，为推动信托行业研究发展做出了一定的贡献。

本书得到了中诚信托有限责任公司党委和管理层的大力支持。公司领导和各部门同事一直关心和指导投资研究部的研究工作，并就投资研究部的研究主题等方面给予了富有建设性的建议，在此表示感谢。

由于本书收录的研究报告均由各位作者独立完成，撰写文风不尽一致，由于水平所限，难免仍然有疏漏，敬请社会各界、行业同人与读者一并指正。

中诚信托投资研究部

2022. 2